本丛书是

国家社会科学基金“十三五”规划教育学重大招标课题“中国特色社会主义教育理论体系研究”（课题批准号：VAA190001）之成果

上海市社会科学界联合会中国教育学学术话语体系与创新研究基地成果

“生命·实践”教育学研究丛书

总目

丛书责编　韩华球　刘立德

本卷责编　张茹丹

国家出版基金项目
NATIONAL PUBLICATION FOUNDATION

"十四五"国家重点图书出版规划项目

"生命·实践"教育学研究丛书

王 枬 李政涛 ◎ 主编

生命自觉：叶澜教育价值思想研究

张向众 ◎ 著

中国教育出版传媒集团
人民教育出版社
·北京·

图书在版编目（CIP）数据

生命自觉：叶澜教育价值思想研究 / 张向众著. —北京：人民教育出版社，2022.4
（“生命·实践”教育学研究丛书 / 王枬，李政涛主编）
ISBN 978-7-107-36389-4

Ⅰ.①生… Ⅱ.①张… Ⅲ.①叶澜－教育价值－教育思想－研究 Ⅳ.①G40-092.76

中国版本图书馆 CIP 数据核字（2022）第 012654 号

生命自觉：叶澜教育价值思想研究

出版发行 人民教育出版社
（北京市海淀区中关村南大街 17 号院 1 号楼 邮编：100081）
网　址 http://www.pep.com.cn
经　销 全国新华书店
印　刷 山东临沂新华印刷物流集团有限责任公司
版　次 2022 年 4 月第 1 版
印　次 2022 年 4 月第 1 次印刷
开　本 787 毫米×1 092 毫米 1/16
印　张 17.25
字　数 259 千字
印　数 0 001~2 000 册
定　价 64.00 元

总 序

学派建设：在深究与阐述中共进

为他人研究我的教育思想的丛书写序，这是我有生以来第一次，可以肯定也就这么一次了。何以如此？是自我膨胀到无以复加的地步了？非也。我可以肯定地回答，头脑尚清醒。说到底，只因这里的“他人”是特殊的“他人”，是我的学生，更重要的是，他们是“生命·实践”教育学派团队的核心成员。我这样做，是出于现阶段本学派建设的需要：完成代际转换。

也许是因为忙碌，不知不觉间，我已跨入晚年这一生命的最后阶段。若问什么是还让我操心和放不下的，那就是“生命·实践”教育学派的持续发展。作为首创者，我有不可推卸的责任，就是使他们——既是学派建设的参与者，又是今后学派建设后续的中坚力量，有更长足的学术成长与发展。我认为，学派建设需要他们对我的教育思想有作为学派成员意义上的、更为深入的了解和研究。于是我生出此意：趁我现在尚清醒，开始推动“‘生命·实践’教育学研究丛书”的写作。大家对此欣然赞同。自2018年3月桂林会议始，至今年3月已整整三年了。大家先是各自按自己的研究基础和兴趣做选择、提出专题，然后再共同讨论。从确定丛书的书目，到一本本提纲的讨论，线上线下，一次、二次……直到大家思路基本一致，每个人才开始写作。丛书共9卷，由王枬、李政涛任主编。因我是全过程的参与者，大家给了我一个相对轻松的任务：写丛书总序。

对年轻人过多的操心和不放心，也许是老年人的通病。我在学派建设上尤其如此。进入2021年5月，我连续几天通读了每一部发给人民教育出版社的书稿，知道自己过虑了。从提交的书稿看，作者都尽心尽力地做着，不仅大量阅读了我的论文、专著、讲话稿，而且大量阅读了相关主题的国内外论著，在阐发中拓展和深化了对学派关键性问题的认识。无论是对概念、元研究、教育价值、学校改革大主题的研究，还是从理论与实践的转化、教师发展、终身教育、审美等多维度切入的研究，包括相当详细的学派创生史的撰述，都让我为他们的视界和深思、学术上的成熟和个性呈现而惊喜。我实在是“多虑”了。其实，何止“多虑”，我在不少方面已不如他们了。他们已经发我之未发，述我之未述，清我之未清，理我之未理了。

我为有这样一支来自曾是我的学生的学派创建的合作者和新生代的力量而倍增信心。多年来，我读他们的时候为多，这套丛书是他们合在一起读我。学派建设初期，这样的队伍结构不可避免，但随着我的淡出，他们将站在学派建设的舞台中央。这次是他们第一次集中的群体亮相。其中，可以读出的不仅是他们在学术和思想、功底和才华上各有千秋，还可以读出一起成长的浓浓的师生情和创建学派的共同追求。

情，是要一起做成任何事不可或缺的黏合剂，但也许正是“情”，会妨碍、局限和遮蔽他们对我思想的不足及问题的深度揭示与批判。但无奈，我只能先让非我的“局中人”来写。书稿完成以后的公开出版，正是为了让更多的“非局中人”来审视我和他们，对促进我们的学派建设提出批评和帮助，也期望能为中国教育学的建设、为更多学派的诞生提供资源或借鉴。

借此序，我讲出自己的心愿和期望；借此序，我表达对团队的深深感激；借此序，我深谢人民教育出版社，这一素以稳健持重享有盛誉的教育出版社，助“生命·实践”教育学派这个尚还幼稚的学术生命体一臂之力。尤谢各位责编的鼎力相助。

叶澜

2021年5月9日于上海

本卷前言

人的生命价值，在叶澜创始并持续领导的“新基础教育”研究与“生命·实践”教育学理论建设中，是极具生命力的教育思想。“生命自觉”这一教育价值思想的创生，既与她所处的急剧变革而又充满创新的时代背景有关，也与她全身心投入学校变革实践与研究有关，还与她在教育基本理论、研究方法论等领域矢志不渝的学术创造有关，更与她自觉把握自我的人生经历、生命体悟有关。在一定意义上，生命实践、精神生命、自我意识、生命自觉等教育生命价值思想是一种人生哲学，在教育中满足、提升自己的生命需求，感受他人和自己的真实生命成长的美好与幸福。在“成事成人”的意义上，叶澜教育价值思想研究让人们充分认识到教育学是一门以身立教、以身立学的学问。

叶澜教育价值思想是在教育理论与实践的交互作用中创生出来的。为解决教育理论研究长期忽略人的生命发展价值的问题，以及教育实践改革中的价值取向偏差等问题，叶澜在教育基本理论层面，基于个体生命实践进行深入分析，将“人的问题”作为教育价值理论构建的起点，将人的发展置于人学立场上，从具体个人的视角思考生命发展及生命质量的价值提升，以实现“生命自觉”的终极价值追求。在此基础上，一方面，叶澜深入论述教育生命价值立场与取向，丰富和拓展教育生命价值及其内涵，反思基础教育变革价值取向，建构教育生命价值理念。另一方面，在价值实现的实践转化意义上，叶澜通过分析社会变革对人的发展现实需求，重建教育价值理想，设计时代新人培养目标，并通过学校变革实践、日常教育活动，将其转化为人的真实生命发展，创造学校新生活，改变师生在校生存方式。这些构成了叶澜教育价值思想的研究思路与核心内容。

本书共分七章。第一章“教育价值思维及实践逻辑”是叶澜教育价值思想的重要构成。本章旨在分析叶澜教育价值思想系统构建的框架与“经脉”，一是提炼、明晰渗透于教育理论与实践中的价值分析视角和分析框架；二是概括、厘清从教育价值的理论建构到价值实现的实践转化过程，即教育价值性事实形成过程的内在逻辑。

第二章“教育价值：育生命自觉”在基本理论层面论证“个体发展的生命自觉”是教育价值本质及其终极价值追求，即通过分析教育与人和社会的关系、教育本质特征及个体生命实践等基本理论，对教育价值本体地位、价值创生、终极价值追求等基本概念和命题进行论证。基于教育学立场，在基本理论层面上进行教育价值本质的理论建构，论述一般意义上的教育价值理论。叶澜教育价值思想建立在教育基本理论研究的基础之上，同时实现方法论转换。

第三章“教育生命价值立场与取向”在生命实践意义上建构教育生命价值理念并进一步拓展、深化其内涵，从生命价值角度对教育价值进行具体思考和分析，整体上构建教育、学校教育以及师生发展的生命价值理念。由此，在深化认识素质教育宗旨的基础上，进一步确立学校变革生命价值取向及其改革趋向。

第四章“现代学校价值现实、理想与目标”结合当前社会变革与发展要求，从教育生命价值理念的视角进行思考，解读社会发展和变革的时代精神及其对人的发展提出的新要求，据此构建新的教育理想，明确学校教育活动的育人价值。教育价值转化的第一步，是将生命价值取向与社会发展对人的发展的新要求结合起来，对教育生命价值进行合理性判断和论证，并提出符合社会发展和时代精神的学校教育培养目标，进一步阐发育人价值的时代特征及其内涵。

第五章“基于学校变革实践实现育人价值开发”在创造学生的精神成长意义上，对学校日常教育活动进行价值批判，由此重建育人价值并逐层转化，在日常实践变革中实现育人价值开发。教育价值转化需在教育活动中开发并最终实现，既体现为教育活动的新形态，也体现为学生真实的生命发展。

第六章“基于学校变革评价实现成事成人”在日常教育活动育人价值开发的基础上，通过学校变革评价推进学校转型，并由此实现教师发展。这就是教育价值通过学校变革评价实现价值转化的创生过程，最终体现为学校变革、学校转型的成功，即“成事”；以及在转型性变革实践中，教师实现生命创造与发展，即“成人”。在实现教师生命创造与发展意义上，通过学校变革评价实现“成事成人”的价值转化。

第七章“‘生命·实践’教育学价值论”通过教育价值思想的系统建构，形成“生命·实践”教育学价值论。这一理论不是从哲学理论推演而来，而是从教育实践中提炼和概括出来的，是在“生命·实践”教育学和“新基础教育”研究的基础上进行理论创新，形成的教育价值研究的新理论、新实践、新思维以及价值研究的方法论。叶澜教育价值思想既在教育学研究上凸显独特、创新，又具有教育价值研究的方法论意义。

张向众

2021年5月

（张向众系云南师范大学教育学部教授、硕士生导师，华东师范大学“生命·实践”教育学研究院研究员）

目录

第一章　教育价值思维及其实践逻辑

在我的教育学研究生涯中，最能打动我的两个字是“生命”，最让我感到力量的词是“实践”。教育学说到底是研究造就人生命自觉的教育实践的学问，是一个充满希望、为了希望、创生希望的学问。我愿为研究如何让人间每一朵生命之花绽放出自己独特灿烂的学问而努力终生，并与所有的同行者共享生命成长的尊严与欢乐，共享教育学研究特有的丰富与魅力。①

——叶澜

教育是人为的社会实践活动，这是教育活动不同于自然的特殊之处，因而教育价值研究是教育基本理论的核心、必议之题。“教育活动总与人的需要和目的相关，这些需要和目的可以各式各样，甚至相互抵触，也可以因人、因时、因地而变化，但教育事实是在一定价值导向下人为形成的事实这一点不会变。其区别只是人们在教育活动中的价值取向不同，而不在于教育事实有无价值。”② 任何理论研究者或改革

① 2006年12月14日，叶澜在中共上海市委宣传部、上海市哲学社会科学联合会召开的第八届哲学社会科学优秀成果电视颁奖大会上的获奖感言。

② 叶澜. 教育研究方法论初探［M］. 上海：上海教育出版社，1999：314.

实践者，如果宣称自己研究的是不含价值的教育事实，也不包含价值分析，这表明他要么是有意隐藏所持的价值立场与取向，要么是不懂教育活动的最根本特性。叶澜认为，教育活动及其中各种教育事实无一不内含价值。在教育研究中，这不仅是教育目的研究不可回避的主题，也是认识教育事实不可忽视的因素。“无论是对已存事实的研究，还是对未来事实的构建、设想，都离不开对价值的认识和选择”[①]，诸如教育的“理念”“应然”“理想”“期望”“目的”“功能”等等。

教育价值分析及其理论建构一直是“新基础教育”研究与“生命·实践”教育学理论建设中不可或缺的重要命题，既关注教育价值的基本理论问题，又能体现从教育价值理论建构到价值的实践转化及其实现的过程。

叶澜关于“人的生命发展”价值的研究，源起于她1983—1987年承担的教育学本科课程“教育概论”的基础研究，如教育概念及其本质特征、教育与人和社会之间的内在关系、影响人发展的因素分析等。由此逐渐创生的教育生命价值理论与实践，贯穿、渗透于其教育基本理论研究中，形成了“生命·实践”教育学；指引、激励教师和校长全身心投身于学校变革实践，形成了“新基础教育”研究；内蕴于教育研究对象性质分析、事理研究以及教育理论逻辑之中，形成了“教育研究方法论”。

教育价值在叶澜教育理论体系中处于重要地位。在理论方面，叶澜教育价值研究渗透于教育基本理论领域，如通过分析教育概念强调人的发展及教育的目的性，通过分析教育与人和社会关系强调教育功能需求，尤其是通过分析人的发展及其影响因素强调人的生命价值等。在方法论研究方面，强调教育是价值性存在、价值性事实，强调教育事理研究中的价值分析，在教育转化过程中强调价值转化研究，并将教育价值建立在理性认识的基础上进行价值合理性判断。在教育改革实践方面，叶澜认为，任何一项改革都是在理

① 叶澜. 教育研究方法论初探［M］. 上海：上海教育出版社，1999：326.

论分析基础上，结合社会变革及其对人的发展的现实需求，建立新的价值立场、取向与理念，并据此对改革进行价值批判和重建，提出新的功能需求与新的属性特征需求。在学校日常实践中，便体现在通过活动设计和实施，将价值理论构建转化为价值事实性存在，最终落脚到学生发展和教师发展上。

叶澜关于教育价值的研究都不是专题论述和文献表达，而是同具体的改革实践及理论研究结合在一起。因此，要研究叶澜的教育价值思想，首先要明确叶澜是如何进行价值思考的，如何开展教育价值研究的。只有这样，才能够将少量集中式的专题论述与大量渗透式观点表达进行辨析、梳理，从而厘清其中内在逻辑，完成叶澜教育价值思想的系统建构。显然，不能完全按照著作文献发表的时间顺序进行整理，而应按照理论内在逻辑对教育价值的相关研究及其观点进行分析、综合和述评，深挖教育价值思想的理论基础、基本概念，厘清命题、内容结构及其相互之间的内在逻辑。

一、渗透于教育理论与实践的价值思维

在开展教育理论和实践研究时，教育活动的属性和功能都有明晰的或内隐的价值需求，如培养什么样的人？什么样的教育才是好教育？多数情况下，教育价值分析表现为一系列的价值追问，有时也表现为教育评价的观点及其所持的立场、信念或理念。事实上，教育实践及其理论研究中，关于价值相关问题、现象的理论分析或思考，就是一种价值思维。

“新基础教育”研究中的教育理念，如结构开放、过程互动、重心下移等，都可以称为“新基础教育”价值取向，它们是对“新基础教育”的最基本的价值需求，也是实践变革的需求，即从教育价值的视角研究“新基础教育”理论与实践，因此可以称为价值思维。依此，才能按照叶澜的思维方式在教育研究中进行价值思考，也才能体悟叶澜教育价值思想的创生过程。

（一）教育价值分析是前提性思考

教育功能包括人们期望教育活动所具有的作用，以及教育活动已经发挥出来的作用及其现实状态。教育价值与教育功能之间的关系体现了教育作为人为系统的目的性，即“与自然界呈现的事物结构决定功能的关系性质相反，教育作为人为事物，恰恰是功能需求在先，因满足功能而创建出教育活动的基本结构在后”①。教育改革是人为的，是人们意识到社会变革的外部变化和教育自身存在与发展需求关系之后，所采取的主动改变的结果。

在教育实践中，需求包括社会对教育的功能需求，以及具体时空中人的需求，即个人、群体或某类人对教育功能的需求。两个层面的功能需求，构成对教育功能的价值需求结构，且直接具有内在关联。

教育价值既是基于教育本质特征及其功能的分析，也是在实践中逐层具体化、依次转化过程。在一定的价值立场与取向下，价值理念实现更新，并在分析教育与人和社会关系的基础上，将社会发展对人的发展需求以及对教育的需求，转化为学校教育的价值理想和培养人的目标，从而设计具有新质特征的教育活动并在学校内部开展日常实践及其变革，实现所期待的教育功能。

可见，教育是价值性的存在，教育活动本身也是价值性的事实。教育不可能没有价值和功能需求。教育作为人为系统，只有在明确功能需求的基础上，才能建构具有促进人发展的功能的教育结构。因此，教育首先要有价值，价值分析是教育研究和教育实践的前提性思考。

（二）教育改革从价值分析开始

教育价值和功能之间的内在关系，体现为人对教育有功能需求。在教育实践中，校长、教师都对教育有期望，并按此期望构建或参与教育活动，努

① 叶澜．回归突破：“生命·实践”教育学论纲［M］．上海：华东师范大学出版社，2015：179.

力实现价值。在此意义上可以说，对教育价值和教育功能的认识和选择，是教育的首要问题。

首先，价值是帮助校长和教师在改革过程中保持定力的动力。叶澜认为，做“新基础教育”没有思维转型，是做不好的，但是如果没有价值确定，也是做不下去的。不少校长和教师在社会变革的过程中，在教育改革大潮中，经常会跟风，经常会摇摆，无法坚持下去，也无法形成学校变革的内驱力。

其次，参与学校变革的校长和教师需先进入自觉状态。为什么要进行学校变革，这其实涉及教育的根本意义和价值，也是在学校变革过程中需要思考的根本性问题。如果把学校变革看作是牟取个人利益或提高学校声誉的手段和工具，就会导致教育改革、学校变革无法触及教育的内在价值。

最后，任何学校变革都需要从价值重建开始，需要明确教育究竟为了什么，要实现什么，怎样实现等一系列问题。这样才能对学校教育的功能需求进行准确认识和把握，从而做出合理选择，由此开展学校的整体转型，在变革实践中充分、深度开发育人价值。

（三）教育价值分析框架

“任何事物，其价值的性质与大小至少取决于三个方面：首先是事物本身的构成及其属性，它决定了价值的可能性空间；其次是人对这一事物的认识及对自己想从中获取什么的认识，它决定了人对某一事物的价值取向，划出了人对某一事物价值的期望空间；再次是该事物之外的条件，它决定了价值实现的现实空间。”[①]这是叶澜提出的教育价值分析框架。其中，教育功能需求分析是教育价值研究的切入点，也是价值思维的分析视角。

但是，教育尤其学校教育究竟需要发挥什么样的功能，又能否实现？不

① 叶澜．方圆内论道：叶澜教育论文选［M］．北京：中国人民大学出版社，2019：135.

同的价值主体在不同立场上对教育功能提出的价值需求是很不相同的，有时甚至是冲突的。因此，需要参考教育自身的本质规定性及教育之外的社会变革现实需求。

二、从理论建构到实践转化的过程与机制

叶澜的教育价值研究关注教育价值性事实形成的理论与实践，即从教育价值理论建构开始到价值实践转化及其实现的过程。概而言之，叶澜教育价值思想的核心是，基于理性分析和现实考量，如何合理论证以“生命自觉”为终极追求的教育价值，如何重构教育生命价值立场与取向并更新价值理念，如何将社会变革对人的发展需求转化为培养“主动、健康发展”的理想新人价值追求和培养目标，如何将教育价值理想转化为现实的学校日常教育实践，如何真正实现所期望的育人功能并发挥积极的教育影响与作用，如何体现为师生真实的生命成长，等等。

第一，结合教育与人和社会的关系，即两大教育规律的论述，在教育本质特征及教育功能分析的基础上，对教育价值内在规定性和基础性价值、优先价值、工具价值等基本问题进行理论分析，并进一步论述教育价值创生的基础与根源，以及教育价值终极追求。这些均是在教育基本理论层面，通过“生命·实践”教育学的相关概念和命题，论述教育价值本质在于促进每个“具体个人”的生命发展，通过人为的教育活动使每个人——学生和教师在自己的个体生命实践中实现主动、健康发展，展现人的生命创造及其本质力量，同时也能形成主宰个人命运和发展的自觉意识与能力，由此阐述教育价值基本问题并进行价值合理性判断。

第二，在上述基础上，教育价值分析深入如何确立教育发展与改革，尤其是基础教育的价值取向这一根本问题中。针对基础教育改革中实际存在的价值问题，尤其是一直被忽视的师生生命发展问题，在理论层面上建构教育

生命价值立场与取向，进而明确促进师生生命发展的价值内涵，以及在新的价值功能需求下教育本身、教育活动或教育行为的变革趋势和价值取向等。这是在一般性教育价值理论基础上进一步具体化，形成特定价值观、特定视角下的教育价值立场与取向，实现教育价值观念更新，建立新教育价值理念，并以此作为教育实践及其改革的价值选择与判断的视角、依据。从生命·实践角度来看，教育对人的生命的重要价值，主要在于创造人的精神生命发展，满足人在教育中的生命发展需求，并不断提升生命发展需求层次和生命质量。叶澜通过“新基础教育”研究的理论与实践，深入论述了教育生命价值内涵，在普遍意义上确立并论证了当代基础教育变革的价值立场和取向，并据此对基础教育改革进行价值反思和改革趋向判断。

第三，根据教育价值基本问题的理论分析，以及教育生命价值的生命立场与取向，在学校教育层面，以此作为理论基础和思维方式，对当前社会发展与变革进行深入分析，解读社会变革对人的发展现实需求，概括时代精神，从而在生命发展意义上将时代精神及其对人的发展需求转化为对理想新人品质培养的要求。其核心在于对“培养什么人”“怎样培养人”“为谁培养人”这类问题的价值思考。建构新的培养目标，对学校教育提出新的育人价值及育人功能需求，从而深入分析学校日常教育实践活动及其改革。

第四，教育价值从理论建构进入学校日常实践及其变革中，体现为学生、教师的生命发展。这就是教育价值从理论建构，在基本问题的理性论证和现实论述基础上，逐渐具体化、实践化，转化为现实的教育活动及其中人的真实生命成长。

第五，尽管教育价值思想形成于“生命·实践”教育学理论构建与“新基础教育”实践探究，但并不局限于此。在叶澜教育价值思想的理论建构过程中，结合“生命·实践”教育学理论以及“新基础教育”研究的改革实践，以与之相应的方法论为指导，阐发、深化、论述并建构教育价值思想体系，旨在寻求关于教育价值基本问题、基础教育和学校变革价值取向及其中价值实践转化的一般性理论和普遍意义。因此，叶澜教育价值思想，不只是一种学派理论，也不只是一种教育改革理论，更是一种教育基本理论研究、方法论研究。

叶澜建构的教育生命价值思想系统，一方面，在“生命·实践”教育学基础上论证了教育价值理论的内在规定，并由此得出人的生命、人的发展是最重要的教育价值。另一方面，结合“新基础教育”研究，对教育生命价值的实践转化及其创生过程和机制进行综合抽象。

“生命·实践”教育学价值论是对叶澜教育价值思想进行系统的逻辑论证，基于教育本质特征及其构成、人的发展、教育活动性质、教育人为性与功能需求以及教育与人和社会的关系等基本理论研究，构建实现人的生命发展的教育价值观。其核心是教育价值本质内涵、教育生命价值立场与取向、理想新人目标、育人价值、“成事成人”等，既有对于教育价值的合理性、客观性以及教育价值转化机制的相关论述，又有在基本理论层面和方法论层面的整体性概括和提升。教育生命价值观是“生命·实践”教育学学派创建的教育价值理论核心，在个体生命实践意义上，赋予教育价值本质理解以新视角、新内涵、新观点。

“生命·实践”教育学价值论的根本在于，将追求“生命自觉”的教育生命价值理念转化为真实的师生生命成长。就学生生命发展而言，通过日常教育活动及其实践变革实现育人价值转化，在学校生活及其各种活动的育人价值开发中，满足、提升学生生命发展需求，以实现学生的真实生命成长。就教师生命发展而言，通过评价改革推进日常教育实践变革，实现“成事成人”，实现教师的生命创造和自我更新。

第二章　教育价值：育生命自觉

“育生命自觉”是教育中指向内在自我意识发展的重要使命。“生命自觉”主要包括：热爱生命和生活，悦纳自我，具有积极、自信的人生态度；具有反思自我的意识，在人生中不断实现自我超越的信念和能力；具有策划人生、主动把握时机、掌握自我命运的智慧。“生命自觉”是教育最高境界的追求。①

——叶澜

叶澜认为，人为的教育是价值性存在。人们在确定教育功能需求后，改造或创造教育实践及其活动结构。这必然会涉及以下几个问题：人的发展在教育中的意义是什么？人需要什么样的发展？应该如何发展？怎样才能实现人的真实发展？要回答上述问题，首先要进行教育价值分析。

教育价值本质研究及其合理性判断是在教育基本理论层面展开的，即通过深入分析教育与人和社会的关系、教育本质以及影响人发展的因素等基本问题，论述人的主体发展需求；进而在人学意义上，从人的“生命·实践”视角，深化拓展教育与人和社会关系研究，进一步论述人的生命发展内

① 叶澜．变革中生成：叶澜教育报告集［M］．北京：中国人民大学出版社，2019：446.

在特征及其与实践的内在关系，以及个体生命实践与人类生命实践的内在相通；并从“具体个人”的个体生命实践角度，论述人的生命发展在自然、社会和精神层面的不同发展需求，以及人在不断提升和自我超越中实现生命自觉。

教育促进人的发展，意味着人本身的生成与发展是价值与事实的不断转换过程。这一事实本身决定着教育价值与事实的不可分割性。这就是人的发展的内在规定性，也是教育价值的内在规定性。教育价值研究首先要在基本原理层面上论证普遍意义的教育价值本质及其内在特征。

一、价值之“本”：人的主体发展及其可能性

教育作为人为的社会系统，其首要问题是为何需要教育，期待教育发挥什么作用。教育功能认识与选择是有意识、有目的从事教育活动的前提。“教育的功能问题，在一定意义上是教育学的第一问题。它实际上问的是：人们为什么需要教育，或者说，教育对于人类究竟具有什么意义？教育为什么在人类社会诞生，并成为必须？”[①]

教育价值就是对教育的功能需求进行选择和判断，必然关涉对教育与人和社会的关系、教育本质特征的深入分析。

（一）对于人的发展的判断与选择

在教育基本理论层面，教育与人的发展的关系、教育与社会发展的关系，一般被称为教育的两大规律性联系。在此，叶澜则用“功能”一词表达两大关系，且由此将教育功能界定为教育的社会功能和教育的个体发展功能。这“主要是因为采用系统的观点认识教育，结构与功能是一对范畴。规律则是相对于现象而言的。另外，用‘功能’来表达具有较‘规律’更大的

① 叶澜．回归突破：“生命·实践”教育学论纲［M］．上海：华东师范大学出版社，2015：179-180.

适切性和展现多种可能性的空间”①。教育与人和社会的关系，是教育功能及其价值取向分析的前提。

从教育与人的关系角度看，教育作为一种人为的、特殊的社会活动，以有意识地影响人的身心发展为直接目标。从教育与社会的关系角度看，教育尤其学校教育作为一种“由专职人员和专门机构承担的有目的、有系统、有组织的，以影响入学者的身心发展为直接目标的社会活动”②，从社会大系统中独立出来后，成为一个相对独立的、稳定的子系统。在系统论意义上，教育与社会形成不同层次的关系，社会母系统与教育子系统的关系，社会其他各子系统与教育子系统的关系，构成教育与社会多层次和不同类型、不同性质的系统之间的相互作用及关系。

教育功能一般可分为教育的社会功能与个体功能。无论在理论研究还是在教育实践中，这两类功能往往因各执一端而处于对立、冲突状态，或并行状态，很少能够呈现出统一、协调状态。在此情形下，人的发展尤其个体的生命发展，往往遭到压抑而处于“相形失色”之状。

在教育价值取向上，人们往往将教育促进个体发展与促进社会发展的功能对立起来，强调教育服务社会发展的工具价值，忽视教育培养个性、使个人的潜能得到充分发展的价值。这一现象的根本原因在于，忽视了教育以人为特殊服务对象、以促进个体发展为根本目的的内在本质，忽视了教育的个体价值。“使人常常从社会政治领域或经济领域中，去寻找指导教育工作的理论与规律；使教育患上了‘软骨症’和‘依附病’，在社会各种冲击面前缺乏抵御能力；使学校本身对学生缺乏内在的吸引力；使培养出来的人缺乏鲜明的个性、独立的人格和创造的活力，而这一切的必然结果是使整个社会缺乏生机。”③

① 叶澜. 回归突破：“生命·实践”教育学论纲［M］. 上海：华东师范大学出版社，2015：179.
② 叶澜. 教育概论［M］. 北京：人民教育出版社，1991：9.
③ 叶澜. 方圆内论道：叶澜教育论文选［M］. 北京：中国人民大学出版社，2019：11.

1. 人的发展是教育的基础性需求

在教育功能的理论建构中，教育与人和社会的关系是核心内容。用综合、整体、多维度、多层次的思维方式，分析人与社会之间的关系及相互作用方式，在整体意义上分析教育功能的服务对象——人与社会，而非简单化地分别分析教育与人的关系、教育与社会的关系。因此，以人与社会的关系为切入点，分析教育两大功能之间的关系，即教育与个体的关系、教育与社会的关系，以及两大"关系"的关系；进而分析通过教育实现社会与个体之间相互转化的机制，才能合理地解决教育两大功能之间的矛盾统一。

从静态的结构看，社会与个体之间的关系取决于不同的"立足点"。若立足于社会，社会与个人的关系便如同"有机体"与"细胞"的关系。在人体内，细胞是有机体的基质性构成，在不同功能组织下构成"器官"。类似地，对于社会而言，个体具有自己的独立性，有着作为个体存在的特殊性。但是，也必须参与到社会各级组织、各级系统中开展某种社会活动，承担一定社会角色，才能与社会整体建立特定的社会关系，成为一个生活、生存于特定社会并做出特定贡献和价值的社会成员。可见，个人不完全等同于社会成员，两者的内涵不同。社会成员是个体的社会属性，即社会对个人的权利与义务的规定和认可，强调的是个人对社会的价值。但是，"个人作为一个整体来说，人的需要中除了具有直接社会意义的一部分以外还有其他，如个人的兴趣、爱好的满足，个人家庭生活的需要，以及不具有工作意义的各种交往需要等。这些需要的满足以及为满足这些需要所进行的活动，大部分没有直接的社会意义，不创造什么社会财富，大多也是在个人工作以外的闲暇时间进行的"[①]。换言之，个体应有个人价值，满足自身对于身心健康与发展的个人需要。"如果只从社会需要的角度，尤其是只从近期的、直接社会功利的角度看个人，永远也不可能看到完整的个人。"[②]

①② 叶澜.方圆内论道：叶澜教育论文选[M].北京：中国人民大学出版社，2019：145.

反之，若立足于个人，个人与社会的关系便如同“有机体”与“环境”。有机体为了自身的生存和发展需求，从环境中获取所需的营养和条件。同样，生活在特定社会中的个人，从自身需求出发，将社会视为自己所需的条件、机会和实现自身价值的平台。个人价值没有被忽略，而是被放大了。

将社会与个人对立起来，便无法看到一个完整的人。个人作为生活于特定社会的个体，其作为社会成员具有社会属性及社会价值。而作为独立的个体，人也具有独特性及个人价值。因此，需要改变立足点，一方面，承认社会与个人是两种不同质的自组织系统，存在着性质各异的需求；另一方面，基于两者相互依存的关系，在社会与个人物质的、能量的、信息的双向转换过程中，协调两者之间的各自需求与价值，达到双向的制约与塑造、相互促进的状态。基于两者的矛盾统一关系，“社会的需要与发展主要通过处于一定社会结构中的个体的协同活动实现，这种活动对于个体来说也是满足个人需要和实现个人发展的主要手段，它具有双重价值，是个人与社会具体的、活生生的、每天都在发生着的相互作用”。因此，将个人置于特定社会的制约和塑造之中，并促成个体间的协同活动，就可以促进个人作为一个自组织的整体发展，同时也能促进社会与个体之间的相依关系、转换关系。类似的，如果学校教育能在社会“环境”有利于个体“有机体”的意义上，满足个体需求以促进个人发展；同时，又能在个体“细胞”构成社会“有机体”的意义上，促进各个发展了的个体协调起来，参与社会活动以实现社会价值，那么教育也就实现了社会与个人之间的相互转化。

但是，教育作用的对象正是发展、变化中的社会与个体，其功能正是体现在对其发展的影响上，所以，我们还必须从发展的角度来研究社会与个体的关系，进而研究教育两大功能的关系。①

从动态的发展看，“社会发展过程的本质是把人从各自不同类型的奴役

---

① 叶澜. 方圆内论道：叶澜教育论文选［M］. 北京：中国人民大学出版社，2019：147.

中不断解放出来”[①]。在人类社会的发展阶段与趋势中，凡是在现有物质基础、政治制度上沿着使人得到更大解放方向的变化，被称为社会的正向发展，反之为社会的负向发展，当然，还有无所谓正负向之分的相对停滞状态。在个体发展方向上，也同样如此，若将个体自主与创造作为判断标准，与个体与社会正向发展相符合的自主、创造意识与能力的形成，便可称为个体的正向发展；与个体与社会正向发展相反方向的自主、创造能力的形成，便可称为负向发展；只具有适应社会的能力，缺乏自主、创造的意识与能力，则被视为相对停滞。[②]

从人类社会发展的历史进程和总趋势来看，社会在生产力高度发展、社会物质财富和精神财富极大丰富的基础上，给每个个体带来的是更多的解放，越来越多充分发展的可能和自主、创造的可能。同时，发展了的个体作为社会成员也是社会活动的主体，是社会发展的主体。“正是从这个意义上，可以说个体的发展水平具有重要的社会意义，这种意义的价值也是随着社会的发展而提高的。也就是说，社会发展水平越高，越需要有富于独立和创造精神与创造能力的个体。”[③]可见，个体发展对于社会发展的意义和发展趋势被彰显出来。

在社会发展与个体发展之间的多种关系模式中，“使个体认识社会发展的方向是个体生命具有积极社会价值的重要保证”[④]。

2. 人的发展是教育的直接目标

“教育”的概念界定，是基本理论层面的教育内在规定性分析，是形成教育学视界和立场的基本问题，也是教育价值本质论述的理论基础。

叶澜对具有代表性的教育概念进行批判性思考后，将不同的人对“教育是什么”不同的回答角度简约地概括为“有的从教育价值的角度，有的

①②③④ 叶澜. 方圆内论道：叶澜教育论文选［M］. 北京：中国人民大学出版社，2019：148，148，149，152.

从教育目的的角度，有的从教育内容与方法的角度，有的从教育本质的角度”[①]。由于人所处的时代、所持的立场和价值取向不同，各自的分析视角也就存在差异。但是，“透过纷繁的不同，发现了他们的共同基础，那就是都把教育看作是一种‘活动’，而所有的区别都与对教育作为一种活动的价值、目的、内容、方法以及性质或本质的认识相关”[②]。在此基础上，以其中共同论及的“活动”作为起点，逐层深入剖析教育的三个基本特征，最终得出“教育是有意识的以影响人的身心发展为直接目标的社会活动”的定义。

首先，教育具有社会性，这一点将人的教育活动与动物界所谓的教育活动区分开来，教育要实现人类社会共同体积累的类经验的传递，满足个体在社会中生存和社会延续、发展的需要。其次，教育具有人为性，教育作为“社会活动”有别于自然现象，且不同于自然之物结构决定功能的性质，而是先有功能构建进而决定教育各层次的结构。最后，教育具有目的性，教育活动与其他社会活动的区别在于，它的直接对象是指向“人的身心”，作用是影响其发展。同时，通过突出教育活动的“有意识”，以区别“具有教育影响”的活动和“教育活动”本身。

叶澜在界定教育概念时特别强调：“教育的直接对象和目标，从定义划界上，将教育与个体身心发展的关系，视为判断教育活动构成的内在依据，确立了教育学内立场的基点。”[③]同时，这也是针对“泛教育论”的一种回应，尽管各类活动都可能对人的身心产生不同意义和不同程度的影响，但不能因此将具有教育影响的活动都称为教育。

在“生命·实践”教育学的理论构建过程中，对教育本质特质再次进行深解与多重界定，进一步阐明了“教育”这一价值性存在是以人的身心发展为内在规定的基本观点。

---

①② 叶澜. 教育概论［M］. 北京：人民教育出版社，1991：2.

③ 叶澜. 方圆内论道：叶澜教育论文选［M］. 北京：中国人民大学出版社，2019：12.

叶澜认为，通过“有意识”和“直接目标”的限定，可以区别“教育活动”和具有“教育影响”的活动，凸显教育活动与政治、经济、文化等其他有目的的社会活动之区别，即教育活动的特殊性。在一般意义上论述教育的内在规定性，将教育活动与非教育活动区分开来，并划定“教育”范围，这是第一层次的教育划界式界定。“在论及教育直接目标时，实际上指出了教育活动的直接对象是人的身心，作用的性质为影响其发展。教育与社会的关系在定义中只限于活动性质的所属上，而非在活动的直接对象上，这实际上蕴含了对教育功能的认识与判定。”①

第二层次的结构性界定，是在划定教育范围的基础上对教育活动的内部结构进行分析。一是构成性维度的结构分析，在教育制度层面，分为机构性的学校教育和非机构性的家庭和社会教育，两类教育活动对人的影响的区别在于不同的空间及不同作用方面和方式。在学校教育层面，构成教育活动的基本要素是教师与学生、教育内容、教育物资，这三个要素形成了不同于其他活动的复合主客体关系。二是过程性维度的结构分析，教育只有在活动开展过程中才真实存在，所以不仅要从系统构成的静态角度分析教育活动的要素结构，还必须补充活动过程的动态构成要素，并通过这些要素具体表现出“有意识”的教育活动。“教育活动过程的结构性界定为：教育活动过程由贯穿于教育活动全程的一系列基本要素构成。它们是：教育之目的与策略、内容与组织方式、方法与手段、成效检测与调整。”②

第三层次的功能性界定，是教育价值的效应式界定，是对好教育与坏教育、积极的教育与消极的教育、人性的教育与反人性的教育的价值规定与区分。“其构成来自两个方面：一方面是人（个体、群体、类）对教育有期望价值，并按此价值构建或参与教育活动，经教育活动后呈现出价值的实现状况。另一方面是几千年人类教育实践中反复呈现出来的、教育所承担并已实

①② 叶澜．回归突破：“生命·实践”教育学论纲［M］．上海：华东师范大学出版社，2015：176-177，177-178.

现了的功能，这是客观存在的价值性事实。”[①]可见，在多种因素作用下的价值抉择以及形成的价值取向，是形成教育功能的重要内在推力。其中，促进人的身心发展是基础性价值要求与功能。

3. 社会对人的发展需求及其教育转化

终身教育视角下，深入分析教育与人和社会的关系，以“人生”作为思考教育的主轴，让教育贯穿人的一生、渗透于各种空间的个体生命实践活动，“使对教育功能的关注，从长期的外在功利性社会功能回到其自身最为直接的、影响人身心发展的本源性功能上”[②]。终身教育的深意在于使教育成为个体一生和社会发展不可分割的、内在必需的构成，需要化入人生、化入社会活动的各个领域。“这是‘教育’观念得以向人生‘整体化’和‘全过程化’嵌入的重要转换。由此出发，进一步则可看到教育与人类全社会生活的全时空覆盖，因为每个人的生命活动都在各种社会实践中完成。”[③]

“以人自身的自由全面发展作为社会发展的终极目标，以个人与社会的发展价值统一为特征”，是人类自身和社会发展到一个新阶段后，所应具有的教育尺度。因此，从教育维度判断社会发展的一个重要尺度，就是社会中“作用于作为个体的每个人一生的人生发展”的教育力量，即“社会教育力”，“包括一切教育活动（正规与非正规的，可称为教育的活动）所产生的、对人身心发展起作用的力量，也包括人类其他社会活动中客观存在的、对人身心发展有影响的力量。为了表述的简洁与区分，我们把前者称为‘教育作用力’，后者称为‘教育影响力’，它们都是教育力的构成”[④]。基于“贯穿于人的一生的身心发展”的教育力概念，就是指生活在特定社会中的每个

---

① 叶澜．回归突破：“生命·实践”教育学论纲［M］．上海：华东师范大学出版社，2015：179.

②③④ 华东师范大学“生命·实践”教育学研究院．“生命·实践”教育学研究（第一辑）［M］．上海：上海教育出版社，2017：16，16，35.

人，在自己人生经历的生命实践中，在身心发展方面所受到的因社会发展而致的作用与影响。

在社会教育力概念分析框架中，其根本在于“个体教育力是社会教育力的构成，且是其基础性和具有终极价值的构成。因为任何教育力都是在社会中、在个体参与的社会活动中产生，且最终价值都归到个体生命的发展与成长。这也是走向进步与社会发展追求的根本目标”①。因此，可以从如下维度进行构建：首先，有意识的直接教育作用和无意识的间接教育影响，表现为教育活动与非教育活动所产生的“教育作用力”，以及教育系统外其他各类社会系统进行的活动所内含的“教育影响力”。其次，社会系统与个体的人的两大层面，表现为分析单位的不同，即在社会系统层面上，以系统为分析单位，社会全系统所具有的社会教育力可称为“系统教育力”；以个体为分析单位，贯穿于每个人一生生命实践之时时、处处、事事的社会教育力可称为“个体教育力”。再次，表现为潜在可能性与现实存在性，即“社会教育力”的存在有潜在和实存两种可双向转换的不同形态。最后，表现为正向教育力和负向教育力的相互博弈与转化。

“个体教育力”存在于个体参与社会生活所做的“事”之中，包括生存环境与社会活动。因此，“个体教育力”的社会存在，除终身教育提及的“时时、处处、人人”之外，还应加上一个“事事”。从人生发展阶段来看，以综合、动态、过程的思维方式，整体把握教育与人生的关系，在个体生命全程意义上分析人生阶段所必然面对的不同生长、发展的需要与问题，以及各阶段整体发展水平及其特征。因此，不同人生阶段有着各自的教育任务，如幼儿期的启蒙、童年期的奠基、少年期的“起飞”、青年期的定向等。

“社会教育力”这一概念，是在构建学科立场和教育尺度的意义上，在分析人与社会关系中，引入“促成人的人生发展”的内在逻辑和现实基点，

① 华东师范大学“生命·实践”教育学研究院.“生命·实践”教育学研究（第一辑）[M].上海：上海教育出版社，2017：38.

从而打开新视野，启发新思维，建立新的认识框架。这是叶澜在阐发终身教育理论的基础上，对教育内在规定性的新解，对教育与人和社会关系分析的深化。

在深入、整体分析教育与人和社会关系的基础上，终身教育提供了理解教育本质特征的新视角，即"以能促进人的多方面终身发展和人格完善，使其有志于并有能力为创造一个更美好的世界作贡献为价值取向；以贯穿于人的一生、渗透于个体生命实践各种空间的生命和活动全时空为原则"①，打破各种教育之间的藩篱，关注教育在个人生命成长意义上的内在价值。

从教育与人和社会的关系分析中可以发现，教育两大功能有着不同的侧重点，两者无法相互代替，即教育促进社会发展并不必然有利于个人的发展，教育培养有个性的、充分发展的个人也并不必然有助于社会发展。但是，教育两大功能最终要通过教育对象（每个个体）真实主动的健康成长和发展来实现。因此，教育社会功能的实现，必须深入教育的育人过程中。"只有发挥了教育在人的发展中定向、形成、诱发、矫正、改造等多种功能，使人的发展符合社会前进方向，其个体特质及潜在优势得到充分的真实发展，教育两大功能才有可能发挥。"②"应该着力于培养具有认识人类社会发展规律能力的，能把握现实社会实际发展方向，能顶得住各种逆社会主义方向而动的潮流，具有各种独特才能和创造力并具有健全人格和丰富个性的人。"③

教育在促进人的发展中起主导作用。"学校教育是特殊的环境和特殊的活动，是影响人发展的环境因素和活动因素的组成部分。学校教育能否对人的发展起主导作用，不仅取决于它本身的水平，而且取决于它与其他环境、

① 华东师范大学"生命·实践"教育学研究院．"生命·实践"教育学研究（第一辑）［M］．上海：上海教育出版社，2017：21.

②③ 叶澜．方圆内论道：叶澜教育论文选［M］．北京：中国人民大学出版社，2019：153，154.

活动影响之间的协调。如果不加任何条件地绝对肯定学校教育对人的发展起主导作用，则把复杂问题简单化了。”[①]教育需要在认识社会总体特征、社会各领域的综合作用的基础上，做好“由外向内”的转化，将社会需求内化为教育目的与方针、教育制度、教育内容、对教育者的基本要求以及具体教育活动的一切方面。教育的作用就是帮助个体选择合适的发展方向——即社会对人才素质的基本要求与个体特质发展的一致，使得每个个体沿着符合社会发展的方向前进，发挥积极、正向的社会功能。尽管教育不是影响人发展的独立因素，但是通过逐层内化社会需求，用教育力量去影响其他作用于人的发展的因素，合理利用个体自身的生理条件及其所处社会的大环境因素，为受教育者创造适宜的小环境。“在仔细研究主体因素和环境因素提供的可能性的基础上，精心设计有利于主体发展的活动，并激发主体参加活动的积极性，提高其在活动过程中自我反馈的意识与能力”，“培养受教育者自我教育和自我控制的能力，识别、控制、利用、改造环境的能力”，“为人一生的发展奠定坚实的基础，为他的继续发展创造条件”，使学生成长为发展主体。[②]这样，教育中作为个体的人，才能在自我意识与自我教育能力提升的基础上，通过主动开展创造性实践活动，按照教育化的社会要求，将自身以及自身所处的环境等可能性条件转化为个性化的现实发展。

因此，在教育与人和社会关系的系统分析中，以具体的个体为对象，强调个体不同于社会的特殊发展需要，在逐层转化、具体化社会需求的同时，将个人需求与社会需求统一起来，汇聚成一股促进社会发展的积极、正向的力量。教育的根本目的就是使每个个体成长为发展主体，使各方面的潜力在可能范围内得到充分发展，实现每个个体的个性化发展，为个体终身发展奠定坚实的基础。

---

①② 叶澜．方圆内论道：叶澜教育论文选［M］．北京：中国人民大学出版社，2019：101，102.

（二）人作为发展主体及其需求

从根本上说，育人是教育的基础性功能需求，也是教育的本体功能。正是在此意义上，教育价值根本在于实现人的发展，满足人作为主体的发展需求。

1. 人是自身发展的主体

在影响人发展因素的系统结构分析中，人的发展及其作为发展主体的地位被凸显并清晰起来。

首先，在方法论层面上，突破形而上学的思维方法，从而进行“动态的、整体的、全面的、辩证的因素分析”，实现对原有理论的整体改造，真正揭示出影响个体发展的全部因素及其动态关系。在辩证思维、系统思维指导下，分析个体发展全过程的诸多影响因素，既要聚集各发展阶段，找出这一阶段的主要影响因素及其相互间的作用关系模式，又要纵观全过程，找出影响人发展的因素与“发展着的主体”之间的规律性联系和变化趋势；从人的生理、认知、情感、意志、行为等多方面的发展，全面分析诸因素对个体发展的不同影响。旨在“发现这些因素本身在主体发展全过程中是变化的，它们对发展主体作用的大小是不同的，它们之间的相互关系也是变化的，而且这些变化又与发展主体本身的变化密切相关”[①]。这就意味着，影响人发展的各个因素，不是从特定角度、以相同作用力一成不变地分别作用于人某一方面的发展，而是在不同发展阶段对主体整体发展水平起不同作用，且会因“发展着的主体”因素的反作用而具有不同的作用方式与影响程度，形成不同的组合模式，以整体方式促进人的发展。

上述诸因素与人的发展之间关系的综合整体、动态关系分析，明确了人的发展与其他生命体发展的区别。如果按照“三因素论”的理论，将影响人发展的因素仅仅归因于环境、遗传等不以人的意志而为转移的客观条件，只

---

① 叶澜. 方圆内论道：叶澜教育论文选［M］. 北京：中国人民大学出版社，2019：89.

会在生物学水平上强调人的发展与动物发展均是完全受动的过程，就会忽略人的发展的特殊性、能动性与自主性。

人与动物的本质区别在于，人有意识和自我意识。人在生命活动中将自身与自己的生命活动区分开来，并将生命活动视为自己的意识对象，这就形成了人的自我意识。“只有人才能意识到自己的需要，并通过自己的活动来满足需要。人不仅把周围世界当作自己的认识的对象，而且把自身也作为认识的对象。人不仅能控制、改造客观世界，而且能控制、改造自己。”①具有自我意识的人，将自己视为改造对象时，也就意味着在一定程度上能够控制、影响自身发展。

2. 人的自身发展水平是影响自身发展的可能性因素

“在人的发展过程中形成的、在某一发展阶段上业已达到的身心发展水平对此后的发展也有重要的影响。”②因此，“人在发展各阶段已经达到的发展水平”也成为影响人自身发展的重要因素。具体而言，个体在自身的遗传、天赋以及制约身体、生理生长发育的成熟机制等基础上，与环境交互作用中逐步形成的身心两方面发展，即属于发展主体自身的后天因素。它包括在某一阶段中“主体的身体生长发育水平与健康状态，智慧、情感、意志、行为发展水平，知识、经验水平，对事、对人、对己的倾向性态度，等等”③。这些后天因素，体现了人在发展中的能动性，构成了人的内部环境。后天因素尽管是派生的，取决于先天生理的物质基础，“它最初是由带着全部先天因素出生的主体与环境相互作用的产物，在每一阶段上表现为前一阶段发展的结果。但是，这个结果一旦形成，就成为影响后一阶段个体继续发展的不可忽视的独立因素”④。随着自我意识与能力的提升，人的“已有发展水平”在自身发展中愈益重要。

发展主体在某一阶段形成的身心发展水平，作为后天因素、内部环境，

---

①②③④ 叶澜. 方圆内论道：叶澜教育论文选[M]. 北京：中国人民大学出版社，2019：90，90，92，92.

为主体在下一阶段的发展提供条件。其作用在于，影响主体对周围环境的选择和作用方式，“人在发展过程中已达到的不同水平，影响他对客观世界作用的方式和接受客观世界作用的方式”①。因此，同一环境及其中的各种人、事、物对不同的发展主体或同一主体的不同发展阶段有着不同的“个性化含义”。这是具有自我意识的能动个体以自己的方式，对内、外部环境进行融合，建构赋予个人独特的意义世界，“这样的世界对于每个人来说是不相同的，它使处在相同环境下的不同个体选择不同的发展方向”②。从个体差异角度看，每个人对客观世界的认识方式和作用方式，都受到自身既有的经验、思维方式及情感等因素的影响，表现出个性化的特征，这是承前继后性发展，即个体的过去为今后发展提供条件、方式或在今后发展中获得新意义、新功能等。“当人的发展水平达到不仅能认识客观世界，而且有清晰的自我意识和自我控制的水平时，人有目的地影响自己的发展。在这种情况下，人把自身的发展当作认识的对象和自觉实践的对象，从真正意义上成为自己发展的主体。”③人对自己发展的控制，一方面表现为通过自我需求分析和理性判断，将外在的社会环境转化为自身发展的条件，另一方面表现为通过设定目标、自主行动、自觉追求实现自己的理想。“后天因素对人的发展的影响随着人的发展水平的提高而逐渐增强。其中关键性的转折点是独立的自我意识和自我控制能力的形成，它使人对自身发展的影响提高到自觉地水平。”④这是人的主观能动性在影响人发展方面的高度体现。

3. 人的个体活动是决定自身发展的现实性因素

人的发展离不开个体活动，体现出主体的自主性、意识的能动性。发展主体通过个体活动能动地接受环境的作用，最终将可能性因素为人的发展提供的多种可能，转化为特定的现实发展。在此意义上，个体活动是自身发展

①②③④ 叶澜．方圆内论道：叶澜教育论文选［M］．北京：中国人民大学出版社，2019：94，94，95，95.

的决定性因素。根据个体活动的内容和性质，可以将其分为三个不同的层次：第一层次为所有生物体所具有的天生、自动的生命活动；第二层次为人作为人类个体所特有的，以能力与个性为核心的心理活动；第三层次为人作为社会成员所从事的各种社会实践活动，是人的心理活动产生的源泉。“人对自己和环境的认识、改造都通过社会活动实现。社会活动范围不断扩大，内容不断丰富、深化和系统化，人的身心发展水平也不断提高。”①

要理解从可能性向现实发展的转化机制，还需要深入分析个体内、外部活动之间的内在关系。“外部活动表现为人体各外部器官的各种动作。通过这些动作，人一方面从环境中获取满足自己需要的对象，另一方面把自己的目的、意愿外化和物质化，改造旧的环境，创造出新的环境和财富。”②人的外部活动是人的发展起点。“内部活动是指人的心理活动和人体内部器官的生理活动。人的心理活动是把物质对象转化为意识的活动，也是把外部活动过程转化为思维过程的活动。它具有认识外部世界和控制主体活动的作用。”③人的外部动作与内部活动具有同构性，因此人的外部活动的动作结构能转化为内部的认知心理结构。人的内部思想活动是外部活动内化的结果。发展主体正是通过个体活动与环境交互作用，实现自身与环境之间物质和精神的变换，并在变换过程中实现自身发展。其中的核心是，发展主体通过内、外部活动及其相互转化，掌握人类共同创造的科学、文化、知识等精神财富，实现自身与环境的精神变换，进而实现自我意识和精神世界的发展。

综上，在人的发展由可能性向现实性转化的过程中，主体的已有发展水平为自身发展提供多种可能性，形成个体发展的后天因素、小环境，通过不同性质、形式的主体活动实现自身特定的现实发展。通过对影响主体发展因素的系统结构分析，可以看出主体的性质决定着其他因素对自身发展所起的作用。人作为有意识的主体，根据自己的目的及需求，能动、自主地与环境

①②③ 叶澜．方圆内论道：叶澜教育论文选［M］．北京：中国人民大学出版社，2019：98.

相互作用并从中获取自己所需的物质和精神资料，在此发展过程中积累形成的经验、价值取向和自我意识等方面的现有发展水平，也成为自身发展的独立因素之一；同时，发展主体的自身实践，也是促进可能性向现实发展转化、实现个性发展的关键因素。

从影响人发展的因素来看，相对于其他生命体而言，人发展的特殊性在于，现有发展水平以及自身实践活动会随着自我意识与能力的提升，愈益发挥重要乃至最终的决定性作用。个体只有凭借自己的后天发展与努力，才能将身体、天赋、成熟机制及良好的家庭、社会环境等可能性条件，转化为现实的个性化发展。其中，先天生理因素、社会环境因素是不可改变的客观存在，但后天发展水平与实践活动，是在不断发展变化的。这取决于学习，但更为重要的是接受必要的教育。换言之，个体只有在教育活动中才能成长为发展主体。从个体发展的主体角度来看，教育的功能是教人学会认识自己并把握自我命运，促进个体成长为可以将自己的各种可能性条件转化为现实发展的主体。

（三）个体生命发展可能性及其实践转化

教育的个体发展功能奠基于人的主体及其自主性、能动性、已有发展水平、自我意识与能力、自身实践活动，以及发展可能性向现实性转化。这些揭示并展开了教育价值的个体生命发展内涵。基于人的主体生命发展需求进行选择和判断，是教育价值本质及其内在规定性。

在叶澜学术思想形成过程中，孕育于其中的“生命”和“实践”如真菌丝体般相互缠绕在一起。“‘生命’和‘实践’概念的形成，先是沿着不同但并非无关的路线，始终围绕着同一主题，即对教育内在规定性的把握行进的。”[①]随着理论与实践交互的丰富、深入，“生命”与“实践”不可分割的

① 叶澜．方圆内论道：叶澜教育论文选［M］．北京：中国人民大学出版社，2019：19.

内在关系愈益清晰起来，这是认识教育和构建教育学理论的原点，也是教育价值的源始基点。

1. 个体发展的生命内涵

叶澜认为，人的生命意义是一个个的个体、一个人的人生展开过程。生命原始、直接的存在形态是在个体之中，生命活动也离不开个体。关于教育中“个体人”的思想，如“真菌丝体”般充满了叶澜教育学理论“虫蛹”之体，它借助生命价值思想、生命发展之力“破蛹而出”。“个体人”的思想破蛹而出的冲击力既是基于理论透析的厚积薄发，也是实践介入后的生命体悟，“来自对实践智慧的真切体悟，来自对时代精神的强烈感受，来自对教育中生命价值的猛烈觉醒”①。

诚如叶澜所言，“教育内在的作为个体的‘人’的问题的发现，它离对‘生命’关注只有一步之遥了”②。在人的发展理论形成初期，此时的“生命”与“主体”“个体”未被区分为不同的概念，而是被视为彼此互换的词语，只是为了强调个体生命活动的主动创造对于人的发展的作用。在此意义上，根据主体对活动的自主程度，人的生命活动分为“被动应答”“自觉适应”“主动创造”三个等级。其中，主动创造的生命活动对个体发展具有重要意义，“在这种情况下，主体的态度不仅是自觉的，而且是积极主动的，为了实现自己提出的目标与任务，他主动寻求解决问题的方法，设计自己的行动步骤，研究手段、方法的合目的性，关注行为的结果，并根据结果调整进一步的行动。在活动过程中，主体处于积极的追求中，体验着成功的欣喜与失败的焦灼，感受到自己的智慧与力量”③。在主动创造意义上，教育中“个体人”的发展过程应是“一个充满各种契机，生命通过活动，在与周围

①② 叶澜. 方圆内论道：叶澜教育论文选［M］. 北京：中国人民大学出版社，2019：18-19，12.

③ 叶澜. 教育概论［M］. 北京：人民教育出版社，1991：233.

环境相互作用中生长、成熟、展现、创造，实现自身力量的动态过程”[①]。在这些理论思考的基础上，再结合切身的生命体验，“生命”概念呼之欲出。

叶澜对个体生命研究的真正觉醒，源于进入学校的介入式研究，即深入课堂的听、评课活动。基于课堂中师生状态的观察，一直关注个体生命的叶澜不禁发出疑问，“学校是‘大活人’最多的地方，为什么这一生命集聚之地，在直接面对活生生的人开展教学的课堂中，却会如此沉闷而无生气。”究其根本，静听的课堂忽视了每个学生都是有着各种需求的、活生生的生命体，每个学生的头脑都无时无刻不处于涌动状态。因此，在教育中谈论“个体”或“个性发展”“主体”并不等同于“生命”。个体、个性或主体只是一种外在形态，而生命是人内在的、丰富的精神世界，是人之独一无二的本质内涵。教师对学生生命意识的觉醒，是改变其学生观不可缺少的、富有冲击力的因素。同时，教师也应对自身有生命意识觉醒，改变对自己职业生涯与自身的生命价值关系的认识。这意味着，“有关教育、学校生活的价值选择和建构的问题，只有在关涉每个人都拥有的、只有一次且不可复返的珍贵的生命时，才可能触动教育者自己的心灵”[②]。

基于介入式研究，叶澜在《让课堂焕发出生命活力——论中小学教学改革的深化》一文的酝酿和写作过程中，意识到“生命”的概念不同于“个体”，从更高的生命的层次凸显课堂教学改革方面的生命观。在生命发展意义上，用动态生成的观念重新全面地认识课堂教学，构建新的课堂教学观，让课堂焕发出生命的活力。叶澜明确地阐释了“课堂教学生命活力”的三重含义。[③]

第一，“课堂教学应被看作师生人生中一段重要的生命经历，是他

① 叶澜.教育概论［M］.北京：人民教育出版社，1991：235.

②③ 叶澜.方圆内论道：叶澜教育论文选［M］.北京：中国人民大学出版社，2019：21，22.

们生命的、有意义的构成部分。”“对于教师而言，课堂教学是其职业生活中的最基本构成，它的质量直接影响教师对职业的感受与态度，专业水平的发展和生命价值的体现”，“课堂教学对于参与者具有个体生命价值”。文章发表后，正是这点引起了广大教师的强烈反响。他们认为很少有人关心教师的生命质量和课堂教学对于教师自身的意义，这使他们用一种新的眼光来审视自己平凡的日常工作。

第二，课堂教学的目标应全面体现培养目标，促进学生生命多方面的发展，而不只是局限于认识方面的发展。课堂教学不仅要加强知识体系的内在联系与多重关系的研究，更要加强对学生的生命活动诸方面内在联系相互协调和整体发展的研究。“我们需要课堂教学中完整的人的教育。”这一观点在“新基础教育”研究过程中逐渐发展为对课堂教学育人价值的深入阐发。

第三，课堂教学的生命活力还体现在“教学过程具有生成新因素的能力，具有自身的、由师生共同创造出的活力”。提出课堂教学过程本身呈现出生命生成性的特征，才是课堂生命活力焕发的充分表达。这一点当时可能被许多人忽视，这并不奇怪。因为如果我没有进行“新基础教育”的变革研究，没有做过变革课堂的探究，就不会深切地感受到它的可能和真实的存在，也说不出这样的结语：“我们把教学改革的实践目标定在探索、创造充满活力的课堂教学。因为，只有在这样的课堂上，师生才是全身心的投入。他们不只是在教和学，他们还在感受课堂中生命的涌动和成长；只有在这样的课堂中，学生才能获得多方面的满足和发展，教师的劳动才会闪现出创造的光辉和人性的魅力；也只有这样的课堂才不只是与科学，而且与哲学、艺术相关，才会体现出育人的本质和实现育人的功能。”

该文首次正式提出“生命”概念。在个人的学术自述中，叶澜指出：

“这篇论文确实是我对教育认识的核心概念从‘个体’转向更为本原和生动的、可体验的‘生命’的标志，是对‘生命’在教育中的意义由朦胧到清晰、自觉的反映。”[①]人的“生命”概念的提出，反映了教育改革的需求，激发了教师和教育工作者心中孕育已久、潜意识中蕴藏的巨大能量；反映了教育理论的需求，启发了更多理论研究者开始从“生命”的层面研究教育和教育学。自此，“生命”作为一个不同于个体的概念被建构起来，并将教育中的“生命”所指从学生扩展到教师。教育中个体的生命价值理念也逐渐建构、清晰起来。

2. 个体生命发展的“实践”转化

如果“新基础教育”研究“只是强调‘生命’”，那么就“很容易或走生物学、生态学的路子，或皈依到唯心哲学和宗教哲学那里去”[②]。“实践”这一核心概念的认识深化，也是在叶澜通过介入实践研究，尤其是“新基础教育”探索性研究中实现的。首先，《教育概论》中奠定了关于“实践”的两大认识：“一是教育活动本身是一种社会实践活动；二是人的发展从潜在可能性到现实的转化之关键因素是个体自身的生命活动，也即个人的实践。”[③]但是，此时的实践与活动没有明确区分。

其次，叶澜在《教育研究方法初探》中从教育研究的角度进一步论证了教育的实践性质。同时，在教育理论与教育实践的相互关系的分析中，明确提出了理论向实践转化的两个基本条件，即“主体一致或沟通”。“一致”指承担理论研究与实践研究的主体同一时；“沟通”指主体分别是理论工作者和实践工作者时，“理论必须形成通向实践的中介层次”,需要有一批专门从事诸如技术、工艺、物化工具、手段与程序等这类转化工作的研究人员。“这使得在‘理论’与‘实践’关系认识方面开始出现与理论、实践生产相

①②③ 叶澜. 方圆内论道：叶澜教育论文选［M］. 北京：中国人民大学出版社，2019：23.

关的主体意识，但是在有关主体的分析单位中，有人类整体单位，有分属理论研究者、实践工作者及中介研究人员等群体单位，缺乏的就是‘个体人’的单位。”①

最后，叶澜在《思维在断裂处穿行——教育理论与教育实践关系的再寻找》一文中，在个体生命水平上提出“理论”“实践”的关系具有不可分离性，同时指出理论与实践的分析单位中“个体人”的存在，这是关于“理论与实践关系”的认识立场、视角和方法论的超越，将“研究的重心集中到更为根本的主体身上”，从而得出“个人的实践有对象性与学习性的区分。学习性实践中又有两类：一类是指向他者的‘他向学习’，另一类是指向自我的心理学元认知意义上的‘我向学习’；得出了缺乏自我意识、反思意识和发展意识的个体，很难达到‘我向学习’层次的结论。在做出上述区分的基础上，确认个体只有具备了‘我向学习’的能力，才能使自己的学习实践成为促使个体内在理论发展的最富有能动性的实践，由此形成的个体理论也是最富促进个人实践发展能动性的理论”②。

可见，叶澜关于“实践”的认识，是在关注“教育实践变革中人的发展”问题意义上，在教育理论与实践关系认识上的深化。也正是在发现实践主体中的“个体人”以及个人实践的意义上，“实践”概念在思想上“已从‘研究’转向‘个人学习’，并且提出了‘我向学习’的概念，从另一个角度阐明了个体学习类型是否具有‘他向’与‘我向’之双向性，与个体发展水平的直接关系。对自己提出的、有关教育学研究缺乏人之自我形成研究的‘一半’，从学习者的角度做了展开与补充，使个人多种类型、领域丰富与不同水平的学习实践问题，也即拥有生命的个人学习实践，成为教育学不可不研和不可不为的重要问题”③。

---

①②③ 叶澜．方圆内论道：叶澜教育论文选［M］．北京：中国人民大学出版社，2019：24，26，26.

二、价值之“源”：个体生命实践及其主动发展

通过分析与研究教育与人和社会关系、教育内在规定性、影响人发展的因素等基本问题，叶澜在本体功能、本质特征层面上论证了教育基础性价值，即实现人的主体发展及其可能性，阐明了教育中作为个体的人的生命成长及其价值。教育中的人都是一个个的个体，能以发展主体身份在教育指导下能动、自主地将可能性条件或因素转化自己现实的个性化发展。因此，每个人都可以在自我意识下凭借（且也是受限于）自身发展水平和状态，以自己的实践活动促进着自身的发展。教育以影响受教育者的身心发展为直接目标。教育中人的个体生命实践及其主动发展，既是教育价值的本质内涵，又是价值创生之源。

（一）人之生命的自然机制及一般特征、内涵

在生物学意义上，人的生命是相对于非活体而言的。从最基础的物质构成与功能来看，生命体作为高分子蛋白质组成的有机体组织，在与外部环境交互作用中，摄取所需的物质、能量，依照遗传信息生长发育，形成自身并繁殖后代，根据环境变化做出反应、适应环境。新陈代谢、代际遗传、应变环境等是生命体独特的生命延续与发展功能。“活体不仅在物质构成上，而且在存在方式上区别于一切非活体。也正是在与遗传、环境交互作用中，活体形成了作为每个生命个体的独特。”[①]

1. 生命的存活机制

叶澜认为，从存活机制来看，“生命体”存在共同特征。第一，生命总是存活在具体的个体之中，个体是生命体的最基本存活单位。

① 叶澜. 回归突破：“生命・实践”教育学论纲［M］. 上海：华东师范大学出版社，2015：217.

第二，任何生命个体都要经历从生到死的生命过程。这是生命的存活过程，拥有生命内在的、维持活体的第一机制，即“生命个体从外界吸收物质、能量和信息，继而在内部进行不息的‘新陈代谢’的生存能力”[①]。这是“生命活力”最为原始本义的解释。

第三，在生命体与环境的复杂关系中，生命呈现出主动性。通过新陈代谢的存活机制，生命体可以将从环境摄取的身外之物转化、组织为自身所需之物，从而将自身与环境融合起来，形成“生命与环境”之间的相互生成和转换、交互依存和组成的关系。它们的“基本关系是双向交换关系，生命以摄入与排泄的双重关联方式作用于环境，不仅使环境以转换了的方式存在于生命之中，而且也使生命本身成为环境的组成，并多方面地作用、影响环境的变化”[②]。生命主动性首先表现为生命体的“组织性自选择”，即生命体是作为机体组织存在的，根据机体存活需求从自身所处环境中自动摄入所需的物质与能量。“生命体虽不都具有选择的意识，但都有通过组织的特化，感受外界所需物质和定向摄取做出回避选择的本能。”[③]生命主动性的高层次表达，即生命的自主性。生命体内新陈代谢的自主活动，并非受外界刺激产生的被动反射和反应，而是有机体固有的、有节律的生命自主活动。“最终决定有机体反应的，不是这么多的外界影响、刺激，而是内部境况，……偏离生理平衡状态就会导致种种行动，直至最终恢复到正常状态。”[④]可见，在本能层面上，生命主动性是由生命体的内部自主需求状态决定的，即使受到外部刺激，是否产生反应以及如何反应也是取决于内部状态。

第四，生命体具有内在、主动的转化生成机制，通过新陈代谢机制，在

①②③ 叶澜. 回归突破：“生命·实践”教育学论纲［M］. 上海：华东师范大学出版社，2015：217，217，218.

④ 路德维希·冯·贝塔朗菲. 生命问题——现代生物学思想评价［M］. 吴晓江，译. 北京：商务印书馆，1999：22.

酶的参与下将从环境中摄入的物质能量进行一系列的分解和合成，转化为自身能够吸收的物质，使自身无时无刻不在更新创生之中，实现生命自身成长。“转化生成是新陈代谢的微观机制，是生命体内部实现外部物质由异己向自身转换的加工改造过程，也是生命自主和主动性的又一表现形态。”①

第五，生命体在新陈代谢、转化生成上，形成能够保持自身内在协调运行的调控协同的整体性机制，实现结构与过程、整体与部分关系的动态整合。这是一种复杂动态的活体调控，不仅使有机体正常运行和不断地生长变化，而且能保持机体“整体动态有序”，使得不同层级系统、所有部分过程相互作用，协同整合为整体。

第六，生命的繁殖遗传机制突破了每个生命个体的存活时间局限，实现了种族存续与进化，从而使世界因生命的存在而变得如此丰富多彩和富有活力。“繁殖遗传机制是生命绵延恒久、发展变化特有的内在机制，是生命力最持续顽强、自我再生、生生不息，独特而强大活力的时间永恒态的表现。也是生命本义上自我超越个体存在的一种特有机制。”②

叶澜指出，“人具有自由的本质，但又必然在复杂的内外关系中实现生存”③。上述新陈代谢、自主需求、转化生成、调控协调、繁殖遗传五大机制相互支撑与相互制约，在整体意义上，构成生命从个体到代际的存活发展机制，使得任何一个生命体都是开放的活体，内部“活结构”不断自我生成、更新，同时又对所处环境呈现主动开放，表现出生命的“活力”。生命体“是实实在在地通过由细胞组成的不同层次的活体，以及一系列内在存活机制，积极主动与生存环境发生交换与相互影响而呈现出来的、独特的生命能量”④。其中，“新陈代谢的实质是生命内部的‘自我创新’机制，因此可以说，在生命的自然物质构成与机制中，内含着原始的生物学意义上的‘自由’。‘存活机制’并非由外力或按什么外在的意志在运作，它内在于生命

①②③④ 叶澜．回归突破：“生命·实践”教育学论纲［M］．上海：华东师范大学出版社，2015：218，220，221，220.

的组织与结构中，并以自动的方式实现生命的内部生成和对外的定向反应，它们是生命体在环境中存活的内在理由”[①]。

2. 生命的成长机制

个体生命在从萌生到死亡的全过程中，呈现出“成长”的不同“质”变阶段。叶澜认为，对成长起作用的内在机制，主要“表现在两个重要的方面：一是成长路线，二是成长方式”[②]。

从生命个体成长路线来看，生命成长的实现过程，既受到自身内部基因的自控，也受到外界影响因素的他控。受遗传因素影响，同类个体的成长路线遵循相对稳定的基本程序和组成阶段。在生命自控与他控的相互作用机制下，个体成长路线呈现出种族历史性与个体历史性的统一。首先，遗传基因在个体生命成长中体现出来，但是并非由其自身决定。基因是在种族繁衍与进化历程中形成的，是所有个体共同的代际传递信息，是种族的“历史性因素”。“‘种族’的历史性规定了个体；‘个体’的历史性继承并为丰富种族的‘历史性’提供了新的可能。”[③]其次，生命个体在既定的成长路线中，会因所处环境的差异及诸多不可预测的因素交互作用，随着自身成长时空、环境的变化而变化。这使得个体生命成长路线呈现出非匀速、非线性及偶然性。最后，生命成长路线随着自身的生长发育而“逐渐机械化”，即“生命个体的确定性因素日益增长，可变性因素日渐减少”[④]。在生理方面，生命体的机体及各种器官组织在基因作用下有着基本的形态和功能，但是其形态大小、功能水平等却有着诸多潜在发展的可能性，随着生长发育，这些可能性逐渐转化为特定的结构形态和功能并实现功能分化和完善。“对于生命来说，逐渐机械化不仅揭示了生命发展路线由综合而分化的一般路线，而且表明，外界影响生命个体发展的可能性，会随着成长路线的延伸、生长节点的跃迁

①②③④ 叶澜. 回归突破：“生命·实践”教育学论纲［M］. 上海：华东师范大学出版社，2015：220，221，221，220.

而逐渐减少，生命潜能中可能实现的方面也逐渐丧失。”①

从生命个体成长方式来看，首先，生命成长是生命跃迁与绵延的统一，生命力日常积累与节点勃发的交替构成生命成长过程中的基本节律。其次，生命时间的过去、现在和将来“三态”之间有着独特的内在关系。过去是生命的完成态，不仅积淀在生命中，直接影响此后的生命历程，而且散发在环境中，通过环境的变化间接影响后续的生命进程；现在是生命的进行态，是即时创生着的生命，改变着延续下来的过去，也孕育着未来；未来是生命的潜在态，表示生命的走向和可能存在。生命时间的“三态”之间还有着共存性，可以视为每一生命瞬间同时具有的状态。生命时间除了“时间态”外，还有每个个体存活时间的总量，即“生命期”。“有限的时间，不同的时光，唯一的一次，这就是生命。”②生命时间的演进如同波浪式涌动，呈现出节奏的快慢与路线的起伏，展现属于每个个体的生命行程图景。

个体生命成长体现包括人在内所有生命体的共同特征及其形式抽象意义上的生命机制，并呈现出生命发展性、自控性、可变性、整体性、唯一性，以及在生命时间方面的不可逆性、创生性、共存性、不确定性等特征。“正是这些特征与机制，使人不仅能存在与成长，而且也构成了可以称之为人性的底色，成了人之所以成为人的生命基础。”③不仅如此，人所在的各种群体或社会组织，在“生命形式”上也如同生命体一般具有生命本质特征及其存活机制、成长机制等。

（二）人之为人的“生命·实践”内涵

从人类立场来看，人、动物与植物分属有机生命界的不同类别。在生命体的“一般特征”和个体生命“成长机制”意义上，人类同样要遵循自然生命的内在秩序，在“生命形式”上与所有生命体相通，与所有生命体在最为

①②③ 叶澜. 回归突破：“生命·实践”教育学论纲［M］. 上海：华东师范大学出版社，2015：222，224，227.

原始的层面上保持一致。但是，人之生命体的结构与功能，即人类的自然生命基础，超越了动物的局限。直立行走将人的双手解放出来，成为可以灵活利用、操作自然物品，创造各种工具的器官；眼界的扩大、活动范围的拓宽，以及劳动生活中社会协作的增加，形成了语言器官；手的创造、语言的发展，以及人类独有的劳动生存方式，形成了生命界最复杂的大脑器官，这是人类诞生和超越动物的标志。在生命意义上，人与动物分属两类，人类有着自己的“类”特征，无论是生命体，还是意识或者其他人类属性等，都不是与动物共性，也不是动物的高级形式，而是在人性或人学意义上有着本质区别，由此将教育价值理论提升到人学水平，赋予人的生命发展以“生命·实践”内涵。

1. 人之“生命·实践”的五要义

叶澜分别从自然、社会、精神三个层面分析了“生命·实践”的内涵要义及其多重内在关系。

第一，人的生命具有实践生成性。人是自己生命实践的创造物。人的实践内在于人的生命需要，成为人的自由自觉的生命活动。这是人类生命活动的根本特征。人的自然生命的诞生、生成及人类生命历史的开始，都是人在维持自身生存而进行的生产实践中完成的。在人的生命诞生、人类形成的最初时期，人的生命与实践就具有内在关联、不可分割。这是“生命·实践”的第一要义。

第二，人的生命具有社会性，即人的“类生命”存在形态和个体生命的社会性状态。从人的意识、自我意识与人所从事的能动的创造性劳动的关系来看，人的社会生活和人的高级意识活动的能动性，均以实存的自然生命为载体，以现实的实践为基础。从人类历史开始后，在人和人类社会发展的意义上，“生命与实践”的内在生成关系有着极为丰富的内涵。人通过生产与实践创造了超越个体生命的类存在形态——社会，并在自己创造的社会中生存、发展。而所有的“类生命”及其存在形态的创造，都是在人的社会实践中完成的。人的“类生命”的存在、发展与人的社会实践具有内在关联，这是“生命·实践”的第二要义。

第三，在个体获得超越自然生物性的社会性成长意义上，个体在其所处的社会及“类生命”中，开展与外界互动的各种生命活动，完成对自身自然性的文明化和超越，并使自身生命的社会性具有不同于他人的个体状态。个体的社会性状态及其生命实践的内在生成关系，是“生命·实践”的第三要义。

第四，人的社会性包含历史性的类特征，无论是人的类生命存在方式，还是个体生命的社会性成长，都有生命周期。在人类社会发展历史中，类生命的存在形态因社会实践而不断地积淀、更新和生长；在个体生命发展历史中，个体生命实践受限于自身所处的具体时空范围。在人的类生命与个体生命双重意义上，现实或当下社会中人的生命及其实践，具有历史的具体性和时代性。这是“生命·实践”的第四要义。

第五，是人的生命具有向内的精神性。人在精神世界中，具有认识自我和形成自我意识的能力，具有超越自然和现存的给定世界之限制的能力，具有创造新的为人和人为的世界、形成新的自我的能力。人在自我意识下，在对象化世界中实现自身的本质力量，在生命实践中实现价值与事实的统一，实现自身的发展和自我超越，成为“自由自觉”的生命存在。这就是“生命·实践”的第五要义。

2. 人之“生命·实践”的三层面

第一层面是自然生命层面的“生命·实践”。在这一层面上，人与动植物同属“生命界”，但是又分属有着各自“类特性”的不同“生命类”。在“生命类”的意义上，人类自然生命就是人生命体的存活，人的“类特性”在于有意识的生命活动，不能简单等同于“动物性”，也不能与之相混淆。

人类与动物的自然生命在生命体及其器官上存在本质区别。人的结构和功能与动物有很大区别，人有着直立行走的身体、灵活操作的双手、用于人际交流的语言器官和生命界最高度复杂的人脑。这些都是超越动物界的标志，成为人类的自然生命基础。产生此种本质区别的根本原因在于，人类能通过手、脑协作并运用工具改造环境的生产劳动。“劳动本身就是人、也是唯有人才会以创造工具的方式（通过手与脑的合作，目的、对象、责任与行为的统一）开展的生命活动。”[①]人所特有的实践，是以劳动为内核的生产活动，它是一种有意识、目的、对象、过程与结果的生命活动。在人的自然生命生成、人类发展历史中，人的实践就内在于人的生命需要，维持人的自然生命存活。人是在自己的生命实践中创造自身。这是人的生命及其实践在自然生命层面上形成内在的不可分割的关系。

第二层面是社会生命层面的“生命·实践”。在这一层面上，人的类生命超越了自然生命的局限。人在劳动实践中，不仅创造自身的生命体及重要的“人”的器官，而且根据不同存活需求组成各种社会组织，成为社会人，从事社会生产和活动。

在各种社会活动中，自然、社会和自身都成为人认识和改造的对象。相对于个体生命存在方式而言，社会性成为人的“类生命”特性的内在规定。

“人创造自己和人的世界，认识自己和生存的世界，改变自己和自己的世界。”[②]人类在自己的生产活动和社会生活中，创造了与自然界不同的“人为”社会，形成类生命的各种实践形态，由此也就创造了社会生命的类存在形态，即类生命的物质存在形态、精神存在形态、群体结构形态、人际关系形态。“个体生命的这种社会性的获得与习得，对自身自然性的文明化和超越，是在个体通过与外界互动的全部生命活动过程中完成的”，“因为个体

①② 叶澜. 回归突破：“生命·实践”教育学论纲［M］. 上海：华东师范大学出版社，2015：227，229.

的生活环境和活动构成及其质量的差异，使每个人的社会性具有不同的个体状态。造成个体差异的主要因素是人的后天生存方式和活动性质”①。

人的类生命是在人类社会历史中逐渐生成、不断更新的。人的社会性内含着历史性的类特征，这意味着，人的类生命存在方式是随着不同时空长河中人类实践而逐渐形成的，且每一个时代的人之社会性的水平与特征，又因受其具体时空范围内的社会，乃至更长时段的时代意义的局限而有区别。②

第三层面是精神生命层面的“生命·实践”。从这一层面来看，人具有向内的精神性。人体具有感知外部信息与自身内部信息的感觉器官，以及处理、建构信息的大脑与神经系统，并以此为生理基础进行感知、反应或反映、体验等生理、心理活动，由此产生生理反应、心理活动、思想体验等意识现象。除此以外，人意识的关键之处在于能够认识自我与形成自我意识，在思想意识世界中通过思维摆脱自然世界的实物所限，跨越人类社会发展的不同时空，实现精神意义上的自我超越。“人不断地将自己的需求转化为行为的目的，用自己的实践去改变满足需求的对象，将价值目标直接体现为对象所具有的新变化，成为具有新价值的实存。在此形成目标、策划活动、改变对象、创造价值的实践过程中，人又实现了自身的发展。”③此种精神生活就是人的“自由自觉”的生命存在方式。

当然，人的感知、体验、形成及改造外部世界与自身的精神力量，需要转化为“价值与事实”统一的生命实践，这是人的自觉精神生命实践的重要表现。“只有人类生命才具有这样的实践活动：即具有以满足自身需要为目的，能做出计划、创造并运用专门的工具与方法，通过把世界和自我对象化，并加以改造等一系列行为来实现自己的目的。”④从个体生命来看，它也具体表现为个人的丰富且独特的内在世界，“个体人之生命形成的内在精神

①②③④ 叶澜. 回归突破：“生命·实践”教育学论纲［M］. 上海：华东师范大学出版社，2015：230，230，231，232.

世界，还包括伴随在人一切行为中的情感与意志，有意识和无意识的各种自我体验和需要”[①]。此种精神生命实践是以“大脑总指挥”与复杂的脑神经系统为生命基础，发挥整合信息、创造的关键功能，使人的认知面向未来，形成关于未来的目标、计划、激励、抱负和期望等；形成对“我要什么”的自我意识；形成生命内部整合平衡、动态调节的能力，即整合、决策、应对复杂环境、协同行为。

（三）在“生命·实践”中成长为“具体个人”

相对于其他生物而言，人的生命具有“类生命”之本质。人类生命，既体现为人类社会的存续、代际遗传与更新性发展，又体现为个体生命存在、生活与创造。就人类生命来看，主要分为自然生命、类生命、精神生命，是一种形式化、抽象化、符号化的文化存在；就个体生命而言，主要分为自然生命（物质性）、社会生命（社会性）、精神生命（精神性），是一种形象可感、行为具体、物质化的现实存在。人类生命以个体及其生命实践为基本存在单位，通过人类社会中个体生命实践及其生命成长，实现人类生命的世代延续与种族繁衍、社会世代交替与更新式发展。

1. 从人类生命向个体生命的实践转化

个体生命的三种形态有着内在的关系。身体按照自然规律生长，需要与外界进行物质、能量和信息的交互，这是物质层面的。社会性是指，个体作为社会成员参与社会性实践或活动。社会性实践不是孤立的个体的实践活动，也不仅指个体所参与的社会实践活动。在一定意义上，社会成员所开展的认识世界和改造世界的活动，都是社会性实践。社会性实践的本质特征是，个体按照外部规则或规律，通过物质化手段，对外部世界形成主观映像

① 叶澜．回归突破：“生命·实践”教育学论纲［M］．上海：华东师范大学出版社，2015：233.

的意识活动。精神生命是个体在自己的意识世界中进行的思维、想象、反思等活动。可以说，个体生命的社会性与精神性都是人所特有的意识活动，只不过社会性是外向的，精神性是内向的。

首先，人类的生命存在形态与个体生命之间是内在融通的。在人类的生命进化中，人的生命在不同发展层次上，逐渐摆脱、超越动物性，展现人之生命的类特征，实现人的本质力量。人类生命的自然生命、类生命、精神生命三种存在形态，都体现为个体生命，在个体生命实践中生成，并实现人类三种生命的沟通、统一和融合，最终创生出个体的个性化生命发展，显现为个体独特的人生过程，实现人类生命向个体生命的实践转化。

人类生命存在形态决定着个体生命发展。个体生命是由人类的自然生命、社会生命和精神生命整合起来的生命统一体。具体言之，个体的自然生命，既是人类自然生命在个体身上的具体表现，也是人类的社会生命、精神生命得以存续的客观生理基础。个体的社会生命，是个体的社会性成长，也是人的类生命个体形态，呈现为各不相同的个体社会状态与个体生命实践。个体社会性的获得与习得，是对人类生命自然性的文明化和超越，是在自然生命基础上通过为人与人为的社会性实践，自觉创造、赋予价值内涵的个体生命实践。个体的身体生长发育与社会性成长，是通过外部属人世界（包括改变了的自然和人为的社会）的全部生命实践完成的，并且两者始终是一个内在关联的生命整体。个体生命的精神性，既属于个人的丰富且独特的内在世界，也是个人“自由自觉”的生存方式与存在，体现了人的本质力量。

其次，人类“生命·实践”与个体生命实践之间的内在转化。人不仅是自然界的一部分，在个体的社会生命或社会性意义上，也是一种社会存在。人们在各种社会实践中共同创造了人的类生命存在方式——社会，并在创造的社会中生存、发展。显然，这是一种不同于个体生命的存在方式，类生命的存在形态都是形式意义上的生命，它是内含个体生命实践，又超越个体生命的综合、抽象、符号化的生命存在。每个个体都生存于具体时空的社会历史背景下，通过个体生命实践与其所生活的类生命实践进行沟通，由此实现社会性成长。

从个体生命实践来看，人的类生命体现为，个体在历史具体性和时代性背景下的社会性成长。个体的社会性成长，即个体具备在具体时空范围的社会中的生存与发展能力。为此，需要分享人类历史整体的所有形态的类生命创造成果，在充分占有精神文化产品的基础上实现个体生命与类生命之间的沟通，让类生命成为滋养个体社会性成长取之不尽、用之不竭的源泉，即在个体生命实践中将人类不同时代的类生命创造“内化为自己的精神生命和各种生存、发展能力，进而在自己参与的社会实践中，在实现自己生存与发展的同时，为人类共同体增加新的物质财富和精神财富”[①]，进而实现个体精神生活世界与人类精神文化世界之间的连接与转化。同时，个体的经验和知识可以通过语言和文字进行记录、传承，并积累到社会意识中去。在个体生命实践意义上，个体、社会、历史在精神世界中实现内在相通。这是个体精神性生命发展的根本需求。

2. 从“抽象的人”转化为“具体个人”

人类每一个层面的生命——自然生命、类生命、精神生命的特征和活动，以及人在生命意义上的“类特征”，都无法从人类实践活动中剥离出来。“人的生命，包括人的诞生在内，其生命发展和创造的历史，都与人类特有的生存活动——实践，存在着内在相互生成关系。”[②]这是人类生命最为内在的规定，即总体意义上的“生命·实践”。

人之类生命中的“实践”意指“人类一切有意识、有对象、有目的指向和行为策划并实施的行动，不是仅指古典哲学道德意义上的‘实践’，也不是只指生产劳动，它与动词意义上的‘生活’相近”[③]。在个体生命实践意义

①②③ 叶澜．回归突破：“生命·实践”教育学论纲［M］．上海：华东师范大学出版社，2015：234，233，233.

上，多重“生命·实践”关系“在每一个正常人的个体生命中是内在整合的、无法剥离的。具体的个人在任何时间、任何状态和活动中，都以生命整体方式投入和进行实践，而且还存在着复杂的内在交互作用和生成关系”①。

在个体“生命·实践”意义上，“作为个体的人”的生命在自己的实践中不断生成，在生命与实践的多重关系中，被赋予了不同层面的生命发展。“具体个人”成为教育学的一个基础性观念，意味着我们要改变对“人”的认识：②

> 有了这些认识，教育学的立足点和视角会发生诸多相应的变化：我们不会只关注教育的社会价值，忽视教育对每个人在社会中生存、发展和实现人生价值和幸福的意义；不会把个体成长只作为起点去研究，而是作为教育中个体重要的内在需求与动力去研究；不会把教育只看作是知识、技能的传递过程，而是看作必须提升人的自我超越的意识和能力，提升人的生命质量和创造能力的过程；不会把个体之间的差异看作问题，而是当作教育的资源和财富去开发；不会只根据人的今天去判断、决定他的明天，而会把发现人发展的可能性并使这种可能性转化为现实，作为教育学研究的重要课题。

人在自己的生命实践中不是“抽象的”存在。“抽象的人”的典型表现，是把“人”当作与客体相对立的独立主体，把“人”的发展看作是由遗传与环境这些不能由发展主体控制的因素相互作用的结果，强调外在因素对人的塑造作用，突出人作为加工的“对象”，是在统一标准、整齐划一的目标、过程中被“生产”出来，形成满足社会需要的“作品”。但是，将对“人”

---

① 叶澜．回归突破：“生命·实践”教育学论纲［M］．上海：华东师范大学出版社，2015：233.

② 张曙光，鲍宗豪，刘瀚，等．“创新时代的哲学社会科学”笔谈［J］．中国社会科学，2003（1）：92.

的问题的思考聚焦到“具体个人”这个观念上来，并非要求去描述每个个体的特性、发展、成长，而是要转变对“抽象的人”的认识。

三、价值之“至”：个体生命的自我发展自觉

人的生命发展，就是个体在主动认识与改造对象化世界的生命实践中，通过自身的社会性成长，不断超越生命的自然性并赋予其社会性价值，同时在自我意识下，实现精神意义上的自我超越——超越自身所生存于其中的、外部既定的自然与社会之限制，实现价值与事实的统一，成为“自由自觉”的生命存在。“人不仅要对自己负责，还要对自我生命成长负责。人对自己发展的最高阶段就是‘人能够策划自己的发展’，形成了对自我发展的自觉。”[①]个体生命发展自觉是人的主体发展最大可能，也是人的主动发展最高水平。

（一）满足、提升个体生命发展需求

1. 个体自然生命活动及其发展需求

个体自然生命是以生命体为载体。在人的自然生命意义上，人类作为自然界中的一个生命物种，与其他生命体一样具有自然生命的物质基础，遵循内在的自然生命规律。个体维持自身存活是第一需要。就个体而言，自然生命的生存、发展需求就是维持自身生命体存在，自身生命安全、身体健康和生理需求，以及维持人体生长发育、舒适生活的物质基础。人的自然生命发展是不可逆的、机不可失的，也是不可等待的。它是个体社会生命与精神生命的生理基础，更是关乎人的生死。无此，一切皆不可能；有此，一切才有可能。人的存活机制与成长机制与其他生命是一致的。

① 叶澜，罗雯瑶，庞庆举. 中国文化传统与教育学中国话语体系的建设——叶澜教授专访[J]. 苏州大学学报（教育科学版），2019(3)：83-91.

2. 个体社会生命活动及其发展需求

人与动物最大的不同在于社会性，即在生命意义上对生命体自然性或动物性的超越。“动物和自己的生命是直接同一的。动物不把自己同自己的生命活动区别开来。它就是自己的生命活动。人则使自己的生命活动本身变成自己的意志和意识的对象……有意识的生命活动把人与动物的生命活动直接区别开来。”① 人在自己的社会生命实践中，将自己从自身的生命活动中独立出来，在心理意识世界中形成生命意识——支配生命的生命。这“构成了人的类生命的本质特性：一个种的全部特性、种的类特性就在于生命活动的性质，而人的类特性恰恰就是自由的自觉的活动”②。因此，在生命意识中，人的生命超越了动物自然本能，同时也超越了动物完全依赖于自然环境的活动，实现自由自主活动。这是个体在社会生命上的成长需求。

人之社会生命的类特性，还表现为“人创造了生命超越个体的类存在形态——社会，并在自己创造的社会中生存、发展”③。因此，个体需要通过激活、还原类生命的原始实践形态，从而进入各种不同类生命存在形态创生过程中去感受、去经历、去体验。实质上，个体生命的社会性成长就是个体生命与人之类生命的内在沟通，深刻体现了个体生命实践的历史具体性和时代性。

从根本上说，每个个体在具体时空范围内的社会及其时代意义下，通过自身的个体生命实践实现社会性成长，形成个体社会性状态，并符合所处时代人之社会性成长的水平和特征，具体表现人之为人的社会生命的类特性。

3. 个体精神生命活动及其发展需求

生命，就是一个个的个体、具体个人。对于个体而言，生命发展主要是

① 马克思．1844年经济学哲学手稿［M］．中共中央马克思恩格斯列宁斯大林著作编译局，编译．北京：人民出版社，2000：226.

②③ 叶澜．回归突破：“生命·实践”教育学论纲［M］．上海：华东师范大学出版社，2015：228，229.

精神层面的。人的精神生命，是生命活动的本质特征，即自由自觉的实践与存在方式。

个体精神生命核心在于有了自我意识，即在建构“主体我”的过程中，将“客体我”视为意识对象，并将其与自然、社会和他人关联起来，赋予其意义，使之成为自我的意向世界，是一种“意识到”的心理活动、精神活动。所谓“意识到”，也就是认识到、想得到、想起来或觉察到、注意到，有明确的对象并进行知觉和注意，进行思维聚焦。由此，人作为主体将自己与外在环境区分开来，同时将自己与外在环境共同视为客观存在的客体后的一种主观反映。这是人的思想、意识活动，是人类的思考、探究活动等，是一种认识形式，也是一种反映形式。

个体在改造外部、客观世界的同时，也在改造着自身的主观世界。本质上，在改造对象化世界的过程中，个体生命实践就是一种精神生命整体的生存方式，既形成与自己所生存的环境之间各种交互作用关系以及各种有目的、对象、过程与结果的活动，还形成与自身的各种关系及其相关的心理活动。个体在自我的意识或意愿下，在与自身相关的各种环境和关系中，有目的地参与各种活动及其交互作用，有意义地生活着，其精神世界、精神生活也由此发生变化，持续地成长、发展着。

个体生命发展具有实践生成性，实践就是一种有意识、有目的地认识和改造对象化世界的生命活动。“谁只要真实地经历过这样的活动，它就会对谁的发展，尤其是自我意识和自主能力的发展产生不可磨灭的影响。”[①]显然，个体在精神意义上，要超越本能意识，并在思想水平上对这些原始的本能欲望与行为反应进行调控，同时形成一种自我意识。“自人出生、有生命于人世间后，经历了从有意识到有自我意识，再到有自我生命发展意识与目标的逐渐生成过程。有了生命自觉，人能发挥主动性，努力把握自己的命

① 叶澜.教育概论［M］.北京：人民教育出版社，1991：233.

运，实现自我的生命与社会价值。”[①]

（二）个体实现自我超越、创造生命自觉

在一定意义上，人的生命就是一个个的个体自出生到死亡的人生过程，生活于自身所处的属人环境中，全身心投入各种关系与活动中，以身体及大脑的成长发育为基础进行各种实践活动以满足不同生命层面的生存与发展需求，并不断提升生命发展需求以实现自我超越，创造人生智慧以实现生命自知自觉，实现生命的意义与价值。

1. 对于个体自然生命活动受物质所限的自我超越

人类生命既表现为物种意义的自然生命体，又表现为个体的身体。自然生命是人的生命存活、存在的物质基础。人的自然生命或身体遵循生理、物理等自然规律。人的生命实践具有自然性，是以人的身体与器官及其功能为物质基础。人体作为自然生命体，必然受生命的自然性与物质性所规限。

人体与其他生命体尤其是动物，虽同属生命界，但是分属两大不同类，即人类与动物类。人的生命体与动物有着本质（重大）的区别，人就是人，不应属于动物，这是一种人学立场。人能直立行走，为人的身体发展提供前提；人有双手，能进行灵活操作，制作工具、改造对象世界；人有语言器官，能进行人际沟通、交流，过上群体生活、形成社会关系；人有最高级、最复杂的大脑，能对物体的声、光、色、味等具体的物理刺激进行反应（第一信号系统），也能通过对语言、文字、符号等抽象的符号刺激进行反应（第二信号系统），更能借助经验和知识，通过想象，超越时空（现实）和自然物（具体）的限制。

---

① 叶澜，罗雯瑶，庞庆举. 中国文化传统与教育学中国话语体系的建设——叶澜教授专访［J］. 苏州大学学报（教育科学版），2019（3）：83-91.

人具备唯人才有的身体器官及其独特的结构与功能。人的身体是生命存活于世的基础，是生命生存、发展的体现，是生命活力具体、生动的表达，为生命发展提供无限可能，即人活着，一切皆有可能。从自然生命来看，人类的物种生命是通过生命物质的基因遗传，实现种系繁衍、个体身体的生长发育。

2. 对于个体生命实践受时空所限的自我超越

人是一种社会存在，在其现实性上，是一切社会关系的总和。人类创造了一种类生命存在方式，即人为的社会；作为社会成员的个体，在其中生成自己的社会性状态。人在社会实践中创造所有的“类生命”存在形态，同时又在社会生活中主动生存、发展；人之类生命不同于但又内含着个体生命实践，即人类历史中、特定时空时代背景下的个体生命实践。人的类生命和个体生命具有社会性，都是在社会性实践中生成的，是相对于自然性的理性思维、意义赋予与价值规范。

人为了满足自身的生命需求，能动地改造外部自然界以便为人的目的服务；人在有目的地从事劳动与生产实践中，将自然和自身进行对象化，创造与自然界不同的人为社会；在为人和人为的属人世界中，人类通过社会实践，创造物质、精神、组织结构、人际关系等多种类生命存在形态；人的类生命存在形态在人类社会发展进程中不断丰富、积累，逐渐符号化、抽象化为“历史—文化”。人的类生命是人在当前社会实践、生活中，实现文化的自我更新；在人类知识的代际传递中，实现文化的承继发展。

人的类生命及其文化内涵的更新性再生产，有赖于生存于其中的个体的社会性状态。所有类生命的存在形态及其文化内涵，不仅丰富个体生命实践的内涵，而且为个人生命实践提供深厚的社会环境和文化资源。“人类社会的存在与发展，需要通过代际文化与经验的传递，建立社会和人类的持续发展的‘历史生命链’，并通过新一代的成长，为社会和人类的进一步发展，提供富有活力和创造可能的、新的‘社会生命资源’。”[①]

人的类生命是社会实践的产物，主要体现为符号化、实物化的“历史—文化”。生活于其中的个体及其生命实践，就受社会性及时空性、形式化与符号化所限。

3. 在个体生命实践的自我超越中实现自由自觉

但是，人是自由自觉的存在，有目的、有意识地开展对象化实践，并由此创造自己和自己的世界。人具有自我（作为“主体我”）的意识，在自己的意向世界中，将自我（“客体我”）以及与之相关的外部世界（“非我”）客体化，再根据自己的需求将其对象化，并在改造对象化世界的实践中设计目标、策划活动、创造新事物、形成新价值等，从中实现自身发展。概言之，人的自我意识，将自身、外部世界以及两者的关系纳入意向世界，有目的地开展对象化实践。这构成人的内在精神世界，也是人的精神生命实践内涵。

人的生命实践具有精神性，是以自我意识为基础的主体性实践，即在生命实践及思维、情感和意志上，超越自然性的物质所限和社会性的时空所限，在自我意识、价值需求下，主动创造面向未来的、新的世界，形成新的自我超越。人能形成自我的主体意识与能力，即“主体我”，从而成为自己生命实践的主体，进行有意识的生命活动。作为主体的自我，既有“非我”意识，对外形成与外部世界的关系和实践性活动，又有“自我”意识，对内形成与自身（“客体我”）的关系和反思、重建性活动。作为“主体”的自我，在非我意识和自我意识的基础上构建自己的意向世界，赋之以价值需求、意义。人的精神生活是在意向世界（或自我意识）的心理活动中展开的，人借助大脑的内部语言或外显文字符号，通过实际事物的表象、符号的抽象、思维的想象，在观念意义上进行思考，如理性思考、情感体验、价值

① 叶澜．回归突破：“生命·实践”教育学论纲［M］．上海：华东师范大学出版社，2015：239.

期待等。人的精神生命是在创造为人和人为的世界的实践中生成的，人有意识地将需求的实际事物对象化，并有目标、有计划、有意志地进行系列实践活动，使得新的（改造或创造的）对象化客体发生新变化，具有新特质，成为具有新价值的实存。人的精神力量（或生命活力）是心理活动或生命实践的外在表现，人大脑中的思想活动的语言、文字或其他符号的可视化输出，以及与之相伴、同时发生的肢体动作、语言表达、面部表情、生理反应等，各种感受、情绪，以及动手操作、身体反应等，当然还包括活动过程中的认知能力、德性水平、意志程度、目标与任务完成状态等。

个体的精神生命，内含着感知、体验、形成及改变外部世界和内部世界的精神力量，同时包括伴随在一切行为中的需求与目的、情感与意志、智慧、德性和人格力量，以及各种经历等。精神力量在自我意识下，总是将自己从过去解放出来，有目的地面向未来，依据需求形成目标、计划，使人生向前发展。精神生命，既在个体实践活动中生成，又在其中展开，根据生命发展的需求，设立价值目标，有意识地把世界和自我对象化，有计划地利用或创造各种工具、方法，改造对象化世界等一系列行为实现自己的目标。

个体在精神生命实践中，在不断改造和创造外部世界的同时，实现着自我更新、自我超越。在一定意义上，人的生命发展就是在精神意义上实现创造新的属人世界，创生新的自我。个体精神生命，具有自我超越性，能够超越自然和现存的给定世界的限制，能够从历史和现实中解放出来，追求自己所期望的未来，形成新的可能的自我；具有主动创造性，能明确自我价值需求，创设新的目标和计划，产生新的概念和新的行为，创造新的为人和人为的世界，体现出自我力量，创造新的现实的自我。自我超越的可能性和主动创造的现实性，是精神生命“自由自觉”存在的本质力量。

人的生命实践具有不同层面的自然性、社会性和精神性，这些人之生命的类特性，以综合方式体现于个体生命实践中，表现为主动生存方式及自觉发展程度。个体生命实践需要在自我发展意义上实现生命自觉。这是一种生命全整意义上的自觉，“包含着人在价值取向和道德意义上的自我清晰，发展的自我选择、自我负责和自我完善，包括人对自己的特长与不足、目前的发展状态、可能的发展目标与前景、人生未来理想的构建与策略选择，以及有方向地、坚持不懈地践行与实现等方面。即人能在复杂变化的社会中，因生命自觉的强大而把握自己的命运，过好自己的一生”[①]。

四、价值升华：为了教育中具体个人的自觉成长

叶澜认为，价值观是一切教育教学改革的起点。而“新基础教育”之新，首先表现在“价值观”，即“人的生命自觉”“教育的生命价值”。促进人的生命发展价值是教育的基础性价值。人的生命价值不仅指向学生，也指向教师、校长的自我意识与生命自觉，还有教育研究者的自我反思。这一教育价值思想是“生命·实践”教育学的基石，也是“新基础教育”的核心内容，应渗透于学校日常教育实践及其研究的方方面面。叶澜认为：“在一定意义上可以说，有怎样的‘人’的观念，就会有怎样的教育学理论。古今中外教育学发展史上的重要流派纷争和时代性转换，都以对‘人’的认识重大区别与变化为标志。”[②]深入阐发叶澜教育价值思想，要从教育中“人的问题”的研究开始。

叶澜从关注“个体人的发展”“个性发展”开始，逐渐将“人的问题”推进到“人的主体性”“人的自我之形成”“人的自我教育”“自主把握人生”等核心领域，对“传统教育学缺失了的‘一半’有了进一步的理解，它不只是指缺少对个性发展作用的深入理解，更为根本的是缺失了关于如何教人认

① 叶澜，罗雯瑶，庞庆举．中国文化传统与教育学中国话语体系的建设——叶澜教授专访［J］．苏州大学学报（教育科学版），2019（3）：83-91.

② 张曙光，鲍宗豪，刘瀚，等．“创新时代的哲学社会科学”笔谈［J］．中国社会科学，2003（1）：92.

识和把握自我命运的‘一半’之教育学的研究”[①]。

人的发展及其影响因素的分析，是教育学理论研究的根本问题，旨在分析影响人的发展的诸因素及其相互之间的关系，确定教育与人的发展的关系，进而明确如何才能使教育有效地促进人的发展。叶澜通过批判性思考，在人学立场上分析了人作为发展主体的特殊性，运用整体综合、动态关系的思维方式，对影响人发展的诸多因素、各因素间的相互关系以及由此形成的因素系统进行结构分析，由此构建了“二层次三因素论”。正是对影响人的发展因素的批判性分析和突破性重构，凸显、强调了作为主体的人之生命的能动性、自主性以及发展的潜在性、整体性等，以及人的生命活动对于自身发展的决定性意义。“影响人发展的可能性因素包括先天因素、后天因素和环境因素，而且这些因素随着人的发展过程呈现动态变化。但可能性因素要成为个人的真实发展，必须通过发展主体的自主选择与实践。”[②]因此，抓住发展主体本身的特殊性，使得对影响人的发展的研究真正提高到人学水平。这是在教育中找回人的重要前提。

首先，每个人都是在不断发展着的，在影响人的发展的因素中，每个人作为“发展着的人”，在自己人生的不同发展阶段中，既是前一阶段的发展结果，又是下一阶段发展的条件；正是在自己已有发展的基础上，通过自己主动的选择、参与相关活动，将自身先天条件以及环境中有利于自身发展的各种可能因素、条件，转化为自己的现实发展，形成个性化特征。每个人通过自身的活动，不断地将发展的可能性转化为自身的现实发展，呈现出自身差异性的生命特征。每个人的发展从根本上看，都由自己主宰，并各负其责，呈现出生命自觉的发展状态。这是“个体”的生命本质之义。

其次，教育是以影响人的身心发展为直接目标的社会活动。从理论逻辑

---

① 叶澜.方圆内论道：叶澜教育论文选［M］.北京：中国人民大学出版社，2019：14.

② 徐蓓.基础教育必须走出自己的路——专访华东师范大学终身教授叶澜［N］.解放日报，2021-2-26（13）.

上分析，在影响人的发展的因素中，教育是类属于环境的可能性条件。但是，教育是特殊的可能性因素，是一种为了促进人的发展而人为设计的特定环境条件及其中的特殊活动，不同于一般环境中“人—物”式的受限或改造的关系，而是教育者与受教育者之间互动的“人—人”关系；也不同于一般环境中的“无意识”育人——尽管也可能有促进人发展的实际效果，而是以“有意识”地促进个体的身心发展为根本价值追求。而且，教育就是需要有目的地设计一些活动，让学生参与其中并由此形成自我教育能力，即在自我意识的意义上成长为发展主体，主动实现自身的可能性向现实发展的转化。教育就是通过人为设计的环境和活动，形成个体的自我教育能力，并使其成长为能主宰自己命运的发展主体。每个人现实的个性化发展，都是在自我意识下通过自身发展、自我教育实现的。这是“个体”的教育之义。

最后，教育与人和社会三者之间形成内在的、整体的价值转化。究其根本，育人是教育内在应有之义，也是教育存在的根本。促进人的发展是教育的最终落脚点。教育根据一定的价值立场与取向，逐层内化社会变革对人的发展需求，并转化为教育目标、人才培养的要求，相对于社会而言，教育中作为个体的每个人，都呈现出个性化生命发展。因此，教育能否促进个体自主开发个人潜能、实现个性化发展，是判断教育价值的根据与尺度。

“教育中个体人的发现，它相对于群体的人而言，已走向教育的内部，且更为具体，因而有可能提出‘生命’的概念，因为生命的原始和直接的存在形态是在个体之中的，生命活动是不可能离开个体的。”[①]只有聚焦教育中作为个体的人的生命特殊性，才能将个体身心发展作为教育的根本，不仅实现各具生命差异性的个性发展，更要教人认识和把握自己的命运。唯有如此，个体生命发展问题、人的价值问题，才能在教育理论与教育实践中获得应有的地位。

---

① 叶澜．方圆内论道：叶澜教育论文选［M］．北京：中国人民大学出版社，2019：20.

就教育学而言，学科发展的内在核心问题是对“人”的认识，不可能没有关于“人”的认识的理论支撑。“从宏观功能的角度看，任何时代的教育都是社会更新性再生产与人类发展的历史的具体统一，它集中反映在不同历史时期社会对人的发展的要求和人对自身价值的追求上。从具体实践的角度看，教育是直面人、通过人和为了人的一种独特的社会事业，人既是教育的直接对象，又是教育过程的重要构成，还是教育成效的终极体现。”[①] 在教育活动中，个体在自己的实践活动中实现生命发展，通过自我意识和自主选择，主动将个人先天因素和自身所处的环境因素，转化为个人发展的潜在可能，进而逐渐转化为自身的真实成长。个体的主动发展是教育活动的直接目的，也是教育社会功能得以发挥的现实基础。因此，深入分析教育中“作为个体的人”，在理论上既是思考教育价值必须回答的前提性问题，又是其中不可或缺的核心问题。

对教育中“作为个体的人”的系统分析，在具体个人意义上揭示了个人生命发展及其实践的内涵。并明确了人是教育的根本目的，即为了教育中每个人的真实成长。这一切都为“找回教育中的人”的教育价值实践转化拉开了序幕。

---

① 张曙光，鲍宗豪，刘瀚，等.“创新时代的哲学社会科学”笔谈［J］. 中国社会科学，2003(1)：92.

第三章　教育生命价值立场与取向

> 教育是直面人的生命、通过人的生命、为了人的生命质量的提高而进行的社会实践活动，是以人为本的社会中最体现生命关怀的一种事业。[①]
>
> ——叶澜

叶澜认为，教育活动不可能回避价值问题，这是教育研究中价值与事实关系判断的一个前提。通过分析教育中人的生命发展需求，在个体生命实践意义上充分展开教育与人、社会的内在关系，丰富学生与教师在教育中的个体生命实践，并实现其生命价值。

在叶澜看来，21世纪的新型教育在教育思想上最终需要实现的转变，要基于对学生精神生命主动性发展的认识。针对以往对教育实践中教师和学生精神生命需求和可能的忽视乃至剥夺，新时代学校教育要自觉地把精神生命发展的主动性还给教师和学生，培养具有主动发展需求、意识和能力的新人。这是基本的教育生命价值立场与取向，也是教育的

① 叶澜. 教天地人事　育生命自觉——“生命·实践”教育的信条［N］. 光明日报，2017-02-21(13).

根本价值信念和教育改革的基础价值。

一、教育生命价值：创造人的精神生命成长

促进人的精神生命成长是教育生命价值内涵及其本质特征。“教育对于个体生命的最高价值，在于培育生命之自觉，这是人之精神力量的内在成长，是‘育’的指向和终身价值。”[①] 针对学校教育实践仅仅限于知识传递及对人的精神发展主动性的忽视甚或剥夺的现状，深入论述教育生命价值立场与取向，就是促进人的生命发展，其本质在于创造人的精神生命。

（一）人的生命发展价值反思与重建

实现学校转型性变革，创建现代新型学校，根本在于“人”的发展，改变学生和教师的在校生存方式。

1. 对人在教育活动中精神发展主动性的忽视

当下学校生活中，学生处于被动，根本在于教师太过于“主动”。“在学校里，课堂和班级都牢牢地掌握在教师手中，学生的成长被教师控制，教师可以决定学生如何发展，甚至恨不得代替他们去活，去成长。”[②]

> 如果我们经常到中小学去走走，不难看到这样的现象：在教室里，学生不仅按课程表的规定和拿到的教科书上课，而且按教师的每一个指令行动、每一个问题作答；教师清楚每一节课要教什么、为何教和如何教，学生却不知道要学什么、为何学和如何学；教师是每日课堂生活的

① 叶澜，罗雯瑶，庞庆举. 中国文化传统与教育学中国话语体系的建设——叶澜教授专访［J］. 苏州大学学报（教育科学版），2019（3）：83-91.

② 叶澜. 方圆内论道：叶澜教育论文选［M］. 北京：中国人民大学出版社，2019：129.

> 主宰者，学生是教师意志的服从者。当然，在课堂上也有一些教师会要求学生上课时提出问题，发表不同的意见，进行独立思考等，但最终大多还是纳入教师预设的框架；他们会要求学生积极主动地学习、理解规定的和现成的知识，但很少让学生自己去寻求知识、发现问题、创造解决困难的方法，去独立面对一个陌生的世界、一个生生不息的世界。在日常班级生活中，教师同样是主宰者，他主要根据学校领导的规定去制订一学期、一星期的班主任工作计划；按照他对学生的评价去选拔班干部，把一项项工作分配给在他看来合适的学生去做；无论是表扬还是批评，大多数情况下总是由他最终做出。教师似乎永远代表着正确，会错的总是学生。在这样的班级中生活，学生所期望的是被教师喜欢、表扬和选中，害怕的是被教师讨厌、批评和忽视。①

这种替代、限制、剥夺学生精神生命发展主动权的情形仍是一些学校教育的常态，不仅会导致个人精神生命发展的悲剧与荒芜，而且会成为社会更新式发展障碍。

实际上，教师也深受其害。教师在学校的日常实践或工作中，“其实也是被规定者。他们被领导规定，被课程规定，被大纲规定，被教科书和教学参考资料规定。在许多情况下教师是指令的执行者、程序的操作者”②。尽管如此，相对于学生而言，教师是知识权威的代表，要求学生必须接受传递的知识，成为学生发展的主宰者、规定者。本质上，教师因自己的接受、执行、被动的角色定位，而在教学中以同样的标准去教育学生，“把学生的任务主要定位在学知识、学本领，学习人类已有的文化上，探索与创造自然也就与学生无缘了”③。

主动性问题之所以重要，是因为它关乎人的生命的基本存在方式。适

①②③ 叶澜. 方圆内论道：叶澜教育论文选［M］. 北京：中国人民大学出版社，2019：128-129，130，131.

应、被动应答是一种生存方式。[1]但是，主动生存的方式却不同，它与人所特有的发展、创造的需要联系在一起，与生命活力的激发和潜在可能的实现联系在一起。以主动的态度对待周围世界，对待自己的人生，人的生命过程才会积极，个体才会更为独特，才能创造出新的事物、新的方法、新的技术、新的思路、新的作品、新的外部世界，而且会不断丰富自己的内在精神世界，创造新的生命历程。这正是未来社会所需要的新人的基本生存方式。[2]

2. 教书育人的本质在于创造人的精神生命

从古至今，教师职业角色被定位为“传道、授业、解惑”“教书育人”，要将知识传递给学生、教给他们技能与本领。长期以来，教师角色也就被概括为“教书先生”或“教书匠”。何以才能成为教师？必要的前提是，教师必须掌握大量知识、丰富经验，自己必须要有“一桶水”才能给学生“一碗水”。教师要通过讲解、讲述等方式传递这些知识，让学生记得住、说得清、用得来。因此，“教师的职业被认为是传递型而非创造型的职业。这种认识的久远与普遍已达到了如此深刻的程度：它不仅成为社会公众心目中教师职业性质的定位（教师被尊称为‘教书先生’或被嘲讽为‘教书匠’），而且成为教师群体自我认同的职业定位”[3]。在这样的职业认同中，教师将自己定位为一名学科教师，要“负责、认真、勤恳、踏实”，通过课堂教学讲授教材、传递知识。这些知识是人类社会中积淀下来的、已有的，并被公认为正确、证明为有用的知识。教师必须精通该学科的专业知识，这既需要更新自己的学科知识，同时也要提高与学科相关的学历层次，深化专业知识的理解。为此，教师努力吃透教材，钻研教学参考书，以便深入理解所教内容，掌握重难点，同时避免自己所掌握的学科知识落后于学科领域的现有发

①②③ 叶澜. 方圆内论道：叶澜教育论文选［M］. 北京：中国人民大学出版社，2019：130，130，131.

展水平，避免传递陈旧或错误的文化知识。这样，才能更加有效地传递知识。正是这些日常的工作习惯无形中强化了“教师职业无须创造”“教师就是一位知识传递者”等职业角色定位与认识。

一般而言，“教书育人”一词被视为并列短语，其意被惯常地理解为“教知识、教做人”。叶澜基于中国传统文化理解教育，即“教天地人事、育生命自觉”，强调“教育，必须通过对人生活其中的外部世界之知识、经验和文化传统的教学，达成培养人之‘生命自觉’，使每个受过教育的人最终成为能把握自己命运的人，因有生命自觉而实现自由人生之人，这是教育最根本的追求”[①]。

教书育人的本质在于创造人的精神生命，即通过知识教学，实现个体生命整体意义上的认知、道德、情感等精神生命的自我更新。可见，教书是育人的基础，知识学习是个体生命发展所需要的“营养”。“育人”不只是在认知层面上，学生记得住、说得清、用得来所学的知识；也不只是在道德品质上学会做人，在世界观、人生观、价值观上符合国家、社会的要求。更重要的是，学生学习知识的根本目的在于，主动实现自己作为个体完整生命的个性化发展。在此意义上，“教书育人”一词是递进关系的短语，其意指“以教书、促成人”。这意味着，每个个体都是通过知识教学和自己的个体生命实践，经历人类文化知识的形成过程，进入人类社会实践及其类生命存在之中，主动吸收人类精神文化知识作为“养料”，实现个人精神生命的“新陈代谢”，实现生命的自我更新式发展，同时实现生命创造，最终将自己的个体生命实践融入人类生命实践中。“‘教’不是教育的终极所在，它在一定意义上是‘手段’，我们以认识天地人事来达到‘育’的目的——形成个人的精神世界，包括面对人的态度、对自然的态度，最根本的是形成自我发展自觉，构成‘生命自觉’。”[②]这一过程将传递知识价值提升为人的生命

①② 叶澜，罗雯瑶，庞庆举. 中国文化传统与教育学中国话语体系的建设——叶澜教授专访［J］. 苏州大学学报（教育科学版），2019（3）：83-91.

发展，赋予教育活动以个体生命实践内涵，从而深刻改变师生在校被动、被规定的生存状态，将面向过去、面向人类的已有知识及已知领域，转变为面向未来、面向未知和需要发现和创造、探索的领域。

当“创造人的精神生命”这一新的教师职业性质被确认，并转化为每位教师的自我认同后，“教师的工作就不再只是关注过去、面向人类已有的知识领域，而是要面向学生生命发展的未来，与学生一起在教育活动中创造学生的精神生命”[①]。师生在校生活会变成精神生命充分发展，彻底改变师生在学校的被动生存方式，呈现出主动状态，不断地自我更新、创新、生长；知识量增加、思维能力提升；情感体验丰富、意志力增强；意识空间延展，思想创新；充满精神活力和创造力；善待自己的生命，健康、快乐、幸福地生活着；丰富自己的精神生命，更富有人生价值和生活意义；等等。

3. 教师在职业创造中实现生命发展

只有解放教师精神，只有在职业生活中激活和焕发教师的精神生命活力和创造力，才能实现学校转型性变革，才能“还”学生精神生命发展的主动权。在学校整体性变革实践中，要实现新型教师的主动发展，就必须改变对教师职业性质的认识，重新定位教师职业的工作性质和角色形象，改变教师在校生存方式。

首先，重新认识教师职业的性质，在生命发展意义上深刻认识到，教师要通过创造性的教育活动，在个体生命实践中创造人的精神生命，促进学生的自我更新。唯有如此，才能把“创造”还给教师职业。“这种创造，不同于知识的创造与技术的发明，它的结果是以学生的精神世界发展的方式存在，它的过程需要师生互动。”[②]精神生命的创造，需要教师创造性地开展各类活动，一方面与学生一起参与其中，在个体生命实践意义上，师生一起经

①② 叶澜．方圆内论道：叶澜教育论文选［M］．北京：中国人民大学出版社，2019：132.

历、体验、感受和思考，教师由此进入学生的个体生命实践中，分析学生生命发展状态，据此引领学生进一步发展的方向，设计或策划相关活动，逐层深入推进学生的生命发展及其个体生命实践活动。另一方面，学生在教师引领下，在个体生命实践过程中，与教师、同伴实现互动、融通，激发自己的生命发展需求、兴趣、欲望、内驱力和目标，打开新思路，体验与众不同的经历，探索不同于他人的观点，发现可以为之的可能等，不断丰富、拓展、深化自己的精神世界，将自己潜在的可能发展空间转化为现实的个性发展。

其次，重新认识教师职业的价值追求，即在教书的基础上实现育人价值。从人的生命价值高度进行分析，教师教会学生知识只是基础性工作、基本要求，还要以此为手段、工具，追求促进人的生命发展。唯有如此，教师才能跳脱知识传递者观念与思维的桎梏，才能不把教书视为教师工作的全部、核心，甚至是终极目标。在生命意义上，知识是人类的社会实践成果，是类生命的存在形态，内含着人类历史社会中众多的个体生命实践。学生学习知识，不只是为了解决问题，更不只是为了考试，而是为了让学生通过经历知识形成过程，融入历史—文化的人类生命实践中，丰富自己的精神生活，改造自己的精神世界。“在教育活动中，知识的价值是育人的养料，学习知识是为了人的成长。知识在此是手段、工具，人的发展与成长才是教育不可替代的、独特的目的。”[①]为此，教师需要创造性地开展各种不同的、有利于学生开展个体生命实践的教育活动，在教书的基础上，发现、选择、利用各种已有知识，调动学生生命发展需求，促进内在潜能的转化。如果教师将教授知识看作唯一目的，就会陷入“教死书、死教书”的苦主境地。根本原因在于，错把教育活动中用作“养料”“工具”的知识之“物”，视为教育目的和价值追求。当知识之“物”成为教书的目的，教育中也就必然目中无“人”了，即见“物”不见“人”。

① 叶澜．方圆内论道：叶澜教育论文选［M］．北京：中国人民大学出版社，2019：131.

当然，教师的精神解放与生命创造，除了反思生命发展价值外，还应进一步明确教育生命价值内涵，重建教育生命价值立场。

（二）不断提升自我意识水平，成为生命发展的主人

人的自我意识水平决定人的生命发展程度，学生只有在教育活动中形成自我意识，成为发展主体，让已有发展水平成为自身发展的重要构成，并提升自我教育能力，才能实现主动、健康的发展，成为主宰自身发展和自我命运的主体。

1. 自我意识形成是人的生命发展的重要表现

第一，人在自然生命意义上，作为生命体的一般特征和个体生命体的成长机制，与动物无甚区别，在最原始层面上与所有生命保持一致。毋庸置疑，人是属于自然界的。但是，作为生命体，人的身体结构、器官及其功能与动物又有着重要区别。尤其是人的大脑的形成，标志着超越动物界的人类的诞生。人脑使人的意识活动成为可能，只有人才有“自我”的意识活动，有意识的生命活动把人与动物的生命活动直接区别开来。动物的生命活动，都是物理刺激的被动应答行为与过程，是一种“无我”的自发行为反应。“动物和自己的活动是直接同一的。动物不能把自己同自己的生命活动区别开来。它就是自己的生命活动。”[①] 人脑的意识，则使得自己的生命活动本身成为自己的意志和意识的对象。正因为人脑的发展，人可以进行抽象思考，在第二信号系统上，对抽象刺激进行反应。

第二，人能够劳动，即通过手脑协作制造工具，改造对象化世界，满足自己的需求、服务于自身目的。“劳动本身就是人、也唯有人才会以创造工具的方式（通过手与脑的合作，目的、对象、责任与行为的同一）开展

① 马克思．1844年经济学哲学手稿［M］．中共中央马克思恩格斯列宁斯大林著作编译局，编译．北京：人民出版社，2000：57.

的生命活动。”[①] 人类的劳动是内在于人的自身生存需要，作为人类生存方式，实质上是人所特有的一种有目的、对象、过程与结果的实践活动。它不仅使人类与动物的自然生命产生根本差异，而且改变人及其生存环境的关系性质。

第三，人能有目的地改造外部世界。人有自我意识，通过自己“知道”“希望”等意识活动，能够将自己与自然界分离开来，摆脱完全依赖自然界的生存状态。人在实践中将自己与生存环境独立开来，形成“自我”的意识，进而将自己视为自我的意识对象，自我也被对象化、客体化。人通过自我意识，把自然和自身都作为对象来认识和改变，思考自己所面对的意向世界、自己的目的与行为；为了自己的生命需求而改变外部对象世界，以服务自己的目的，支配世界，创造出“为人”或“人为”的“属人世界”。这样，从自我与自身所生存于其中的环境的关系意义上，形成生命整体的生存方式。在自我意识层面上，人与自然界融为一体并成为其中的一部分，形成个体生命与外部世界的整体和关系。

第四，人有需求、有目的地进行能动性实践。这是人类生命的社会性，即人的活动有意识性与社会性。社会性是相对于自然性、本能活动而言的。社会性是对人的自然性的规定并赋之以价值内涵。因此，社会性也是人性的体现，是人之所以为人的本质属性。在此意义上，劳动作为人类所独有的存在方式，是人的社会性实践，由此创造多种不同的类生命存在方式。劳动过程中，人们通过语言进行交往，同时也将同类的不同特征汇集、概括、抽象出来，将“个体”的经验“类”化。“人通过语言和其他的自己创造的物质形式（如工具、产品），把个体的经验保存和积累起来，成为‘类’经验。”[②] 这些类经验都是在人类历史中、不同时空下的社会实践及其类生命的

① 叶澜. 回归突破：“生命·实践”教育学论纲［M］. 上海：华东师范大学出版社，2015：227.

② 叶澜. 教育概论［M］. 北京：人民教育出版社，1991：6.

创生、积累，是人类智慧的结晶，最终形成了人类的历史—文化。

第五，在社会性实践中，人逐渐认识自身的需求、目标，同时逐渐深化对外部世界的认识；进而在自身需求与客体属性、功能之间逐渐建立起丰富的关系，甚至在实践中不断创生价值需求，不断根据需求创新对象世界，不断形成新的价值关系等。因此，人在改造客观的对象化世界的同时，通过反思和重建，也在深化认识和改造自我，进行自我意识及其主体性的建构，实现自身的发展。这是人生命的精神性，具有认识自我和形成自我意识，并实现自我超越的能力。

2. 提升自我意识水平，促进人的主体发展

从自我意识水平来看，人的自然生命、社会生命、精神生命处于不同的发展层次。在生命实践过程中，自我意识发挥着重要作用，自我意识的能力及其发展水平在很大程度上决定着个体生命实践的自主程度。人的自我意识发展程度不同，也就有着不同层次的生命存在方式和意义。

人被视为自然世界的一部分，受到自然界的束缚和限制，即自然局限。人的自然生命，主要是人的种系生命，体现为个体生命体的身体生长发育。人类种系生命，有着共同的物质基础、生命机制以及成长机制，符合自然生命的内在规律性。基因遗传信息对个体生命体的生长发育起着决定性作用。就人的身体生长发育而言，个体无法进行人为干预，只能遵循先天的、内在的发展秩序。此外，自然生命层面上的个体生命实践以满足自然性需求为目的，即在物质层面上实现身体、生理等自然生命生长、发育，自我意识受制于个体自然生命发展需求。个体的自然状态在自己的生命实践中形成的是对自身自然生命的合规律、合规范的自我意识。

当人的发展进入群体生活，形成社会以后，人就进入人为的社会，进入到了属人的世界。在属人的世界中，人作为社会成员参与社会实践，创造生命的类存在形态。个体不断地实现自身发展，自我意识不断增强、自我意识

水平不断提升。原因在于，个体在满足个人物质性需求的过程中，逐渐将自身从外部世界中独立出来，形成主客体关系，从而使自己的自然性、生理性需求等脱离物质或物性层面，对自我目的性有了更深层次的提升，结合自己所处的社会要求并据此对个人自然性需求本身进行价值判断。

当人的发展进入精神生活，形成自己的内心世界后，人就进入精神世界。人的社会性实践包括两种，一是向外改造对象化世界的实践性活动，二是向内改造自我的反思与重建。个体的自我意识，在改造外部世界的过程中，具备了相应的知识、能力、智慧、情感态度、道德品质、人格力量、精神面貌。同时对自我有了更深刻的理解，更加清楚自己的特点、个性、需求及人生价值。

（三）不断养成精神内生力，统领生命整体性发展

每个学生都是具体的个人，在个体生命实践意义上，其生命成长都是在精神生命统整下，以个体生命的整体性方式存在，在精神生命层面上进行自我整合。正因为如此，学生在自己的个体生命实践中主动提升生命发展需求层次，在满足自己身体成长所需的物质基础上，既发展符合时代要求的社会性，又在自我意识层面实现生命自觉。

1. 个体生命的整体性存在方式

第一，自然生命意义上的身心一致，是指个体生存于环境之中，用自己的感官与外部世界进行交互，从外部摄取物质和能量，在体内产生化学反应，实现新陈代谢，在大脑中接受外部物理刺激引起生理反应和心理反应。在不同时空情境下，身体运动、肢体动作等物理运动，体内各器官的消化、吸收、分泌等生理活动，声、色、味、触觉等感官刺激、身体感受及由此引起的心理活动，都在个体身体上同步触发、同时产生。这些都是以物质为中介或凭借的，可见，个体身心借助于物质、以身体为载体实现了整体性

存在。另外，任何实践性活动都离不开个体自然生命的物质基础，即个体在场，并且身心一致地参与其中。

第二，社会生命意义上的身心一致，是指智力与体力有机结合。个体在认识和改造对象化世界的过程中，提炼和形成理论知识，把握事物的功能、属性，依据自己的认识、计划、活动方案去改造世界，并付诸实际行动。在此过程中，不仅有认知方面的理性与智慧投入，还会体验各种复杂的情感，如对事物及其认识和改造过程的兴趣、个人的自信状态、迎接挑战和困难的勇气、接受挫折和失败的意志等等。不仅如此，个体在生命实践性中，通过与他人合作，或者参与团队、组织协作开展实践性活动，与他人形成丰富、复杂的社会关系。

从个体与客观的自然界，以及个体与人为的社会之间的关系可以看出，个体心智模式在知、情、意等方面，是一种整体性存在，是一种建立在内部心理活动基础上的意识功能。它也集中地体现为个体身上的个性，并以整体方式处理个体与环境及“人为”社会的关系。

第三，精神生命意义上的自我整合，是指个体生命实践需要个体全身心的投入。个体在发展过程中，逐渐形成自我意识，即“主体我”与“客体我”的区分。这样，“主体我”就会在改造外部客观世界中，反思、重建“客体我”及其与外部世界的关系。个体在自身生命实践中形成自身的主体性，成为自身生命实践的主人。

在此过程中，“主体我”“客体我”与外部世界在生命实践中形成内在联系。这是个体生命整体性存在方式的第三个层次。在上述三个层次的生命发展提升过程中，最关键的是个体自我意识及其能力的提升。

2. 以重构精神世界统整人的生命发展

第一，社会性在本质上是精神性的，但是社会性又不等于精神性。社会性强调个体与外部世界的交互作用，但社会性仅仅表达个体与外部世界的内在关联，却没有从最根本意义上思考，人为什么有这样的需求？人的需求是否合理？人的需求和外部自然界和社会之间有何关系？这就需要有自我意识，必须进一步把自我客体化、主体化，形成“客体我”和“主体我”，在最根本意义上反思自身、重建自己。

第二，精神性包含社会性。个体与外部环境之间的交互，更多是在现实生活和客观世界中完成的。在某种意义上讲，需要处理的是客观世界。但是，主体我的建构、对客体我的反思和重建，更多是在内在的精神世界里完成的，是思想意识活动。这可以是一种观念世界，也可以是一种自我意识，超越自然性和社会性的局限，可以直接面向自身思考问题，反思自我存在的意义和价值。可见，相对于社会性而言，精神性还有自我建构的成分。

因此，人的精神生命发展可以从两个层次理解。一是广义上的精神性，它内含社会性；二是狭义上的精神性生命，主要就是对内的、认识和改造自我的活动。

3. 个体生命发展的核心在于精神生命成长

个体的生命实践是在自然性需求下展开的，旨在物质层面上追求满足。因此，自然生命活动是以身体为载体、以身体运动和体内生理活动以及身体感受、感官刺激为核心内容，以物质和物理、化学自然力为基础，开展相应的生命活动。当自我意识刚刚萌芽的时候，个体意识到自己的生理需求、自然性需求，在此基础上更多的是通过自身的身体运动，也可以称之为身体的物理运动与外界环境进行交互作用。个体自然生命活动其实就是依靠自己的身体以及身体内的器官及其功能维持自然生命的生长和发育。人的自然生命活动，即身体运动不纯粹是本能，而是具有目的性。只不过，此种目的性主要是受自然需求决定的，如身体感受、感官刺激以及由物质刺激、身体感受所引起的心理反应。目的性还未受到社会性的制约，更没有受到自我的约束。人如果没有进行自我建构，没有清晰的自我，其生命的目的如果过分追求自然生命需求的满足，往往会造成个体追求自身的感官刺激、身体感受以及物质性享受等，不仅导致身体的片面发展，并在此种物质消耗、享受型社会实践中，产生远离社会性、精神性的抗拒力。有些自然性需求是人生命发展必需的、存活的必要条件；有些则是人的幸福生活的重要方面，这是人存在的充分条件。但是无论如何，人的自然性需求的满足都要符合自身作为社会成员的各类角色要求，从而对自然性需求进行超越和价值规范，实现个体社会性成长的文明化。这就是个体的社会状态。

显然，个体对自然性需求的超越与规范，必须符合生命自然性的规律及其内在秩序。这就是人的（自然）生命意识。从个体生命发展角度来看，自然生命与社会生命之间的本质区别在于，只要个体是作为一个人就具有社会性，即具有一定的社会角色，作为社会成员存在。因此，个体自然生命层面的实践活动都具有社会性，或者说都具有精神性。

从广义上说，人的自然性中渗透着精神性之灵魂，而精神性又是以自然性为物质基础。自然性可以纯粹的是自然性。个体只需要一些物质供给，就能够维持自己的自然生命，获得自然力。

这种自然力首先表现为，在体内有种化学意义上的化合作用，把从外界摄取的物质，通过化学反应的自然力消化、转化为自身所需要的物质形态，完成自然生命的新陈代谢，由此使得人体器官的形态、体积、质量不断增长。当然，自然生命生长符合自然规律和成长机制，生长不是无限制的，由无到有、由小到大，长到一定峰值以后，就维持在固定范围不再增长，随后逐渐衰老。这是一种生理（生化）自然力。

第二种自然力就是身体物理运动，即大肌肉的运动，如跑步、体操等，还有小肌肉动作，如手的灵巧操作等。这是物理自然力。通过物理自然力，能使得身体的技能和功能、机能日益增强。人体器官的形态与机能、功能的发展存在着差异。器官形态的生长受自然规律的影响，随着时间的推移，从孕育逐渐长成最佳状态，随后便会衰老、缩小。而技能发展，则是随着物理性的、身体运动与动作的增加会逐渐增强。技能发展也有着生理局限，也不是无限度增强，同时也不能使身体处于一种超负荷的运动状态。但是，相对于个体的器官形态而言，技能发展空间会更大。自然生命通过体内的、化学的自然力完成生命活动、生理活动；通过身体大肌肉动作和小肌肉动作，完成物理性的身体运动、动作等。

另外，个体通过身体对内摄取物质和身体对外运动、动作以实施物理作用等方式，与外部环境交互作用以后，人体器官及肉体都感受到很多的物理刺激、化学刺激，就会导致体内的生理反应，进而产生心理反应以致外显出来的行为动作。在此过程中，人体内的感受、意识、心理活动等，往往带来不适或舒服等各种不同感觉。在此意义上，个体目的、需求就形成了。因此，在自然生命的基础上，个体生存目的与价值需求，在很大程度上取决于生理性、自然性需求，并未受到社会性的束缚和限制。这些生理活动、心理活动和身体运动构成自然生命的实践生成方式。

自然生命可以孤立地成长，无须社会性和精神性规范和引领。动物的自然生命就是这样，没有社会性、没有精神性，只有个体的自然性。但是，人与之不同，个体自然生命实践和精神生命实践是不可分离的。个体作为人，不仅需要建立在自然性需求、自然生命实践的基础上，还需要提升生命的社会性、精神性。所以，人的生命实践不能没有自然性，但决不能停留在自然性上。这是其一。

如果说自然生命更多的是建立在物质基础上，从信号系统来看，建立在物理刺激第一信号系统之上。那么人的社会性，或者说人的精神性，则是建立在第二信号系统基础上，建立在语言、文字、符号等抽象刺激上。人的发展，即人的社会性和精神性生命发展是在抽象刺激的基础上发展起来的。但是，这样一种抽象的刺激、第二信号系统无法脱离第一信号系统和具体的物理或化学刺激。所以，社会性或精神性生命发展是要以自然生命为基础。

在人的发展过程中，个体生命实践是以是整体方式存在的。它既包含着自然生命，也包含着精神生命，两者有机结合的整体性存在方式。或者说，生命发展是自然性、社会性、精神性的统一。

（四）不断推进“成事成人”，实现生命自我创造

人的生命就是人在一生中不断地自我更新、发展变化。具体而言，人及其生命是现实的存在，表现为一个个具体的个人，即在不同生命层面上，身体、社会性状态或个性、自我意识与主体性建构能力，通过自身的各种生命活动，在不断地自我更新、发展变化，逐渐成长起来。个体作为一个具体的个人，时时、处处、事事都是以生命整体的形式存在，开展各种生命活动，并由此与外部环境处于交互作用的各种关系中，进而将外部环境转化为属人的世界，在与环境的内在关联意义上，又形成个体生命实践的整体性存在方式。随着个体自我意识的发展以及主体性建构能力的提升，自我在生命整体性存在方式与各种关系的形成中，越来越发挥着决定性作用。个体将自己的生命实践转变为主体性实践，并成为自身发展的主人，主宰着自身命运的发展。个体生命实践生成方式不同，这决定了生命的不同发展层次，即人的三种生命存在方式——自然生命、社会生命、精神生命。对于个体生命实践的整体存在方式，需要进行静态的因素结构分析。同时，在个体生命实践生成过程中，对其整体存在方式的发展水平进行动态分析。

1. 个体生命实践意义的“成事成人”

个体生命实践作为生命整体性存在方式，首先意味着个体是生存于特定环境下的具体个人，在各种关系和活动中都是以个人的整体方式参与其中，以便满足自己的内在需求、实现价值目标。这外在地表现为个人行动时身体的各种行为、表情、眼神、动作等，以及内在于身体的生理活动、头脑内的心理活动。具体个人在特定环境下，为了满足自己的内在需求而行动时，身体上的物理变化、生理变化和心理变化，相互交织在一起，形成身心一致的

整体性内在关联，这就是个体生命实践的内在构成，表现为个体的社会实践活动。

个体的社会实践活动，一方面，是指向对外认识与改造外部世界的实践性活动，即通过运用或创造工具进行劳动、生产和创造活动，实现自己的价值目标，实现对外部世界的改造；另一方面，是指向对内认识与改造自我的反思、重建性活动，即反思改造外部世界的自我、自我与外部世界的关系，从而重新建构自我意识，形成自我的主体性，实现主观世界的改造。个体的自我意识及其主体性构建，是个体内部身心一致地、与外部环境相互作用以形成生命实践整体性存在方式的内在机制。个体将自己与外部环境分离开来，并逐渐从中独立出来，形成“自我”的意识。这样，外部世界在自我的内在需求下被客体化，成为自我意识的对象化世界。自我与外部世界也就构成主体与客体的内在关系。在此基础上，自我本身也被客体化、对象化，进而形成“主体我”和“客体我”。在“主体我”的意识下，自我的意识进一步被分化为“非我”意识、“主体我”对外部世界的意识、自我意识、“主体我”对“客体我”的意识，不仅如此，“客体我”与“非我”的外部世界之间的关系，也成为“主体我”的意识对象。“主体我”是在认识与改造“非我”的客观外部世界、“客体我”与“非我”之间关系的实践性活动中，不断实现自我更新——“主体我”与“客体我”的共同构成。正因为如此，个体在提升自我意识和主体性水平的过程中，成为自身社会实践活动的主体。

个体生命实践是在社会实践活动中生成和展开的，也在其中充分表现出来，既呈现出身心一致、与外部环境相互作用形成整体性存在方式的内在构成，又能体现出自我意识与主体性建构下自我与外部环境之间交互作用的内在机制。个体在社会实践活动中，通过自我意识和主体性建构，将对外的实践性活动和对内的反思、重建性活动有机连同起来，同时也使得个体身体上外显的行为表现及内在的生理活动、心理活动一致起来，渗透于两类活动之中。

因此，个体生命实践形成有机的内在关联，在此意义上可以称为“成事成人”。个体对外开展实践性活动，认识和改造外部的对象化世界，实际上是成“事”的过程。同时，个体形成自我意识，反思自己的做事过程，将做事的实际结果与自我的内在需求、价值目标等进行对照，以便发现存在的问题并分析原因，从而找到可能的发展空间和方向，由此实现自我的不断更新和超越，与此同时也完成个体主体意识和能力的提升。这就是“成人”的过程。个体生命实践就是在自己的社会实践活动中，既能完成改造“非我”外部对象世界之“事”，又能由此实现改造“自我”的内在精神世界之“人”，实现以成事促成人的有机结合。

个体的社会实践活动内在于自我意识中的生命需求。基于人之生命的类特性，个体生命实践需求有着自然性、社会性和精神性的区分。

2. 自主实现健康、快乐的身心发展

人的身体是自然界的一部分，是人类种系生命的具体体现，受控于人类种系生命的基因遗传，符合生命体的新陈代谢、成长机制的内在秩序，有着自己的自然性需求。同时，通过实践性活动中的身体运动、肢体动作等身体物理活动，来增强身体机能；通过日常生活的休养、睡眠或相关活动，放松身心，使身体处于健康、良好的状态。此外，不同的人体感官因外在环境的各种物理刺激，引起头脑中各种美好的感知、美妙的体验等心理活动。这些都是个体生命发展的自然性需求，也是在身体生长发育意义上的自然生命发展。

个体的自然生命发展，是以身体为载体、以“物质”为内容的有形生命，伴随着自身的社会实践活动。此时，个体的自然生命是一种“物性”存在，纯粹在物质层面上就能维持自然存在方式。个体的自然状态是自身生命实践的物质基础，直接影响着社会生命、精神生命等层面的发展。因此，个体要使身体获得充分、健康的发展。

3. 主动参与社会实践实现个体社会性成长

个体是生活在特定时代背景及社会中，作为社会成员有着社会性的要求，必须参与社会实践，开展认识与改造外部世界的活动。这是一种有目的、有对象的创造性活动。

首先，在实践活动中，个体身心一致地整体性投入其中。个体在任何实践性活动中，都有自己的身体运动、肢体动作等物理运动，还要辅之以必要的体力。同时在被改造的外部环境及活动中，个体身体与之有着大量的物质与能量交换，接受大量的物理刺激。这些都为个体身体发展带来不同性质的影响。这些来自外部世界的信息刺激所产生的心理活动与过程，是个体开展实践性活动的重要经验基础。此外，外部环境通过对身体的影响，还让个体产生一定的情绪、情感、态度等方面的心理活动与变化。

其次，个体需要有自己的价值需求及目标的对象化、客体化，还要有对需求对象的认识和改造能力。个体作为社会成员，不仅只是满足个体的自然性需求，还要参与社会实践活动，进行创造性生产活动，创造物质财富、精神财富以满足社会需求。在人为社会中，个体需要运用自己的体力、脑力来处理自己与外部的属人世界的关系，既包括自己与外部“为人”的自然界，还有自己与“人为”社会之间的关系。人是在不同时空和社会历史背景中，每次面对的情境都是新颖的，需要个体充分运用自身对于外部世界的意识，以自己的方式去认识和改造世界。人的实践性活动要体现出人的本质力量，在人为世界中能直观个体的人格力量和社会状态，即个体与他人相处、与社会相融、共同做事的能力、态度、道德品质和精神面貌等。个体的社会状态在自身的实践性活动中具体化为个性，个体内在精神力量也就不断发展变化，与外部世界尤其是人为的社会进行着文化知识与精神能量交换。一方面，个体与人的类生命实践进行沟通，获取历史文化知识作为个体精神生活的营养；另一方面，个体与实践性活动中的其他人进行经验、理论等方面的交流。这些都能提升个体的精神力量，促进人的社会生命及精神生命发展。

个体作为社会成员，参与不同类型的社会实践，开展认识与改造外部世界的实践性活动，在特定时空背景下、历史文化中创造一个“属人”的世界，赋予外部世界以价值和意义。对于个体而言，任何一次实践性活动都是在自己的人生历程中，面对自己从未遭遇的全新境遇，都是一次创造性活动，都是自己作为人的本质力量的展现和成长过程。正是在时刻变化着的、创造性的实践性活动中，个体在社会性需求下逐渐生成自己的社会存在状态。此种个体的社会存在状态，就是个体的社会生命，是一种个性化的生命实践方式。个性是个体在社会性需求下实现自身作为人的本质力量生长，是个体在人为社会中以自己的生命实践展现出来的存在方式，是个体在自己创造的属人世界中人格力量的直观。本质上，个体生命发展就是指个体社会状态的生成与发展，具体体现为个体的个性成长养成，这就意味着个体真正地像一个社会称之为“人”的形象存在着，在自己的身上、活动中展露着人的本质力量，时刻在经历着属于自己人生的创造性活动。

个体是在认识与改造外部世界的关系中，开展各种实践性活动。首先，个体生活在人为的社会中，不断地丰富自己的社会角色，并在社会性要求下从事着相关的实践性活动。在此过程中，以自己经历的生命实践与人之类生命的各种实践形态实现沟通，通过历史文化与在人类生命实践中创生的精神文化世界实现沟通，个性化、创造性地占有人类积累的精神文化成果。人在此过程中，一方面形成了自己的个人知识、能力及社会规范、道德品质，社会角色越来越丰富，体验越来越深刻；也以自己的社会角色创造着不同类型的精神文化产品，为社会增添生命活力。在此过程中，个体的社会状态逐渐建构并生成属于自己的独特存在方式。另一方面，形成了自身与外部世界的丰富的价值需求关系，提升实践性活动的目的性、意识性，明确了自己的对象化世界。可见，个体认识与改造自己所处的社会，为自己认识与改造外部客观存在的自然界提供了重要基础。

此外，个体在人为的社会中，有目的、对象、过程与结果地，认识、探究自己身处的自然界，在社会性需求下运用各类工具以改变自然界，或利用自然资源创造新产品。个体在此过程中，一方面运用自己已有的知识、能力来解决新问题，同时从中形成新经验，创造新理论，丰富对外部自然界的科学认识，形成自己的各种认知能力、思维方法等，在认知方面增强自身作为人的本质力量；另一方面，在活动中与他人或集体进行充分交互作用，践行、理解、选择、养成自己在社会生活中的行为规范、社会规则与道德品质，在道德层面进一步增强自身作为人的本质力量。在认识、改造社会和自然的活动中，无论如何，个体都必然会面临着新的挑战，也会遇到无法预料的挫折与失败。因此，个体在保持自信的同时，既要有迎接挑战的勇气，也要有接受失败的坦然，培养和保持自身的内在精神面貌。个体在实践性活动中的生命发展，就是作为社会成员的存在方式，就是在逐步深入地建构个体的社会状态，就是人的本质力量及其“形象”在个体身上、活动中现实的个性化呈现。

4. 自我意识层面的个体生命自觉

人在个体自我意识上形成生命自觉，内含八“自”，即“‘自明、自得’表示对自我的认识，‘自立、自强’表示志向的自我确立与强化，‘自持、自勉’表示践行中的自我把握与努力，‘自由、自在’表示生命自觉达成后个体的存在状态”[①]。个体的精神生命，是人的精神存在、自我建构性存在。“自我意识”是一种精神性存在方式，也是个体在自我的精神世界中自由的、自觉的存在状态。它既能克服自然性的自然规律及物质基础的束缚，又能超越社会性的规则秩序及时空现实的限制。人在自我意识的观念世界中，构建自我并据此构建自己所处的世界、赋予其价值与意义，想象自己面向未来

① 叶澜，罗雯瑶，庞庆举. 中国文化传统与教育学中国话语体系的建设——叶澜教授专访［J］. 苏州大学学报（教育科学版），2019（3）：83-91.

时空的价值理想和追求。这是个体在自己精神世界中的思想活动、观念创造和思维想象，由此建构自我的主体性。当然，自我主体性的建构，是建立在对“客体我”的认识与改造的基础之上，而“客体我”又与外部的对象化世界紧密交互作用在一起。这表明，以“主体我”为内核的精神世界，不只是进行着主体性建构，也是通过认识与改造外部世界的实践性活动，不断反思、重建“客体我”，即个体知识、能力、道德品质与精神力量等个性成长和养成。本质上，社会生命也是个体的精神生命。社会生命是个体作为社会成员，在现实环境中通过认识、改造外部世界的实践性活动生成和展现人的创造性之本质力量，而精神生命则是自我意识的层面上，在精神世界中通过建构主体自我性和“客体我”的观念性活动，生成和展现人的自由自觉之本质力量。

人的精神性存在是人的存在意义，是人生命发展的本质性规定。一是个体社会状态的建构，个体作为社会成员，进行认识、改造外部世界的实践性活动，建构自我与外部环境之间交互作用的整体性存在方式，是个体的社会生命实践，是个体社会状态的个性化形成过程，具体表现为以认知智慧、品行德性、人格力量为核心的精神品质。二是个体自我主体性的建构，个体通过对外的实践性活动，对内进行自我反思、重建，建构“客体我”、形成自我的主体性，进而在自我意识层面上，自觉地开展认识、改造外在客观世界的实践性活动，自觉地进行认识自我、改造内在精神世界的反思和重建性活动。这是一种自由自觉的生命实践，体现为个体在明晰的自我意识下，在自然生命和社会生命的基础上，既在观念上根据价值需求、明确目标、制订计划、设计方案，又在现实环境中通过实践性活动将价值理想和目标转化为事实性存在。

综上，从个体生命发展的角度来看，包含自然生命和精神生命的两个层面。在人一生的发展过程中，个体一开始并没有自我意识，不能够把自己与外部环境区分开来。他是通过自己的自然力与周围的环境、外部世界进行交互作用。在此过程中，个体通过自身的身体运动、动作等方式与外部环境进行交互作用。其中，有很多的物理刺激，引起个体的本能反应，也引起个体的心理活动。但是，这些都是建立在物质性的基础之上。这也就说明了人的自然生命在刚开始的时候，是与生物体相通的，尤其是与高等动物在生命进化意义上保持着一致性。生命的社会性或精神性发展，是建立在生命自然性基础之上的。教育作用恰恰就是使得个体在自然生命的基础之上，超越自然性以便提升到社会性、精神性层面上。

二、基础教育生命价值理念更新

每位校长或教师的行为实践背后都有教育理念支撑，诸如办学理念、教学观、学生观、教师观等。任何人的教育理念是个人头脑中信奉、内化了的个人理论，内涵价值立场和取向，对自己所开展的日常教育实践活动有着自己“信以为真”的理论认识。教育理念是教育价值的体现和表达，对有关的教育理论与实践有着价值判断和选择，以及相应的态度与倾向性。现实中，每个人行为背后真正发挥作用和力量的是自己认同、内化的理论，能据此反思教育实践，也能形成新的教育需求和价值观，并以此作为参照系指导和改造自己的日常教育实践。

校长内心要清楚：到底为什么要办学校？为了让老师成为你成功的工具？为了让学生成为你成功的工具？还是为了把你的全部心力都献给老师和学生的发展？这就是价值提升的核心内容。有些校长一开始起点低、还没出名，他的价值提升还会做得好一些。而等到出了名、有点地位之后，就跳了、飞了、想捞更多好处了，就会离开“新基础教育”。所以，无论对于还没参与“新基础教育”，或是做了但现在还没取得很大成绩的，或是已经取得发展成绩的，“价值提升”这句话永远不要忘。

> 要记住，你是教育人，你是当代教育人，当代教育人就是为了孩子们的主动健康发展服务的。这就是教育的全部价值。这就是教育人必须有的思想境界。①

因此，在价值思维和分析框架下，基于教育生命价值立场与取向，进一步深入研究、反思、更新基础教育理念，从而将教育生命价值渗透在校长和教师的日常教育实践中。这是教育生命价值内涵的具体分析，也教育价值理论建构的关键所在。

（一）提升教育生命质量：让教育成为生命关怀的事业

教育者首先要明确自己的教育价值观。基础教育观念更新的首要环节，就是更新基础教育价值观。需要回答的问题是，为什么要办基础教育，基础教育重要的价值是什么，这是一个关系到基础教育定向和定位的老问题。答案却随着时代的发展，以及人们对教育的需要和认识的变化而变化。

叶澜认为："抽象地说，把基础教育价值定位在'打好基础'，这也许是永远不会错的答案，但它并没有回答什么是基础，也没有涉及打基础的目的是什么这样一个实质性问题。"②她指出，现行的基础教育中，普遍存在着对基础教育认识狭隘化、短期化的问题，即将基础等同于考试中的基础性学科，如语文、数学和外语，或在知识传递的意义上将其理解为学科知识及相应的课堂教学。并随着时代变化和学科发展，根据未来工作和生活的需要，增加被认为"基础"的学科知识。"短期化"，是指强调基础教育满足于近期的、可测量的考核评比标准。"把学科教学的价值定位于提高考试成绩，把思想品德教育的成效对准文明评比，把体育、美育的成功归结为参赛得奖，把学校工作计划对准上级本学期要抓的中心任务，把质量等同于升学率

① 2017年10月18日，叶澜于深圳市光明新区"新基础教育"生态区总结会上的专题报告。

② 叶澜．变革中生成：叶澜教育报告集［M］．北京：中国人民大学出版社，2019：114.

等。其后果是学校围绕着‘考’‘评’‘赛’‘查’等具体要求转。”[①]这些都使得学校教育渐渐失去更为根本和长远的价值，即对社会发展和青少年发展的奠基性价值。因此，叶澜提出基础教育的“未来性”“生命性”“社会性”是对基础教育的“基础”的价值定向。

1. 立足未来，为了未来而确定“基础”的时代内涵

“未来性”意味着基础教育不仅要从历史的角度来看，更要从未来的角度来看，看到教育对于人的发展和社会未来发展的价值。“未来性”是相对于过去强调基础教育的“继承性”而言的，即认为基础教育的价值和主要目的在于继承和掌握人类历史上已经积累的科学知识和文化传统，并把当今世界现实生活对人的基本要求作为规定“基础”的依据。这显然忽视了从社会发展和未来需要的角度来设定“基础”的内涵。

从学生个体的人生来看，基础教育是人生接受正规教育的起步阶段，其价值绝不仅限于满足眼前的考试需要，还要为他未来的终身学习和发展奠定基础。应立足未来社会发展变化的速度、幅度和深度，清晰地看到人类文化知识、科学技术发展的加速发展趋势，从而对学生应该具备的意识和能力进行分析和思考，让学生在面对未来变动不居的陌生世界时，能够运用自己的学习能力和创造能力去解决富有挑战、不确定的新问题。叶澜认为，要求中小学为学生的终身学习与发展奠定基础，就是对基础教育未来性的最基本的规定。基础教育应该为社会发展和人的终身学习发展打好基础，应立足未来、为了未来而确定今日之“基础”的含义。

2. 为了终身发展而实现每个人的生命成长

“生命性”是针对基础教育活动中目中无“人”、见知识不见“人”的

---

① 叶澜.变革中生成：叶澜教育报告集［M］.北京：中国人民大学出版社，2019：114.

突出情况，也是针对常常忽视教育的对象是“人”提出的。人是世界上最有丰富性和主动性的生命，当前基础教育中忽视了学生是处在人生最重要时期、具有奠定意义的发展中的人。同时，教师也忽视自己作为生命的存在，忽视自己同样也是一个有多种生命发展需要和具有发展可能的人。这些最终导致教育异化，将目的与手段倒置，把所有注意力集中在知识传递以及过去人类经验积累的传递上，而忽视教育作为孕育和发展精神生命的最重要特征，丢掉了人的生命。

教师需要认识到正在到来的是一个属于主体的时代，是一个需要生命主体在实践中充分发展自己潜力的时代。每位教师都要强烈地意识到自己的职业，直接面对的是活生生的具体个人，关系到人类最宝贵的财富——每个人的生命成长。叶澜认为，教育是一项直面生命和提高生命价值的事业，在一个人的人生中，基础教育阶段正处于生命发展最快、最富有可能的重要时期，是个人的社会性和个性成型的重要阶段。

这一阶段的青少年有着非常旺盛的生命活力，处于生命发展最宝贵的时期，但是他们并不全然知晓这一时期对于自身人生发展的价值，缺乏生活经验和对生命的体验。他们有着很多的生命发展可能和需求，但是他们不清楚应该如何选择、如何学习、如何努力，也就是缺乏生命自觉。因此，教师需要认识到学生是发展中的人，是具有生命整体性的人，时时、处处、事事从成长的角度去关注学生的发展，珍爱学生的生命，懂得青少年时期对于学生今后人生的独特重要价值，善于开发生命潜力并指导生命发展；尊重教育的生命性，努力完成为生命健康发展服务的神圣使命。如果教师具有这样的意识，就会在传递知识以外，让学生从学习知识的过程中，培养自己的思维能力，丰富自己的精神世界，并在学习生活中，关注学生身体和心理的健康发展，在学生工作或班级管理过程中，在惩戒学生时候关注“度”的问题，避免对学生身体和心理造成伤害。这些都是珍爱生命和理解生命的重要体现。

3. 在相互转化意义上实现个体发展与社会发展的统一

“社会性”在基础教育价值取向中，经常会在社会本位和个体本位对立意义上被强调，或者在整个社会发展过程中，强调教育和社会的片面性关系，随着国家政策的变化而变化，往往只强调社会的某一方面（政治或经济）。因此，基础教育需要在个体与社会发展统一的意义上认识社会性、社会发展本质及其完整的需求满足，并在此意义上强调社会性。基础教育“社会性”包含两方面的含义，第一，基础教育是社会公共事务，关系到千家万户和社会未来的发展，必须把适应社会发展的需要和对人的要求作为重要任务。在学校教育活动中，应根据时代社会的变化，体现出对学生发展的要求。校长或教师需要有读懂时代的意识和能力，积极地将社会发展新变化、新问题及新的发展状态，转化为对于学生发展的新要求。同时，学校需要走在时代、社会发展的前列创建新文化，用社会发展的新的文化精神来滋养和引领学生的发展，真正形成学校和社会环境之间新型的开放关系。第二，社会性意味着学校教育过程是学生社会化的过程。青少年是未来的公民，教育必须使学生认识到自己应尽的社会责任，热爱自己的祖国和民族，为民族优秀文化和杰出人物而自豪，立志为祖国和人民奉献自己的才华和智慧，培养学生能够将自己的人生价值与自己的生命和人类社会的发展命运紧密相连，将个人利益和社会义务有机统一，将向社会索取与应尽社会责任有机结合在一起。在学校教育与社会的交互过程中，让学生对社会中存在的问题形成自己的分析和判断，做出自己的选择，让学生在学校活动中，自觉践行社会主义主流价值观和核心价值观，培养富有历史责任感和使命感的新一代。

当基础教育的“未来性”“生命性”“社会性”结合起来，就是强调基础教育在价值取向上要有远虑，不可急功近利，为社会发展和个人终身发展服务。概而言之，“21世纪新基础教育的价值观可表述为：基础教育应为社会发展和学生的终身发展服务；学校应把每个学生的潜能开发、健康个性发展、自我教育、终身学习的意识和能力之初步形成，为祖国为人民奉献、创造的志向之确立，作为最根本的任务”[①]。

（二）创造学校新生活：让学校成为实现人的成长的生命场

进入21世纪以来，国家在经济建设中要不断完善社会主义市场经济体制，社会发展也面临全球化、信息化和人工智能的挑战，这些都对学校变革提出了新要求。随着我国教育改革，尤其是素质教育的不断深入发展，新时代“立德树人”教育改革要求，既提出学校转型性变革的新要求，也为此提供可能性。但是现实中学校存在的弊端与社会对学校变革的新要求之间形成尖锐的矛盾。因此，如何实现“近代型”学校向“现代型”学校转型就成为当前中国基础教育改革的突出问题。

显然，在中国出现的“近代型”学校，有着中国半殖民地半封建社会的教育特征，也体现了明显的工业社会的教育特征，即“按工业化、批量性生产的模式‘塑造’学生，教师被誉为‘人类灵魂的工程师’；有统一的目标，基本划一的课程和教科书；设有整齐排列的通用教室；制订确定性的课时、教学周期和教学进度；按规定执行的教育教学过程”[②]。叶澜认为，“近代型”学校本质上，其基本任务是知识的传递和为社会不同领域需要的规范化人才打好基础，学校教育的存在是为社会发展服务的。

新中国成立以后，需要改变“近代型”学校的半殖民地半封建社会的教育特征。因此，对“近代型”学校进行政治化改造，在学校领导权和管理、学校教育对象、培养目标性质与方向、教育教学内容变革等提出政治化要求，实现社会主义转向。随着我国进入改革开放阶段，经济社会改革与发展需要学校教育培养新的不同领域的高素质劳动者，要求学校全面贯彻党的教

① 叶澜．变革中生成：叶澜教育报告集［M］．北京：中国人民大学出版社，2019：116.

② 叶澜．方圆内论道：叶澜教育论文选［M］．北京：中国人民大学出版社，2019：334-335.

育方针，培养全面发展的人。但是，“大多数学校的课堂教学基本上仍保留着教师讲、学生听的模式；培养人才的规格要求‘一刀切’，学校缺乏鲜明的个性；教育管理基本上依然是集权为主；等等。这些都是当今学校尚未走出‘近代型’的明证”[①]。

因此，需要依据教育生命价值理念，从历史、现实和未来三个维度，将基础教育与社会发展、国家经济社会建设结合起来进行思考，分析“近代型”学校遗留的弊端，以及学校转型性变革的时代内涵、“现代型”学校的特征等问题，从而在学校转型性变革实践中实现教育生命价值的转化。叶澜认为，学校教育要完成由“近代型”向“现代型”的转换，需从学校教育的整体形态、内在基质（构成学校作为教育机构的基本要素的特质，主要包括学校物质因素——校内建筑布局、内在设施、校园环境，以及教师、管理人员的素质等）和日常教育实践进行转型性的深层次变革。

1. 从价值重建开始的学校整体转型及其内在基质特征

“现代型”学校的特质，也就是“新基础教育”创建新型学校的价值需求，主要体现为价值提升、重心下移、结构开放、过程互动、动力内化五个方面，呈现出从价值重建开始进入动力内化的逐层转化的学校整体转型过程，包括学校教育的价值转型、重心转型、结构转型、实践转型和发展动力转型构成的学校转型的综合结构。

（1）从知识传递到促进学生主动、健康发展的价值提升

价值提升是指学校教育价值从传递知识、应付考试转向促进学生主动、健康的发展，培养生命自觉意识。叶澜认为，传统的学校教育主要是停留和满足于传递、继承人类历史积累下来的已有现成知识，从而实现人类自身和社会生产关系、生产力的复制性再生产，同时完成人类文化传统的

① 叶澜.方圆内论道：叶澜教育论文选［M］.北京：中国人民大学出版社，2019：335.

“代际遗传”。这就使得教育价值在人的发展意义上的狭隘化。因此，需要将学校教育价值转变为，为人类社会更新性的再生产，为创造、引领未来的社会发展，为个人的终身学习和终身发展服务，使人的发展与社会发展有机结合起来。“这将使教育的主旨从以传递知识为主要直接目标转换到以通过包括知识教育在内的各种手段，培养具有主动发展意识与能力、能在各种不同（变化着）的具体情境中努力开发自己潜力的人为主要直接目标。”①

在此可以看出，“现代型”学校教育要在传递知识的基础上，利用学校教育中的其他活动作为育人手段和载体，培养学生主动发展的意识和能力，促进其自主、自觉的发展。

（2）教师和学生都能真正参与学校教育活动并有生命成长

重心下移是指在学校层面上激活、开发教师和学生的主动性和发展潜能，使之全身心投入、参与各种学校教育活动中，真正让师生双方主动交互，产生积极的影响。这些是教师和学生在校日常生活的有机构成，丰富了师生个体生命实践内涵。重心下移主要包含三个方面。

一是教育对象和目标的重心下移，这就要求教师在教育活动过程中，不能将精力、时间和自己的期待集中在少数尖子生身上，而应将目光和期待投注到参与日常课堂生活和班级生活中的每一个学生。他们作为“具体个人”，都有着自己的个性生活和生命的整体性发展。这样一来，教育对象由少数的精英、尖子生，转向了每一个“具体个人”。这就要求教师具有“具体个人”的意识。唯有如此，教育目标才不仅仅是培养能够获奖、考上名牌大学和成为著名人物的学生，也不是让这些“优生”成为教师的教学成果和成绩，而是让教育活动为每一个具体个人成长提供或创造可能，成为每个活生生的个人生命历程中的有机组成，为每个学生的终身学习和发展奠定坚实

① 叶澜.方圆内论道：叶澜教育论文选［M］.北京：中国人民大学出版社，2019：335.

的基础。

二是教学内容的重心下移，也就是说，教育内容不仅仅是为进入大学和今后的专业学习服务，也不是纯粹的分门别类的不同学科的概念、原理、符号及其内在理论体系、知识结构，而是让每一个学生将学科知识与自己的日常生活和实践联系起来。学生不仅学习知识，更重要的是体会和经历知识创生过程，培养思维能力，在知识形成的过程中，以知识为载体实现自身生命的整体性发展。

三是管理领域的重心下移。学校课程开发和师资培养不脱离学校的日常实践与师生在校日常生活，让所有教师和学生都参与到学校管理中来。

（3）在向外、向内开放中为学师生发展创造更多的机会和可能

结构开放，是指在学校内部的结构上，打破传统学校管理及其内在活动结构的封闭状态，呈现两个向度的开放。

一是向外开放，即学校管理及日常教育活动在形式、内容上与外界进行沟通和转化。例如，学校教育活动、课堂教学、班级活动等，与当前网络和媒体信息保持一致，善于从中抓取教育主题，也可借鉴和参考活动设计灵感。向社区和社会开放，让家长、社区志愿者参与活动，形成真正的学校、家庭和社会的有效互动。在学校教研活动和管理方面，形成校际间的交流和开放。在学校管理方面，让学生家长有机会、制度性地参与学校教育活动和管理方面的讨论和协商。

二是向内开放，即让每位教师和学生有机会充分地参与到活动中来，尤其是在管理制度与规则的讨论、设计以及管理实践活动上，让师生民主参与。这样才能够真正让学校的每项教育教学及管理活动，向学生、教师的发展可能世界开放，实现“成事成人”。“结构的开放不仅打破了‘近代型’学校的基本封闭状态，也促使学校的结构形态由‘宝塔型’向‘扁平型’转换，即减少管理的层级，在学校教育实践的不同层面之间形成积极的互

动。”[①]向内开放的主要目的是让每一个参与者有多重体验，从而形成丰富的实践活动及丰富的关系，为自身发展创造更多的机会和可能。

（4）教育活动中师生能够实现多层、多元、多向、多群互动

过程互动，是指在学校日常教育实践中，课堂教学、班级建设、学校综合活动及学校管理与领导，都是学生、教师和校长的“做事”的过程。在此过程中，教师、学生及管理者之间形成多层、多元、多向、多群互动的关系，打破传统教育活动及其过程的单向传递关系。

在学校管理和课堂教学中，教师、学生及其他参与者，都是过程中的信息创造者、发送者，也是信息的接受者、传递者和加工者，从而使每一个人都成为活动过程中的信息节点，形成网状的沟通和交流。一方面呈现出“做事”的动态发展、变化状态，另一方面又呈现出其中网络化的沟通和交流状态，这才能够实现过程的创生，并在此过程中开发教师与学生的创造潜力，在积极、有目的的活动过程中实现个人的发展。

（5）转向内在使命并形成内在的发展动机与动力机制

动力内化，是指在人的主动发展和生命自觉的价值指引下，学校的管理和日常实践实现重心下移、结构开放，在过程创生中实现多方面、多层次的互动，从而让每一位参与者真正认识到教育本身的内在使命和生命力，同时又能够将自身发展看作是目标，从而形成一种内在动机。

将自身内在的价值和动力激发出来，才会在应对外在需求时保持一种积极的自主选择状态，这就是个人及学校发展动力的最深层次转化。叶澜认为，动力内化意味着学校形成自己内在的发展需求动机、动力机制，主要表现为由贯彻上级行政要求式的执行机制，转向以校本研究为动力的学校发展机制，从而突破自身的“应试”状态和外在标准及评价结果的束缚，把注意力从关注社会舆论以及个人的绩效、地位、声誉、得失、名利，转向教育内

① 叶澜. 方圆内论道：叶澜教育论文选［M］. 北京：中国人民大学出版社，2019：336.

在的使命和力量，也就是学生的生命发展，以及个人自身的发展状态。

2. 沟通价值理想“彼岸”和学生发展“此岸”的教育活动变革要求

教育活动观，回答的是如何构建学校教育实践的问题。教育活动是学校教育的实践部分，是师生在校日常生活的核心，更为重要的是，学校教育活动是沟通教育价值理想“彼岸”和学生发展“此岸”的具有转换功能的“桥”，是对学生发展产生直接影响的重要手段和方式。

学校教育实践总是以分析式思维，将学校教育工作划分为“三育”（德育、智育、体育）、“四育”（增加劳动教育）、“五育”（增加美育）或更多“育”，用简单化的“加减法”割裂式地开展学校日常教育活动及其相关工作。“这种分析式的认识方法有助于对整体中某一孤立出来的‘部分’的理解，但忽视相互间的联系与渗透，忽视对学校每天进行着的综合性的具体教育活动的研究和把握，带来教育实践中也用分析的方法去分别设立机构与成员，各自加强管辖领域里的教育，只做简单‘加法’或‘减法’，造成既加重学生负担，又用许多效益甚微、低水平重复的活动浪费学生生命的严重弊病。”①

鉴于此，“新基础教育”提出“双边共时性”“灵活结构性”“动态生成性”“综合渗透性”，直接改造教育活动，对学校日常教育实践提出新的变革需求。

（1）教育活动中教与学共时存在、多向沟通并由此相互作用

“双边共时性”是针对传统教育中片面强调由“教”完全主宰的“教师中心”的教育活动或者是强调特定情境下“学生中心”的学习活动提出的。它将本应师生共同参与的双边互动、共时的实践活动割裂开来，导致了教育活动的不完整、不真实，也就成为无效的教育活动。

---

① 叶澜. 变革中生成：叶澜教育报告集［M］. 北京：中国人民大学出版社，2019：140-141.

学校教育活动是一种师生双方各自进行又紧密相关，在时态上具有共时性的活动。在课堂教学、班级建设和班队活动中，师生双方共同参与，进行积极的、有效的互动，成为复合主体。师生处于同一活动中，教与学两类活动在时间上具有同时发生性，并产生实时、即时交互作用。“而且其作用的方式是多向的，不仅有师生相互作用，在学生个体间、群体间、个体与群体间都可能产生相互作用。因此，教育活动的策划与进行，关键是要在把教与学两类活动真正组成共时、多向、相互作用的有机整体上下功夫。”①

可见，教育活动的内容形式多种多样，但其本质在于师生、生生之间形成双向或多向的沟通，实现教与学的动态转化。“要使每一个学生自觉、主动地活动，成为积极的参与者和探索者，而不是被动的接受者；要使教师的教在对学生的诱发、组织、辅导、调节、反馈等方面发挥作用，而不是传授现成的知识与结论；要使师生积极的相互作用形成促进学生发展的合力，在教育活动中培养学生善于发现问题、提出目标、形成策略、完成任务、反思过程、自我矫正等一系列自我教育意识与能力，真正实现从‘学会’到‘会学’、从‘教’到‘不教’、从‘社会文化’到‘个体成长’的真实、有效转化。”②

（2）教育活动内容、方法与过程的结构化及其灵活的变式

“灵活结构性”是针对活动内容和组织零碎化、点状化、无联系的状态提出的。在教育活动中，教师将知识内容一点一点“喂”给学生，让学生死记硬背装进脑袋中，忽视了思维方式的培养，将知识传递和学生思维能力发展割裂开来，导致教育活动程式化、烦琐化，忽视学生自我教育、主动思考能力培养。

教育活动在内容、方法与过程设计上要注意结构状态，使其呈现出整体性。叶澜认为，教育活动合理的结构化，才能够真正促成教师和学生发展

①② 叶澜. 变革中生成：叶澜教育报告集［M］. 北京：中国人民大学出版社，2019：118.

的整体效益。教育活动的结构性是提升教育效果、提高教学质量的重要条件，也是教师和学生在此过程中形成整体思维、提升能力的重要方式和手段。

教师对教育内容进行结构化处理，指导学生主动地建构知识结构，掌握知识结构的同时形成主动思维能力，提升方法结构，由此将自己所学的知识结构及从知识结构中所学习的思维方法，迁移到新的情境中去，根据实际问题的需要，对知识结构、思维方法进行灵活重组。因此，学生不仅学会学习的方法和途径，同时因为把握住结构的抽象性和形式化，使得思维和知识具备迁移的可能性和包容性。

结构化不等于模式化，也不能模式化。结构本身具有灵活的特征，并不是一种固定程序，反映了不同知识点之间的内在关联，具有弹性和可变性。“正因为如此，一个基本结构，处于不同的场合、赋予不同的内容、用于不同的对象，可以生出许多变式来。结构的包容性和可迁移性，正是通过多种变式来体现的。结构若没有灵活性，它本身也就失去了活力和优势。”①

（3）教育活动过程中多向互动、相互规定并由此生成下一步的过程

“动态生成性”是针对传统教育活动强调目的性、计划性和预设性提出的。它忽略了“过程”本身，将课堂实施视为预定计划和教案的简单执行，甚至变成“教案剧”的表演，让教案成为控制课堂教学的“一只看不见的手”，从而使得最有活力的教育活动及其过程僵化、机械化。

动态生成性就是对教育过程生动可变性的概括，强调教育活动是一个复杂的过程。真实的教育活动是由师生及多种因素间的动态相互作用推动的，师生双方都是能动的主体，而且构成教育活动中的复合主体。教育活动的过程展开有着多种可能性的存在。“一方面，它不可能百分之百的按照预定轨道进行，会生出一些意料之外的、有意义或无意义、重要或不重

① 叶澜. 变革中生成：叶澜教育报告集［M］. 北京：中国人民大学出版社，2019：118.

要的新事物、新情境、新思维和新方法，尤其当师生的主动性、积极性都充分发挥时，教育过程远远要比预定的、计划中的过程生动、活泼、丰富得多；另一方面，从教师设想、计划的教育过程到实际进行着的过程，从‘教’到‘学’再到‘学会发展’的过程本身就是一个动态转化和生成的过程。”①

教育活动作为师生双边共时性的推进过程，就意味着教师和学生在教育过程中，根据价值目标实时选择新状态，不断生成并影响下一步发展的过程，呈现出师生、生生之间多向互动中的教学相互规定与相互转化。在课堂教学过程中，承认课堂动态生成，就是承认学生在课堂教学中积极的生命状态和创造力，承认教师处理不确定性的课堂意外的智慧和能力，从而真正体现出教育过程的生命状态和生命性。把课堂教学活动或教育活动及其过程，提升到生命高度进行分析，就能够明白这是人与人之间交往的意义与作用，是教师眼中“目中有人”的教育活动，认识到学生的成长、多方面的生命需要以及主动参与教育活动发展的可能，使教育活动过程焕发出生命活力。

（4）教育活动是以整体性、综合渗透方式作用于人的发展

“双边共时性”“灵活结构性”“动态生成性”是对教育活动特殊性质的概括，“综合渗透性”揭示的则是教育活动间的相互关系。综合渗透性是针对在学校教育工作中将德育、智育、体育、美育、劳动教育等相关工作隔离开来的做法提出的。它将学校教育分为不同的教育任务，并设立相应的独立部门，分工负责管理，从而导致各项教育工作和任务对学生产生的影响是割裂的，而且是显性的、直接的、及时的教育效果。

综合渗透性，意味着要克服因校内管理分工和对教育任务分解所带来的，对教育活动功能的单一化认识与规定，才能开发教育活动的多方面整合

① 叶澜. 变革中生成：叶澜教育报告集［M］. 北京：中国人民大学出版社，2019：141.

功能。在学校的日常实践中，真实的教育活动是以整体的形式，对人的发展产生综合的作用。每一项教育活动和任务，都是实现培养目标的途径，产生丰富的、隐性的、间接的、长期的教育影响和效果。这些都无法在活动中凸显出来，而是以渗透方式产生整体性的影响。“综合渗透性一方面强调教育活动具有综合的功能，因为任何教育活动对人总是产生综合的影响；另一方面是指人作为一个有生命的整体，在参与任何一类教育活动时都不可能只是以自己的某一部分或方面投入，而是一种整体式的投入，所以，对一项教育活动的效应追求也应该且可能是综合的。自然，每项活动会有不同的目的、重点和要求，实际影响在不同方面有大小、长短、直接间接、显性隐性等差异，但它们都交叉、渗透在整个活动过程中。”[①]可以说，师生在教育活动中越是以整体的方式去思考和行动，活动的综合渗透的效益也就越高。

（三）改变师生在校生存方式：让师生成为主动发展的生命创造者

生命是在人的目的性实践中逐渐生成的。无论是学生还是教师，“每个人都只能自己‘活’，不能由别人代‘活’；每个人从出生到死亡的全部历程都得自己走，不能由别人代走。这是一个明白到不能再明白的事实，是每一个活着的人都能体会到的朴素真理”[②]。个体的生命发展是整体、独立、差异的发展，是作为主体的主动发展，根据自己的意图、目的、意志，进行决策，并付诸行动，“主动性是生命活动重要本质特征”[③]。生命在个体身上还体现为始终面向未来、不可逆地向前发展，在与外界的相互作用和实践活动中实现动态生成式发展。

此种新的发展观关注学生发展的多样性和潜在性的统一，关注潜能的开发，把学生当下发展状态作为起点，而不是终点。学生在任何年龄段都有主

①②③ 叶澜. 变革中生成：叶澜教育报告集［M］. 北京：中国人民大学出版社，2019：141，128，128.

观能动性，可以参与到教育活动中，成为自身活动和发展不可替代的主体。承认和尊重学生的个体差异，把形成每个学生的独特性看作教育不可忽视的任务。

1. 学生主动、自主开发生命潜能并实现个性化的真实生命成长

（1）对传统学生观的反思：生命发展内在本质特征的认识缺失

传统的学生观认为，学生是需要接受教育的被动者，是在成人或教师的传授下学习知识、记忆知识，并能够将知识应用于现实生活中去解决问题，最为重要的是在考试中能解题。习惯用统一考试作为标准或标尺去衡量、测评学生目前所达到的发展状态，将学生当前的发展状态视为一种结果，即对学生进行结论性的评定，根据成绩将学生分成好、中、差不同等级。这些都忽视了学生的主动性、个体差异性和潜在发展可能性，没有体现出生命发展的内在本质特征。

（2）学生是别人无法替代的、实现自身发展的主人

在日常学校教育实践中，尤其是在小学阶段能够承认并切实发挥学生的主动性，对于教师而言是非常困难的事情。在“应试教育”的背景下，教师的观念中总是觉得时间受限，不敢把时间“还给”学生，放手让其独立思考问题，担心学生不会做也怕浪费时间，不如自己来讲。根本原因在于，教师认为自己不讲，学生就不会。为了便于知识传递，传统教育活动不关注学生的主动参与，不着力于在教育过程中培养学生的主动性，片面强调教师的讲授和学生的记忆。但如果没有学生积极和主动的思维参与，教育就可能退化为“驯兽式”的活动。只能靠重复强化和外在的诱惑或威胁来维持学习活动和产生效果。这样不仅导致了效果不佳、效率不高，加重了学生的课业负担，更重要的是，严重地压抑了学生作为人所应该具备的主体性的发展，影响学生积极主动的人生观的形成，学生无法感受到学习生活的内在需求和自身发展、成长的愉悦，也体会不到因自己主动性的发挥而得到精神满足和能

力发展。

事实上，小学一年级的学生就已经具有主动性，他们已有知识和经验，也有同他人进行交往、合作的能力。尽管他们的自我意识和自主主动的状态按照成人的标准还不成熟。此外，从人生命发展的角度来看，学生是学习活动不可替代的主体，又是教育活动中复合主体的重要一方。学生作为发展主体自身现有的发展水平及自我意识，是学生实现可能发展的重要的影响因素，也是教育着力培养的目标。

"'主动性'针对在习惯上和实际教育中通常把学生看作接受教育的被动者和缺乏独立性与创造性、依赖或服从教师的学习者而提出，它建立在承认主动性是人的生命存在和发展的重要和特殊方式的基础上，承认学生尽管处在童年或少年期，但依然具有主动地应答、选择、发现、思考、策划、行动、反思等需要与可能，具有关注和要求自己向上地主动发展地需要与可能，教育的任务是把这些需要与可能转化为现实的力量。"① "新基础教育"要求把学生主动性发展的最高水平，定为能动、自觉地规划自身的发展，即成为自己发展的主人。这是生命价值的重要体现，也是人的生命自觉的追求。所以，承认学生的主动性，就成为教育中关注学生主动性发挥和自身发展的重要的观念性前提。

（3）基于学生立场促进学生自主意识到发展可能

潜在性，针对的是教育中只注意到学生现有状态并局限于对现有状态做出判断，并用统一的标准对学生现有发展状态做结论性的分级评定，甚至为学生贴上优生或差生的标签。教师或家长经常会以成人的标准，将学生已经表现出来和达到的发展水平当作终点，并对此进行结论性的判断。

潜在性将学生现有的、现实发展水平作为起点，看到他进一步的发展空间和可能，在学生成长和发展的序列上进行具体分析，在"最近发展区"意

① 叶澜.变革中生成：叶澜教育报告集［M］.北京：中国人民大学出版社，2019：140.

义上判断学生接下来进一步成长和发展的空间在哪里，同时也要分析学生在发展过程中存在的困难、不足和障碍，从而达到“长善救失”的教育根本目的。

叶澜认为，教育在促进学生多种潜在发展可能性向现实发展确定性转化的过程中起着重要的作用。“一方面对学生可能变化和发展到更高水平持有信心，不犯把学生看死、定型化的毛病。另一方面就会创造各种条件为学生发展可能的实现，提供各种舞台；就会在日常的教育中努力去发现每一个学生身上都存在的、仅仅表现为‘希望’‘喜欢’状态的新苗子，即可能性。”[①]教师需要在与学生的交往中，研究具体的学生，分析和发现学生在发展过程中的困难和障碍，以及可能的发展空间，发现学生发展的潜在可能性。只有关注学生的潜在性，才能促进学生智慧和才能的发展，实现生命价值，满足个人成长和发展的需求，提升自身生命发展的层次。

（4）不同类型学生在达标的基础上呈现出个性化发展

差异性是针对将学生进行群体性抽象化，对年龄发展阶段上的起点、终点和过程相对简单化的认识提出的。因此，要关注每一个学生，承认每一个学生都有自身发展的独特性，以及所处环境的独特性和发展方式的独特性，并具有个人与外部环境交互作用的独特性。

有了差异性的观念，才能克服教育中追求完全趋同、整齐划一的弊病，即在教育过程中，要求全班学生都沿着教师设计好的成长轨道，按照同样的速度，在相同的时间达到相同的终点。差异性观念突破了在知识传递意义上的“超纲”一说，化解了学生的差异越来越大的担忧。真正认识到学生的发展只有底线，没有上限。允许学生在达到规定的最低标准的基础之上，有自己个性化的成长方式和发展速度，以及个人所能达到的发展水平。努力使每一个学生都能实现在原有的基础上提高，并使各自的特长和个性得到健康的

① 叶澜. 变革中生成：叶澜教育报告集［M］. 北京：中国人民大学出版社，2019：117.

发展，以丰富的方式发展。

差异性也是教育过程中丰富多元的互动的前提和资源。教师需要在差异性观念下去研究差异，发展学生的特长，使学生群体呈现丰富多样的特点，不再将差异当作问题而当作一种财富和资源，从而为每个学生的成长提供条件，使得每一个学生在达到标准基础上，都呈现出各自个性化的、整体性发展。叶澜认为，一名真正出色的教师能教各种类型的学生，并能使他们每个人都能得到发展。

（5）学生在“具体个人”意义上成为整体、全面发展的人

“新基础教育”关注每一个学生，学校教育价值观聚焦每一个学生的终身学习与发展，在实现幸福人生的基础上，把主动性、潜在性和差异性，聚焦到“具体个人”的概念上。教育的真正对象是整体、全面发展的人，是处在各种环境中担负着各种社会责任并有着丰富的实践活动和关系的人，人的生命是在具体个人中存活生长和发展的，离开了对具体个人生命经历的关注和提升，就很难认识学生成长和发展的主动性、潜在性和差异性。可见，教育生命价值观在学生观中具体展开，即在教育活动中努力探寻最大可能调动学生积极性，让学生逐渐成为自己发展的主人。

学生发展的主动性、潜在性和差异性，在教育者的观念中扎根，成为教育的生命价值，教育者就会以此为新的视角和标准看待学生，能够发现学生身上所蕴藏的巨大的生命能量，改变那种把学生当作按标准件去制作的僵化的看法，还学生以生动活泼、多姿多彩的生命体的真相，让学生自己去发现和实现生命价值，并为他们独立性的成长而自豪。

2. 教师主动、独立地创造而实现自我超越、显现教育智慧

随着基础教育改革持续推进，以及课程、教材改革和学校内部教学改革的深化，教师队伍建设和教师专业发展成为教育改革成功的关键性因素。教师职业化、教师专业发展在当前教育改革和发展过程中处于重要地位。

如何促进教师专业发展，如何有效地开展教师培养以及在职教师的培训，提升教师的专业素养，从而建设好一批高质量的“四有好教师”队伍成为人们关注的研究主题。党和政府为提高教师的地位、培养高质量的教师队伍做了大量工作，逐渐完善教师资格证书制度，让教师职业逐步实现专业化，要求教师具备专业理论知识、专业技能，接受专业教育，遵守教师职业道德。

（1）传统教师观的反思：从教师职业的工具价值到内在的生命发展价值

“新基础教育”多年的实践探索表明，学校教育实践持续性、根本性的转变，来自教师在校生存方式变化，来自他们的生命价值的充分实现。从生命发展的角度来看，教师成长首先需要有明确的自我意识，每位教师都需要自问，为什么要选择当教师，对这一问题的回答内含着对于教师职业的价值取向和选择的内在动机。

在我国的历史发展中，总体上有“尊师重教”“师道尊严”的传统。深入分析就会发现，对于教师职业价值的认识主要停留在其社会功能上。在中国古代社会，从封建统治者的角度来看，“尊师”的主要目的是实现教师职业承担的社会功能，即教育者在治国、重道、教化、强法方面的工具价值。在近代社会，对于教师价值的认识仍然停留在工具性的理解上，但已经从维护统治者的统治，逐渐转向了进步思想家倡导的民生、民主、国强、国富等有关民族与国家独立的社会发展问题，即教师职业的社会价值由为君转向为民、为社会。“至于教师职业对于从业者的内在价值问题，并未被尖锐地提出和进行过认真探讨。自然，教师群体在这方面的职业自我意识也不可能广泛觉醒。对教师职业工具价值的看重和职业性质属传递性的判断，作为历史的传统，深深地烙在我国教师的职业意识和形象中。”①

叶澜指出，当代教师与历史相似，国家社会看重的依然是教师职业的外

① 叶澜.变革中生成：叶澜教育报告集［M］.北京：中国人民大学出版社，2019：92.

在社会价值。一方面将教师形象“匠化”，甚至教师也自喻“教书匠”，作为“代言人”宣传国家和社会的政策和文件，执行大纲或课程标准，按照教参中具体的方法、技巧和模式进行教学；另一方面将教师“圣化”，赞美教师像“蜡烛”“园丁”“春蚕”一样，默默无闻地奉献对学生的爱心，歌颂的只是教师为他人成长、对社会发展做出无私奉献的牺牲精神和高尚品格。“但是，这些歌颂并未涉及教师职业劳动对教师本人现实生命质量的意义；并未涉及教师能否在日常的职业工作中感受到对自己的智慧与人格的挑战、对自己生命发展和生命力展现的价值，感受到因从事这一职业带来的内在尊严与欢乐的满足。所以，这种歌颂并不带来人们像对富有创造性的专业工作人员那般的尊重。”①

受时代与社会对教师职业价值和劳动性质认识的局限，人们认为教师职业的尊严和欢乐主要取决于社会公众、国家政策的外在承认。在工具价值意义上，教师需要用自己的教育工作成果去体现价值，即通过使自己所教的学生取得高分、考上好学校，以后进入社会取得成就、成为优秀人物才得以实现，而不是创造性育人过程的本身，也不是在日常进行的教育实践中实现的。

（2）教师要打破“匠化”和“圣化”角色形象，提升创造精神与能力

教师的发展及新型教师队伍的创建，首先要重建教师角色理想。教师自己要打破传统的“匠化”和“圣化”角色认知，形成新的角色理想，实现自我更新，走出“自教师职业存在以来一直延续的深层认识框架，即教师是社会实现教育目的、任务的执行者，一种物质工具所不能代替的工具与手段；教师的主要任务是通过传递人类已有的文化培养新一代；教师的专业发展服务于上述专业任务的需要。这一认识框架的主要问题，一是将教育工作的性质局限于‘传递’的狭窄范围内，二是没有涉及教师职业对于从业者的内在

① 叶澜．变革中生成：叶澜教育报告集［M］．北京：中国人民大学出版社，2019：93.

价值，缺失了职业应有内在价值的重要一维”[①]。

随着素质教育强调学生创新意识和创新能力的培养，要求教师转变教育理念，也对教师劳动的创造性提出新要求。20世纪90年代以来，党和政府越来越强调培养学生创造性，以及与此相应的教师劳动的创造性方面的要求。生活在当代的人们，逐渐认识到教育不能还停留在继承文化、传递知识、掌握技能上，而要让学生学会创造，从而提高国民素质。与此同时，教师职业的创造性也鲜明地凸显出来。因为一个墨守成规的教师对于学生创造性的发展无疑是一种近乎灾难的障碍。[②]

为教师职业注入“创造”这一强大的新的生命力，使得关于教师职业社会价值的认识，突破仅仅关注外在工具价值的局限，找到教师职业对于社会而言的外在价值与对于从业者教师而言的内在生命价值之间的统一点，找到教师可能从工作中获得的尊严与欢乐源泉。

（3）教师要具有多层的、相互支撑的、渗透与有机整合的专业素养结构

作为能胜任21世纪中国基础教育重任的新型教师，首先应具有与时代精神相通的教育理念，并以此作为自己日常专业实践的理性支点。教育理念是教师在对教育工作本质、对教育育人特征，以及教育与人和社会关系的理解基础上形成的关于教育的观念和理性信念。这是未来教师作为专业人员与非专业教师的重要区别，也是未来教师专业素养所包含的基础性内容。这表明，教师需要有高度的自觉性、责任感和进行创造性的工作，尤其需要具有明晰和正确的教育理念。如前所述，未来中小学教师的教育理念，主要是在认识基础教育的未来性、生命性和社会性的基础上，形成新的教育观、学生观等等。

除此以外，未来教师的专业素养在知识结构上也需要体现多层复合的结

① 叶澜．“新基础教育”论——关于当代中国学校变革的探究与认识［M］．北京：教育科学出版社，2006：355.

② 叶澜，丁证霖．新编教育学教程［M］．上海：华东师范大学出版社，1991：15.

构特征。教师职业专业基础知识的第一个方面是科学和人文知识，同时也包括工具性学科的基础知识和熟练运用的技能、技巧。每位教师都需要在自己的日常实践变革中养成自我完善和发展的意识和能力。未来教师就是终身学习者，需要有强健的自然生命力，更要有旺盛的精神生命力。只有教师有强烈的学习欲望，丰富的学习经历，才能从自己的生命体验中悟出终身学习的价值，并在自己的教育实践中，培养学生对学习的兴趣、习惯与能力。

教师专业知识结构的第二个层面是所教学科的专门知识和技能，是教师能够胜任教学工作的基础，也是特殊的专业要求。教师需要对自己任教的学科有广泛而深刻的理解，熟悉掌握相关的知识和技能。这样才能确保教师有精力去设计教学，以及在课堂中更加关注学生。同时也应努力将自己所教学科与其他相关学科融通起来，可以在学科融合过程中开展综合性活动。教师还应了解学科发展及知识形成的历史、学科内科学家或历史人物的创造发现过程及其科学精神与人格力量，真正挖掘出知识中所蕴含的人文精神。只有这样才能真正理解自己所教学科独具的认识世界的视角、层次及思维的工具和方法。这些要求都是“服务于教师教学的成功，使教师具有丰富的、扎实的知识底蕴，能在科学体系中把握自己讲授的学科，能使知识在教学中不只是以符号形式存在，以推理、结论方式出现，而且能展示知识本身发展的无限性和生命力，能把知识活化，在教学中真正实现科学精神与人文精神、理论与实践、知识与人生的统一，充分发挥学科知识全面育人的价值”[①]。

教师专业知识结构的第三个层面是教育科学类，它由帮助教师认识教育对象、教育教学活动和开展教育研究的专门知识构成。未来教师需要将自身的工作定位从学科知识传递转向育人价值开发，促进学生精神成长。教师承担的创造性工作，还要求教师开展相关的教育研究工作，既要研究和反思自

① 叶澜.变革中生成：叶澜教育报告集［M］.北京：中国人民大学出版社，2019：85.

己的日常实践，又要主动研究学生的可能性发展及其成长需求、将会遇到的困难与障碍等。教师既是学校日常教育实践的改革者、创造者，又是研究者。其担负的工作和角色的复杂性决定了“未来教师要加强有关人的认识、教育哲理的形成、管理策略、教育教学活动设计、方法选择、现代教育技术手段的运用及教育研究等方面的知识与技能”①。

（4）教师要认识职业内在价值与尊严、实现自我超越

教师发展的自主性意味着作为职业主体需要充分反思自己选择教师职业的价值取向。唤起教师内在发展的需要和教师对职业内在尊严与欢乐的认识与追求，是“新基础教育”促进教师发展的切入点，也是对教师人文关怀的践行。在生命发展的意义上，重新认识到教师是作为一个真实、具体的个人，在学校日常变革实践中生存和工作着，实现自身的整体发展。

社会对教师职业创造性提出新的要求不会自动地成为教师群体和每位教师的内在需要和教育实践，多数教师还是停留在工具意义、外在价值的水平上从事教育教学工作。职业生活是成人生命活动的重要组成部分。“其质量如何，在很大程度上决定人的生命质量，同时也造就个体的生命质量，因为，人怎样度过生命的日常方式，会决定人成为怎样的人，人要想成为有尊严的人，就应该选择富有创造性的职业，并作创造性的劳动去实现自己的生命价值，在创造性的劳动中，享受因过程本身而带来的自身生命力焕发的欢乐。”②

教师职业对于教师的人格和智慧是极大的挑战，因而不仅具有促进学生个体发展而言的生命价值，而且具有促进教师自我超越的内在生命价值。因此，教师实现自我更新，要在以下几个方面努力。

第一，养成结合自身的教育教学实践、学习和思考的习惯，提高自

①② 叶澜.变革中生成：叶澜教育报告集［M］.北京：中国人民大学出版社，2019：85，98.

己对时代变化、学生状态和教育变革的敏感性和研究兴趣；

第二，有探索、创造的勇气和体悟、反思自身改革实践的能力；

第三，清理自己头脑中已存在的、根深蒂固并已转化为行为习惯的传统教育观念，更新教育观念，并在自己的教育实践中，使新教育观念与教育行为的转变实现统一；

第四，提高形成新的教育经验的自觉性，逐渐养成“新基础教育”教学改革和班级建设所需要的新基本功和习惯。

以上几点，实际上勾勒了“新基础教育”的教师自我更新，沿着转换角色、打开视野、转变观念、探究实践、反思体悟、转变行为、提升能力、更新习惯行进的基本路线。①

教师应坚持在学校日常教育教学实践中实现自我更新式发展。“所谓‘日常实践’，是相对于为评优、检查、评职称等需要而举行的，甚至还被揭发出来有作假的‘公开课’‘示范课’而言的，这些课是为了非教学价值的目标而进行的课，往往是精心、突击准备的课，不是真实为学生发展而进行的课，也是不能反映教师和学生真实水平的课。”② 对于每位有生命发展自觉的教师而言，应该在自己所从事的日常实践中，通过实践的持续性、亲历性和可改变性，在“日常实践”中来完成自我更新，实现自身多方面、多层次的发展。这就意味着要开展“研究性变革实践”，即对理论与自身实践的差异和冲突进行比较，并将自己的新理性认识体现在自己的变革实践中，进而改变自己头脑中的观念和行为的需求、愿望与行动，使变革理论与实践的关系在个人日常行为中、个体身上完成由矛盾冲突到内化、统一的过程，逐渐使自己成为自觉的、有理论指导的自主变革实践者。研究过程中，教师要超越个人经验进行理论提升，将研究的态度、意向和内容贯穿到实践全过程

①② 叶澜.“新基础教育”发展性研究报告集［M］.北京：中国轻工业出版社，2004：29.

和多方面的实践。在研究性变革实践中，教师发展会出现新型特质，精神独立、专业自主、话语权力和新的教学思维和能力，都有新的增长。研究性变革实践将取代传统的重复性实践，成为具有新质特征的学校日常实践，成为教师新的职业生存方式。

（5）教师通过“独立的创造”养成并显现教育智慧

教师劳动的创造性不是由他所教授的内容本身所决定的，而是由他所从事的培养人的教育活动的复杂性所决定的。教师的根本任务是培养身心健全、个性健康、主动发展、富有创造力的人。“把学生生命中探索的欲望燃烧起来，创造的潜能开发出来，让他们能拥有一个充满信心、勇于开拓发展的积极人生，树立起为中华民族伟大复兴而奋斗的高远志向，才是当代中国教育特有的历史使命和社会价值。”①教师是在促进人的生命成长，这决定了教师教育行为是科学性、艺术性和个人独特性的有机综合，具有教育智慧是未来教师素养达到成熟水平的标志。

教育行为就是教师与学生的主体间交往，是具有丰富的人性特征的教育活动，尤其是在现代信息技术和人工智能背景下，教师的工作是现代技术手段无法取代的。其中，最根本的是精神沟通、情感的交流和个体人格的影响力。在日常教育实践中，教师与学生进行交流和对话，建立起“你—我”的关系，在课堂教学过程中进行创造性的互动。在学生的组织与管理工作中，通过教育活动的决策和设计，使学生工作及其管理本身也成为一种教育力量，成为锻炼、培养学生自我管理和团结合作能力的手段，变成让学生在为集体做贡献的过程中展现特长、发挥优势的舞台。

因此特别需要教师具有研究学生、研究日常教育实践的能力。首先，教师需要养成对自己的日常工作进行探索和反思的习惯，不断重建自己的课堂教学实践，并形成理性认识。这是教师自身的主动生存状态、专业自主的生

① 叶澜.“新基础教育”论——关于当代中国学校变革的探究与认识［M］. 北京：教育科学出版社，2006：356.

活方式，同时也提升了自己的专业生活质量。其次，教师可尝试对新的教育问题进行探索和创造，在自己的日常变革实践中，创造性地形成解决新问题的能力，让自己的工作变得更富有创造性和内在的生命价值魅力。

教师创造意识和能力的形成，在教实践中的成功，对学生创造意识和能力的培养有着极大的激发作用。当教师和学生的生命活力被激发出来，在日常的教育实践活动中实现共同创造，便充分展现出教师教育智慧的魅力。“教师的教育智慧集中表现在教育、教学实践中：他具有敏锐感受、准确判断生成和变动过程中可能出现的新情势和新问题的能力；具有把握教育时机、转化教育矛盾和冲突的机智；具有根据对象实际和面临的情境及时做出决策和选择、调节教育行为的魄力；具有使学生积极投入学校生活，热爱学习和创造，愿意与他人进行心灵对话的魅力。教师的教育智慧使他的工作进入科学和艺术结合的境界，充分展现出个性的独特风格。教育对于他而言，不仅是一种工作，也是一种享受。”①

因此，在精神内动力激发和增强的意义上，教师发展“回归到富有社会责任感；具有独特的教育智慧、创造意识与能力；从‘知性自卑’到‘知性自立’，拥有自我发展的需要与潜力；从‘被动应对’到‘自我更新’，有可能在教育实践中实现主动发展的、生动的、具体的、真实的人的水平上”②。

三、素质教育价值认识深化与改革趋向

在当前社会发展和国家建设的要求下，需要进一步明确对素质教育的认识，并回答：“当今何以依然强调素质教育？在以往素质教育推进中存在什

① 叶澜. 变革中生成：叶澜教育报告集［M］. 北京：中国人民大学出版社，2019：87.

② 叶澜.“新基础教育”论——关于当代中国学校变革的探究与认识［M］. 北京：教育科学出版社，2006：360.

么问题？存在这些问题的原因是什么？”[①]其中，最核心、实质性的问题就是“素质教育是什么”。并在素质教育价值分析中进一步深化、具体明晰教育生命价值立场与取向。

（一）素质教育宗旨之解及其价值追求

只有在教育生命价值立场与取向下，运用教育价值合理性分析框架进行价值思考，即从教育本质特征，教育与人和社会之间的关系与功能分析对素质教育价值进行理据分析，才能让教育实践工作者成为自觉积极和创造性的行动者，而非素质教育改革的表面响应者、盲目执行者、简单跟风者，或故步自封者。

1. 素质教育的政策性表述及其宗旨

推行素质教育在我国是由政府明确提出的，当今已上升为法律规定，代表着国家意志。可以说，政府是素质教育的强力推进者。素质教育达到当前的政策高度有一个形成过程。

1985年，《中共中央关于教育体制改革的决定》是我国改革开放以来第一个有关教育体制改革的文件，其中明确指出教育体制改革的根本目的是“提高民族素质，多出人才、出好人才”，强调全面提高国民素质，由此提高劳动者素质，从而为国家、经济建设提供各级各类、各领域的劳动者、专业技术人员及相关工作者。

1993年，《中国教育改革和发展纲要》首次以中央文件的方式提出，中小学要由“‘应试教育’转向全面提高国民素质的轨道”，建立社会市场经济体制，把教育摆在优先发展的战略地位，努力提高全民族的思想、道德和科学文化水平，做出教育改革发展的规划。这说明，要通过发展教育事业提

① 叶澜. 方圆内论道：叶澜教育论文集［M］. 北京：中国人民大学出版社，2019：378.

高全民族的素质，将人口资源转化为人力资源的优势，从而提升综合国力竞争力，尤其是提升科学技术竞争力和民族素质竞争力。这表明了教育具有基础和优先发展的战略地位，要自觉地服从和服务于经济建设中心任务，推动社会的全面进步，提高全民教育水平，发展劳动者职前职后教育，培养各类专门人才满足现代化建设。

《中共中央关于教育体制改革的决定》中已经提出教育宗旨是提高民族素质，但是素质教育一词曾引发争议。1997年发布的《关于当前积极推进中小学实施素质教育的若干意见》，第一次对素质教育做了规范性的表达和明确界定，文件指出素质教育是以提高全民族素质为宗旨的教育，它是依据教育法规定的国家教育方针，着眼于受教育者及社会长远发展的要求，面向全体学生的。

1999年，《中共中央国务院关于深化教育改革全面推进素质教育的决定》提出科教兴国的战略，提出将素质教育作为一个跨世纪的工程，培养21世纪现代化建设需要的社会主义新人。此外，提出全面推进素质教育是我国教育事业的一场深刻变革，是一项事关全局、影响深远和涉及社会各方面的系统工程，是党中央和国务院为加快实施科教兴国战略做出的又一重大决策，表达了中央决策层对当时已推进了十多年的素质教育变革性质的判断。

2001年，《国务院关于基础教育改革与发展的决定》强调基础教育在社会主义现代化建设中的战略地位，坚持基础教育优先发展的指导思想。基础教育作为社会发展之基础、重中之重的地位被充分肯定。不仅提出要“重视培养学生的创新精神”，而且加上了为学生的“终身发展奠定基础”的要求。①

2004年，《2003—2007年教育振兴行动计划》是进入全面建设小康社会

① 叶澜．“新基础教育”论——关于当代中国学校变革的探究与认识［M］．北京：教育科学出版社，2006：109-110.

阶段发表的第一个关涉教育发展全局的文件，在指导思想上增加了坚持教育为人民服务的宗旨，办好让人民满意的教育的明确要求，指出构建现代化教育体系的目的之一是为建立全民学习、终身学习的学习型社会奠定基础。这反映了建设和谐社会和坚持科学发展的总体要求，同时从总体上关注教育体系构建和学习型社会建设的关系。这些都充分说明了基础教育在提高中华民族国民素质中不可替代的重要作用，充分体现了素质教育在以人为本的和谐社会建设中起着奠定性作用。而且，素质教育的提法以及工作要求，在基础教育中持续强调和推进。

2006年修订的《中华人民共和国义务教育法》规定："义务教育必须贯彻国家方针，实施素质教育，提高教育质量，使适龄儿童、少年在品德、智力、体质等方面全面发展，为培养有理想、有道德、有文化、有纪律的社会主义建设者和接班人奠定基础。"这是首次以法律形式做出规定。

可见，以提高民族素质为宗旨是中央决策层对于素质教育的一贯表达，从1985年的《中共中央关于教育体制改革的决定》中提到"提高民族素质"，到后续的相关政策文件中一直将"提高民族素质"作为教育改革的宗旨，这一提法一直持续至今。

2. 素质教育宗旨的价值本质与理据分析

（1）素质教育在宗旨意义上转向重视教育内在规定性

叶澜认为，从宗旨意义上看，素质教育处于一切教育活动之魂的地位，而不是一个规定化的教育活动模式。只有这样，教育一线工作者才能清晰认识素质教育时代目标和意义，才能避免出现跟风或简单执行文件规定的情况，充分认识到基础教育在提高国民素质的宗旨意义上的重要性和针对性。

学校具体开展以提高民族素质为宗旨的教育活动，必须认识到素质教育没有单一操作模式，无法通过对操作模式的规定来推进素质教育。素质教育的宗旨表明，我国教育改革已转向重视教育内在规定性。叶澜认为，

“素质”是属人的。“以提高民族和学生的基本素质为宗旨，正是体现了教育作为以影响人的发展为直接目标的社会活动之内在规定性，提倡‘以人为本’的社会发展观在教育领域中的具体表现。社会以人为本，教育以提高人的素质为根本宗旨，这是人类社会进步的追求。正是在这个意义上，表明了素质教育的进步性、合理性和应向教育内在规定性回归而具有的科学性。”[①]

（2）素质教育在宗旨意义上批判“应试教育”的工具主义与功利主义

素质教育的宗旨始终指向提高民族素质，面向全体学生，促进学生全面发展。它针对的主要问题是现实教育教学中盛行且具有顽强生命力的“应试教育”。但是，在讨论素质教育问题时，忽视了对这一惯常表述的关注，不是首先在教育宗旨的层面上认识素质教育，而是把重心放到素质教育与“应试教育”的简单对立上，以及政府文件中有关素质教育更为具体的表述上。

因此，我们需要重新进行思考，作为宗旨的素质教育的针对性，究竟针对什么？叶澜认为，素质教育针对“忽视教育内在规定性，以工具主义和功利主义为代表的其他教育宗旨”，将教育仅仅视作阶级斗争的工具或经济发展的工具，使教育服务于眼前的、可见的、实惠的、功利的获取。“应试教育”只是工具主义和功利主义的一种表现，它还不足以在宗旨意义上成为素质教育的对峙者。作为“应试教育”之根，教育中的工具主义和功利主义隐藏在更深处，今天可能以“应试教育”的方式表现，明天则可能以另一种或多种方式表现，而且在不同的层面上还有不同的表现。实际上，工具主义和功利主义的倾向已经向青少年学生渗透。[②]正因为看不到“应试教育”背后的工具主义和功利主义，从而将对“应试教育”的批判简单化、狭窄化，将其与素质教育对立起来。“素质教育能否实施，反而成为外部的问题，而不

①② 叶澜. 方圆内论道：叶澜教育论文集［M］. 北京：中国人民大学出版社，2019：382，383.

是学校内部的需要。一系列认为学校不能实施素质教育的理由大量出现，诸如高考不改，学校无法改；社会、家长不可能不要求学校的高升学率，素质教育难以被社会接受；教育行政部门衡量学校办学质量的标准最看得见的是升学率，此项标准不变，学校无法动；等等。”①推进素质教育的“条件论”盛行，与将素质教育与“应试教育”对峙息息相关，这也使实现学校素质教育的主体处于消极被动的状态。

社会整体价值取向趋于急功近利，渗透并体现在各个领域，教育并不因得到额外关照而例外，这是“应试教育”长盛不衰的根本原因。这也许不是一个难理解的原因，但我们过去却因其太基本而把它忽视了。通观“应试教育”的支持者，谁与功利无关？这是由当今中国处于社会主义初级阶段和发展中国家的地位所决定的，在经济发展水平未达到小康之前，在人口众多，资源、机会匮乏未根本改变之前，在绝大多数人还在为谋求生存苦苦奋斗之时，中国大多数家庭、大多数人都难以从容。②

正因为如此，才要强调学生发展的可能性，强调社会环境等教育内外条件的可能性，以及教育对象发展的可能性。因此，将人的素质的时代性普遍要求，具体恰当地有根据地转化为不同类型和各个具体学校的办学方向和培养目标，是使素质教育切实可行的保证。与强调“条件论”的区别在于，可能性关注的不只是对时代性在普遍向特殊转化中的不可或缺性，也强调可能是潜在的，是可变的，是指向未来的，是需要开拓和发展的方面，因此是一种积极而非消极的取向。认识这一点在基础教育改革过程中尤其重要。提出素质教育时代性与可能性的统一，是价值思维的重要体现。③

（二）素质教育宗旨的价值核心及其时代内涵

素质教育的核心问题是解决好培养什么样的人，培养什么人，怎样培养

①②③ 叶澜．方圆内论道：叶澜教育论文集［M］．北京：中国人民大学出版社，2019：381，381，384.

人。关于素质教育培养哪些方面的素质，应随着国内改革开放大趋势的变化而变化，随着国家、经济建设发展和国家大政方针的顶层设计而丰富、改变自己的内涵。

1. 社会变革及国家建设需求下素质教育的时代回应

叶澜指出："社会整体的发展路线起着决定性作用，教育改革随其后而开展，呈现出依赖和为社会发展服务的鲜明特征，尽管教育有着自己的主题和问题。所以，要研究教育改革的进展，需要首先梳理社会改革开放顶层设计的演进脉络。"[①]素质教育的相关政策，也是沿着社会改革开放顶层设计的演进脉络、自上而下的路线进行推进。叶澜以党和国家的一系列决策为主要线索，概括、总结了现阶段素质教育推进的特征。

一直以来，我国都将建设中国特色社会主义现代化国家作为改革的总目标，但是不同阶段改革面临的问题和中心不断变化，从以经济建设为中心开展经济体制改革和高速发展经济为核心任务，逐渐转向以创新为动力，以科学发展观为指导，全面建设和谐社会为核心任务，直至转向为了人民的美好生活而奋斗。

1997年，党的十五大报告提出，要积极推进经济体制和经济增长方式的根本转变，实施科教兴国战略和可持续发展战略，突出创新精神和增强自主创新能力，随后创新一词在教育领域中广泛使用。2004年，党的十六届四中全会公报明确了以人为本的科学发展观和构建社会主义和谐社会的发展目标，科学发展观、和谐社会、以人为本等在教育领域中逐渐明确。2006年，《中共中央关于构建社会主义和谐社会若干重大问题的决定》，系统阐述了建设和谐社会的具体任务。2007年，党的十七大报告明确提出，要促进国民经济又好又快发展，坚定不移发展社会主义民主政治，推进、推动社

① 叶澜.方圆内论道：叶澜教育论文集［M］.北京：中国人民大学出版社，2019：385.

会主义文化大发展大繁荣，加快推进以改善民生为重点的社会建设，以努力使全体人民学有所教、劳有所得、病有所医、老有所养、住有所居。与此相关的教育方面要求可提炼为优先发展教育，建设人力资源强国，并提出教育公平是社会公平的重要基础，要求通过教育改革与发展建设全民学习、终身学习的学习型社会，均衡、公平、正义、民生成为教育改革与实践的新的关注点。2010年，党的十七届五中全会公报强调转变经济发展方式，强大动力是改革开放和科技，根本出发点和落脚点是保障和改善民生。“由此可见，‘改善民生’已经上升到改革深化发展的价值目标的高度。在一定程度上，是落实‘科学发展观’‘以人为本’的社会实践层面上的重要载体，也是社会和谐稳定的切实保障。”[①]这催生和坚定了党和国家提出创新、科学发展观、关注民生、建设和谐社会等一系列大政方针，在一定程度上拓展了素质教育的内涵。

在此基础上，叶澜进一步进行概要式总结。1993年的《中国教育改革和发展纲要》提出素质教育要面向全体学生，全面提高学生的思想道德文化、科学劳动技能和身体心理素质，促进学生生动活泼地发展。1997年的《关于当前积极推进中小学实施素质教育的若干意见》点明了素质教育以面向全体学生，全面提高学生基本素质为根本宗旨。“素质教育着力点在于人的长远发展、在于基本素质、在于奠定基础”[②]，更为概括和强调人的发展的根本方面。1998年的《面向21世纪教育振兴行动计划》在有关素质教育的内容、宗旨上，增加了提高民族创新能力的要求。1999年的《中共中央国务院关于深化教育改革全面推进素质教育的决定》提出，素质教育要以培养学生的创新精神和实践能力为重点，这显然与建设创新型国家的整体目标相关。2010年的《国家中长期教育改革与发展规划纲要（2010—2020年）》中提出，坚持以育人为本，以改革创新为动力，促进教育公平以提高教育质

①② 叶澜. 方圆内论道：叶澜教育论文集［M］. 北京：中国人民大学出版社，2019：387，380.

量，全面实施素质教育，把促进人的全面发展、适应社会需要，作为衡量教育质量的根本标准，坚持以人为本，全面实施素质教育是教育改革发展的战略主题，是贯彻党的教育方针的时代要求，重点是面向全体学生促进学生全面发展，着力提高学生服务国家和人民的社会责任感，勇于探索的创新精神和善于解决问题的实践能力。

2. 服务于国家建设及其人才需求的素质教育时代内涵

（1）素质教育内涵：国家建设对人的素质新的要求与变化

素质教育是中国教育改革中最关键的、最主要的目标。1985年《中共中央关于教育体制改革的决定》首次将“素质”与教育结合起来，明确了通过教育提高受教育者的素质，从而提高劳动者的素质，提高国民素质，为社会主义现代化建设培养大量人才。

1993年的《中国教育改革和发展纲要》提出，要面向全体学生，全面提高学生的思想、道德、文化科技、劳动技能和身体心理素质，促进学生活泼生动地发展。这就要求改变传统教育中，为应付考试而开展教育活动的重大弊端，要使教育面向所有学生，并且反对仅以升学率为评价学校教育的主要标准。

1997年的《关于当前积极推进中小学实施素质教育的若干意见》明确了素质教育与受教育者长远发展的关系，具体表达了作为个体的受教育者素质的主要方面，突出素质教育关注学生群体和要求全面提高其基本素质，明确了基本之所指，即学生的态度能力及学会做人、学会劳动、学会生活、学会健体和审美。同时强调了中小学素质教育具有为培养学生成为有理想、有道德、有文化、有纪律的社会主义公民奠定基础的性质。不难看出这一文件中素质教育的价值和着力点在于人的全面发展，在于基本素质，在于奠定基础，更为概括和强调人的发展的方面。

1998年的《面向21世纪教育振兴行动计划》中强调，把素质教育作为一个跨世纪的工程，在素质教育宗旨中增加了提高民族创新能力，体现出创新能力的要求。

1999年《中共中央国务院关于深化教育改革全面推进素质教育的决定》中明确，全面推进素质教育，培养适应21世纪现代化建设需要的社会主义新人。强调实施素质教育在以提高国民素质为宗旨的前提下，要以培养学生的创新精神和实践能力为重点。该文件提出了素质教育对受教育者的目标要求，坚持学习科学文化和加强思想修养的统一，坚持学习书本知识与投身社会实践的统一，坚持实现自身价值与服务祖国人民的统一，坚持树立远大理想与进行艰苦奋斗的统一，四个坚持最终指向的是造就有理想、有道德、有文化、有纪律的德、智、体、美等全面发展的社会主义事业建设者和接班人。素质教育不仅指向学生的基本素质，而且指向人的发展素质中重要的，也是比较缺乏的、较弱的创新精神与实践能力的培养。该文件进一步反映了认识上的重大进步，即人的素质养成并非某一阶段和某项活动所致，而是渗透在教育的每一阶段、每一种活动之中。

从1997年《关于当前积极推进中小学实施素质教育的若干意见》提出的“学会做人、学会劳动、学会生活、学会健体和审美”，到1999年《中共中央国务院关于深化教育改革全面推进素质教育的决定》提出的“以培养学生的创新精神和实践能力为重点”，再到2010年《国家中长期教育改革和发展规划纲要（2010—2020年）》提出的“着力提高学生服务国家、服务人民的社会责任感、勇于探索的创新精神和善于解决问题的实践能力”等等，都体现出了素质教育时代内涵的丰富和不断完善、改变。

素质教育为个人发展奠定幸福人生的基础，尊重生命要从尊重基础教育阶段青少年素质的健康主动发展说起。可见，对素质教育中素质的理解，不应该固化，也不仅仅是生理、心理式的抽象。“‘素质教育’中所指的‘素质’，是当代社会对人的素质的要求。在当前处在社会转型时期的中国教育，明确转型的方向与不可逆转性，认识这一转型的发展价值，研究社会转型对人的素质的新的要求与变化，是理解素质教育内涵的实质性任务。”[①]叶澜同时指出，当前关于素质教育，尚未清楚区别以提高民族素质为价值的教育和以提高全体学生素质为目标的教育；对学生素质指什么，当代学生素质与以往有何不同，也未深入研究。素质教育的规定大致来自党和政府及其领导人的重要讲话，随形势变化而变化，缺乏对可被称为“素质”的理解之基本稳定性。[②]

（2）素质教育应在社会发展和个体发展的意义上实现统一

素质教育改革体现了社会变革与教育变革之间的内在关系，即教育变革是沿着社会变革的脚印往前走的。从决策层的意向来看，教育处于服务社会发展的地位，社会向教育提出需求，教育通过改革满足社会发展的需求。就当代的中国社会而言，经济发展的需要是首位的，因此教育要服务于国内经济发展与国际竞争对各类人才的需求。

从本质上来看，素质教育改革的各类主体缺乏对教育特殊性的研究，缺乏对教育变革与社会变革的内在关系的深入研究，往往通过简单演绎的方法从社会变革的主题与思路，转化为教育变革的主题思路，如社会要加强精神文明建设，教育就要加强文明建设。这一方式实质上是把教育看作是与社会整体同质同构的一个组成部分，只看到了教育受社会制约和支配的一面，只是把教育看作服务社会需要的工具，忽视了教育的特质与特构，忽视了教育对社会发展有独特反作用的一面，忽视了教育本身的内在发展、自身转型所必须解决的特殊问题。[③]“以经济发展为中心的社会，教育整体上即使被关注，也主要是其服务于社会和经济发展的工具价值，追求的是效益、投入产出比、人力资源贡献比。至于教育的内在价值，对每一个个体的发展价值远

① 叶澜．方圆内论道：叶澜教育论文集［M］．北京：中国人民大学出版社，2019：383.

②③ 叶澜．“新基础教育”论——关于当代中国学校变革的探究与认识［M］．北京：教育科学出版社，2006：119，114-115.

未被真正重视，未被当作判断教育存在的最根本的依据。”[①]叶澜形象地说，素质教育要想在当今的现实土壤中生存，就应该像沙漠中的红柳、胡杨，往沙漠的深处扎根，汲取生命的营养，不仅仅要具备适合沙漠环境的内在力量，同时还要具备能改造沙漠环境的能力。

（三）素质教育宗旨的价值实践及其改革趋向

1985年，《中共中央关于教育体制改革决定的决定》重点主要放在管理权、教育结构及教育思想内容和方法等方面，其中涉及基础教育的提法是，基础教育薄弱、学校数量不足、质量不高、严重缺乏合格的师资，强调必须从教育体制改革入手，进行系统改革，加强基础教育，必须有分类、有步骤地实施九年义务教育，在基础教育管理体制上坚持分级管理的原则，同时加大经费投入，培养一批数量足够、合格稳定的师资队伍，通过信息技术革命加强相应的交流。正式提出多渠道筹措教育经费的改革要求，使义务教育阶段经费成为关注的热点。

1993年，《中国教育改革和发展纲要》在推进素质教育、实现由“应试教育”向全面提高国民素质的转轨过程中，在教育体制方面提出了综合配置、分步推进的方式，重点是三级管理。在教育经费方面，强调维持增加教育投资，明确了多渠道经费筹措的措施和明确的法律要求。同时要加强薄弱学校。加强德育，重视中国优秀文化传统，进行文明行为养成教育，坚定建设有中国特色的社会主义信念。还对中小学教学改革提出了要求，指出中小学要切实采取措施，减轻学生过重的课业负担。

1998年，《面向21世纪教育振兴行动计划》中，在实施科教兴国战略的背景下提出了几个方面的要求。一是加强现代信息技术在教育中的广泛应用，并期望通过信息化来实现教育现代化的跨越式发展。二是把素质教育作

① 叶澜．方圆内论道：叶澜教育论文集［M］．北京：中国人民大学出版社，2019：397.

为一个跨世纪的工程提出来，启动课程改革实验，与之相关在基础教育方面提出跨世纪园丁工程。三是构建终身学习体系，这是在办学体制方面，基本形成以政府办学为主体，社会各界共同参与，公办学校和民办学校共同发展的办学体制。

1999年，《中共中央国务院关于深化教育改革全面推进素质教育的决定》提出要创造性地把素质教育落到实处，需要从教育观念、教育体制、教育结构、人才培养模式、教学方法等方面进行改革，从而真正促进青少年全面发展，适应提高国民素质的需要，该文件专列一条论述正在开展试点并计划在新世纪全面推行的基础教育课程改革。

2001年，《国务院关于基础教育改革与发展的决定》不仅提出要重视培养学生的创新精神，而且明确了为学生的终身发展奠定基础的要求。在国家最高层面把推进素质教育确认为深化教育改革的核心任务。有关在素质教育实施的范围上，从小学扩展到与教育相关的一切学校，以此来表达全面推进。决定明确了以课程改革作为推进素质教育的重要载体，表明政府制定了通过课程改革、深化教育改革推进素质教育的战略决策，这是21世纪初课程改革在教育领域中具有突出地位的原因。在一定程度上，这是以建设新课程的方式代替了有关素质教育的深化研究。

2004年，《2003—2007教育振兴行动计划》强调深化基础教育课程改革，提出了基础教育课程改革是全面实施素质教育的核心环节，明确了课程改革在实施素质教育中的地位。将有关考试与评价改革的内容，列在保障新课程和实现克服应试教育的重要举措之中，从而也成为实施素质教育的重要构成。计划提出了探索现代学校制度的目标，其重心在于学校管理权的重新配置。这些都可以看作是新的推进素质教育行动计划，对于素质教育的具体推进路径做了框架式的规定。

2006年修订的《中华人民共和国义务教育法》要求，要从素质教育是义务教育的本质属性出发，改革教学制度，优化课程设置，降低课程难度，精简教学内容，提高教师素质，改进教学方法，减轻课业负担，尽快将义务教育转到素质教育的轨道上来，确保中小学生全面发展。义务教育法的修订，明确了由国家财政保障经费投入，首次规定义务教育免费原则，提出缩小学校之间办学差距，加强对薄弱学校的改造，为义务教育的均衡发展提供法律保障，而教育均衡则是素质教育实施不可缺少的重要前提。

2010年，《国家中长期教育改革和发展规划纲要（2010—2020年）》明确指出，素质教育在教育观念相对落后、内容方法比较陈旧的地区推进困难。因此，在推进教育素质教育改革试点的任务方面，要建立减轻中小学学生课业负担的有效机制，加强基础教育课程及教材建设，开展高中办学模式多样化实验，开发特色课程，探索弹性学制等培养方式，完善教育质量监测评估体系，定期发布测评结果。

从中可以看出，推进素质教育的重点，经历了从体制改革到教育现代化、加强德育、减轻负担等方面的政策变迁。在基础教育领域全面推进教育改革的深化过程中，前后涉及学校的课程教学改革、减轻学生负担、加强思想品德教育、学校的考试评价及升学考试改革尤其是高考改革。

在学校内部，素质教育的性质要求教育实践要做整体的转型性变革，而不是简单地变化每次改革的重心。这些重点，可以成为抓手，与素质教育的系统、过程及宗旨进行融合。这样，每个阶段改革的重心才不会变成一个个的点被强化，而是将其放入整体中进行考虑和分析。在素质教育改革深化过程中，往往对素质教育的宗旨缺乏深入认识，将素质教育当作一种运动式的口号，或者一种不同于以往教育模式的新操作模式去实践，因而将素质教育理解局部化和孤立化。“相当一部分实践工作者把素质教育理解为加强学生的课外活动，与改革开放早期教育改革中提出的‘第二课堂’‘第二渠道’联系在一起。出现了‘素质教育’唱唱跳跳、轰轰烈烈，‘应试教育’（指主课教学）扎扎实实、寸时必争的局面。而后，又出现将课程改革，甚至只将社会实践、活动课、综合课、校本课程等新课程体系中的某些课程，看作实施素质教育的全部，忽视学校教育系统的整体变革。”①

很多学校开展素质教育的范围是过去不受重视的科目，至少是与升学无关的科目，如参加兴趣小组、社团等课外活动或选修课增设一些校外基地。素质教育还多以学校特色的方式呈现，往往集中体现为学校的各种节，如体育节、科技节、艺术节等，还会有让人匪夷所思的素质教育汇报演出等活动出现。所谓的主科与素质教育关系不大，理由常常是时间不够、学生基础差、教师不适应。最直白的说法是，主科搞素质教育影响了考试成绩怎么办。总之，在学校日常工作中，通常将素质教育与“应试教育”分为两摊，更有甚者将两者对立，只抓应试不抓素质者也不在少数。学校生活中素质教育的常态，基本上是雷声大、雨点小。家长对素质教育的理解，也仅仅是认为素质教育只在兴趣与活动之中，不在正规的课堂中。因此，经常会将孩子送入不同的培训班进行知识学习。在很多学校，素质教育只能作为一种表明改革成功的点缀，做展示用。素质教育常常停留在口头上或计划文本中。

对于学校而言，中高考成绩依然是各个学校竞争的核心要素，是牵涉无数学生家长乃至于地方党政领导人的一件大事。有人认为，开展素质教育势必影响学校教育质量和升学率，故不能在学校中全面推行。“学校缺乏整体系统变革的思路和扎实行动，比较多的是做‘加减’法：加强一些课程、开展一些活动，以此作为推进素质教育的举措；减少一些作业、补课和在校活动的总时间，以此作为改变‘应试教育’的举措。如此‘加减’法，学校普遍呈现的情况依然是表面的、零碎的改革，实质性的、坚持不变的还是应试。”②

说到底，素质教育没有在实质意义上在学校“着陆”，学生和教师在学校的生存状态没有得到根本改变。推进素质教育必须以学校的整体变革作为

①② 叶澜．方圆内论道：叶澜教育论文集［M］．北京：中国人民大学出版社，2019：382，399.

最基本的着力点，从与“应试教育”的简单对峙和纠缠中走出来。以素质教育的建设性推进，以其真实的成效来取代“应试教育”，光靠批判解决不了“应试教育”的问题，光靠等待也解决不了“应试教育”的问题，只有变革的实践才是从根本上解决问题的力量。

在学校层面做到系统的转型性变革，不是说不要进行具体分项的改革，而是要在形成整体变革设计的前提下，开展局部的改革，并关注局部与整体相互之间的关联性。使实施学校改革的主体拥有自主权，主动投入学校的整体变革，积发积极推进素质教育、打破局面、发生根本改变的内在动力。校长要打破传统的惯性思维，不是简单地执行上级指示，将素质教育作为展示性的应景文章，而要找准路径，形成清晰的改革思路，把握时代发展的需求，以及素质教育政策文件的精神及其宗旨意义，坚持在学校日常教育教学实践中研究、创造。同时，不断自我更新，使教师和校长的能力不断提升，真正成为一批创造教育未来的人，成为冲破“应试教育”的素质教育改革中的关键少数，并将少数作为辐射源，真正“办好每所学校”“教好每一个学生”。

总之，“随着社会整体发展水平和国民素质教育文化程度的提升，个人文化价值取向与实现发展渠道的多元，教育选择性的增强及结构的弹性度、灵活性增加，人们通过教育实现人生价值和生存质量提升的路径也会增多，从长远来看会减弱应试的内推力，拓展推进素质教育的可能空间”①，真正将素质教育宗旨和价值取向，转化到学校的日常实践，落实到学校的整体转型性变革中去。

---

① 叶澜.方圆内论道：叶澜教育论文集［M］.北京：中国人民大学出版社，2019：396.

第四章　现代学校教育价值现实、理想与目标

每个人都得自己活，不能由别人代活。学校中的学生处于生命成长的重要时期，具有主动发展的需要与可能。学生是学习活动的主体和责任人，是教学活动复合主体的构成。“育生命自觉”从培养学生的自尊、自信和主动性开始。①

——叶澜

叶澜认为，在社会转型时期，基础教育改革价值取向的明晰，需要从读懂时代开始，唤醒教师和校长投身教育改革的自觉。“从历史来看，每当社会发生重大转型时，人们对教育的批判，往往是从价值批判和重新认识教育的价值和目的开始，并且以此为依据和出发点，再对现实的教育活动做出更具体的评析，提出新的原则、方案、方式方法……今天，我们正处在这样一个时代，教育价值观的重新认识是一

① 叶澜. 教天地人事 育生命自觉——“生命·实践”教育的信条［N］. 光明日报，2017-02-21(13).

切教育活动不可忽视的起点。”[①]在“新基础教育”中，基于教育生命价值立场与取向，在个体生命实践及其生命发展意义上，结合每个人所在的特定时空背景，深入思考新时代社会变革对人的发展和教育变革提出的新要求、新挑战、新机遇。

教育是人社会化过程的中介。明确社会发展及其变革转型对于人的素养提出的要求，是读懂学校变革，把握基础教育改革价值取向的重要路径，也是叶澜分析基础教育价值取向的基本思路。“新基础教育”价值理想是建立在社会变革与发展的现实需求之上的。在人的生命实践意义上，坚持以人的生存基础和生存方式变革的分析视角，将社会的现实需要转化为对人发展的需求，结合当代特定时空背景下的人类生命实践之特质，概括提升为时代精神，由此论述人的发展与社会发展之间的关联和内在一致性，确定学校教育的价值理想，进而转化为培养主动、健康发展的新人目标。

一、社会基础及其对人的发展现实需求更新

随着“新基础教育”研究的深入，叶澜逐渐认识到社会变革的深度已经触及人的生存基础及人类生存方式。由此，她提出要从教育生存的现实环境、人的生境角度，在当代社会变革大背景中，认识当前中国社会变革何以产生，给教育带来什么，并走向何处。由此从根本上理解教育生活世界，从变革的世界中悟出时代精神和变革之道，认清当今中国教育变革的深层原因和发展方向。

在“新基础教育”论中，叶澜“从最基础的人与自然相关的生存状态：人口、资源和生态的变化及问题开始，继而论述人类世界变化的当代格局——全球化、信息化与后现代精神对中国的影响，再进入到上述两者综合

① 叶澜.“新基础教育”论——关于当代中国学校变革的探究与认识［M］. 北京：教育科学出版社，2006：247.

所形成的，也是近代以来一直困扰着我国的迫切需要解决的主题：生存与发展”[①]，深入阐述社会变革对人的发展提出的新需求，以及当代中国教育变革及学校转型的社会基础。

（一）社会与人的生境：生存基础及生存方式的变革

叶澜通过分析人类及个人的生存基础，明确提出教育要介入人的生存和生活方式中。这不只是对新生代的教育，还包括对所有的人及其一生的状态进行分析。为了实现当代人生存方式的转型，人类及当代生活中的每一个人，需要接受学会生存的教育，同时需要接受学会生活的教育。这是直接的保存自然生命意义上的教育，是学会生存教育之最基本的构成。在此基础上，叶澜对当前我国所处的人类社会生境进行思考，重点聚焦于全球化、信息化和后现代，由此分析当代中国教育如何走出自己的新时代发展道路。

在21世纪初，中国社会转型的时代背景中，最为鲜明的是全球化、信息化。中国加入世贸组织和以信息化推动社会现代化的跨越式发展路线的确定，是这一重大背景变化在国家发展决策上的反映。社会的深刻变化对社会中的人的生存方式产生了渗透式的巨大影响，使人们强烈感受到现有学校教育的不适应和弊端，学校教育需要改革，对此进行回应。

关于全球化，叶澜指出，全球化当代形态的实质不是同质化、平等化和现代化，其发展的根本动力是资本扩张的需要，推行的是市场原则，核心强势利益主体依然是发达国家中的大国、强国和霸权国家。这些国家的强势文化、生活方式以资本、技术、人员等生产要素的方式在全球范围拓展，并以此为载体，随着产品倾销将生存方式、生活方式、价值观传遍全球。这样，强势文化及其所携带的内在的价值观、思维方式，以外在的时尚形态，渗透于各国青少年所涉及的知识和学术领域，产生了更为直接的影响。这对如

① 叶澜.“新基础教育”论——关于当代中国学校变革的探究与认识［M］. 北京：教育科学出版社，2006：11.

何在学校变革过程中实现文化融合和多元价值观的选择与判断，提出了新要求。

关于信息化，叶澜指出，信息技术不等于信息化，只是信息化存在形态中基础性的技术存在形态。从人的生存方式来看，信息化还有结构性的社会存在、生命性的个体存在形态，这些与人的发展和社会发展紧密关联在一起。这就需要人们深入研究信息技术如何改变人与技术的关系，由拟人化的功能走向属人化，走向信息技术的解放与发展。这是信息技术对人类及其社会更为深刻长远的意义，也与教育改革的本质追求相一致。信息化的结构性社会存在形态，即信息作为一种产业形态出现，并使得知识成为经济社会发展的重要动力，也使整个社会环境被信息化。信息化社会环境中，增加了虚拟空间、网络空间，向人的认识能力和价值体系提出新挑战。

叶澜的理论创新是，提出信息化的个体生命存在形态，建立了与学校教育更为直接的联系。人们生活在信息化时代，信息技术存在形态与结构性社会存在形态给个体生命带来如下的主要变化。①

第一，个人时空意识发生变化。个人与社会之间的交往和人的思维意识能够超越具体时空所限，进入到虚拟空间中。当然，也对人的责任和社会意识提出新挑战、新要求。

第二，个人的生存方式发生变化。人们可以通过网络、虚拟空间进行交往，使人呈现出不同的生活、生存状态。当然，也对人应对生存环境变化提出新的能力要求。此外，个人的学习方式发生变化，网络提供的丰富信息，在为个体独立学习创造条件的同时，也对培养个体信息素养提出了要求。“在信息社会中，知识与个人的生命历程、需要和能力密切相关，它不再只是作为一种客观存在和必须掌握的共同的标准知识，信息的个人意义与个人形成解决各种问题的经验与知识的重要性被凸显，个人在学习中的价值

① 叶澜，等. 全球化、信息化背景下的中国基础教育改革报告集［M］. 上海：华东师范大学出版社，2004：10-20.

取向、主动性等重要性被凸显。”[1]信息化对个体生存方式的影响，还表现在个体活动方式和时间分配的变化上。个体与计算机之间、与网络之间的互动增加，同时也就减少了人与人之间面对面的交往互动。

第三，个人语言与思维方式发生变化。直接触及个体内在精神生活与内部意识世界的表达形态，是信息生命性存在的最内在、最深刻和最具有持久价值的一面。首先，网络语言对学生的语言表达产生重大影响，对传统的、符合语法规则的表达形成重大冲击。其次，对青少年一代的阅读习惯产生影响，通过手机、网络进行阅读时，一方面使得阅读碎片化和随机性，另一方面通过网络信息大数据的方式呈现出来的材料，具有全息式、情景式和互动式的特点。最后，个体的思维方式的变化，人机对话的广泛应用也使得个体思维中的程序意识和计算机逻辑增强。

总之，缓慢、稳定、相对封闭和单一的社会形态正在加速成为过去，不确定性、复杂性、多元互动性、开放性正在成为越来越多的中国人必须面对的生存环境。中国社会要想真正进入社会的繁荣发展，需要更多富有时代性的、充分发展了的个体作为条件。社会发展与人的发展，从来没有像今天这样具有直接的联系。这正是当前中国学校教育需要转型性变革的最重要、具有根本性和前瞻性的社会现实依据，也是学校实现转型的社会意义和个体意义。

（二）当代中国的主题：社会转型与民族复兴

“今日中国之教育改革是一个时代的产物，是当今中国的生境催生出的变革，社会变革不仅作为教育变革的外部环境存在，更是推动教育变革的力量，而且还渗透、体现在学校内部，构成教育变革的内部因素，规定着教育

---

① 叶澜．“新基础教育”论——关于当代中国学校变革的探究与认识［M］．北京：教育科学出版社，2006：46.

变革与学校发展的走向。”[①]对社会基础进行分析是对教育改革、人的发展需求进行价值分析的重要前提。

1. 当代中国在改革开放中走向现代化转型与民族复兴

叶澜通过对党和国家颁发的政策文件进行深入分析，概括了中国社会变革与发展观的演变及其对人的发展现实需求更新。

改革开放以来，中国社会发生了深刻和巨大变化。回过头来再看变革起点的一些核心内容，可以肯定，大政方针确实在当时都已作决定。在历史抉择的起点上，分析反思了有关对待科学文化和知识分子的政策，使得中国教育在新时期发展，呈现出与现代化强国建设大目标紧紧关联的鲜明特征。这说明，当前中国社会转型是向现代化转型的性质，而且呈现出强烈而清晰的自主发展意识。把改革开放看作社会主义的自我完善和发展，是当代中国现代化建设的独特性，与西方社会因科技革命和全球化经济发展加速导致的产业革命式社会转型有所区别。此外，改革开放充分发扬了中华民族文化、中华民族精神以及各民族文化。

叶澜认为，从历史的长河看，当代中国的改革开放与社会发展承接着近代以来多次被提出的使命——中华民族的伟大复兴。中华民族的伟大复兴与社会转型成为当代中国的主题，在新时期，开发中华民族精神的内在生命力，创建美好富强的中国，为每一个中国人的幸福生活提供可能与社会保障，是中华民族伟大复兴的必行之事，也是身处大时代的当代中国教育改革与发展的社会历史使命。

2. 在社会发展观与时俱进中逐渐转向以人为本的价值取向

社会转型集中地体现为社会发展观的与时俱进，从强调发展是硬道理，

① 叶澜．“新基础教育”论——关于当代中国学校变革的探究与认识［M］．北京：教育科学出版社，2006：64-65.

追求增量、加速的粗放型发展观，到关注效率与科技作用的集约式发展观。叶澜认为，这些发展观，特别强调科学技术和提高劳动者素质所必不可少的教育，同时体现出偏重于科技、教育这两类人类社会活动的重要领域的“工具价值”，缺乏对其自身价值的充分认识，和对其自身内在变革的问题需求的理论与实践研究。

随着社会发展的深入和改革开放的扩大，强调知识经济和生态平衡的可持续发展观，发扬人的创新精神，增强自主创新能力，从而更深层次体现出知识经济的内核，强调人的智力在经济发展和财富创造中的价值。人力资本理论认为，在人力中，智力比体力更具有增值的作用，更要强调创新精神和创新能力的发展，强调知识经济和可持续发展模式，逐渐认识到人与自然和谐发展的意义和重要性。尤其是创造力在高科技产业发展和传统产业更新换代中的独特价值。但是仍然没有跳脱把人和人的智力创造力仅仅作为经济发展工具的局限，忽视对人的发展本身的内在需求。

进入21世纪以后，我国明确提出了以人为本、全面协调可持续的科学发展观。在促进社会经济发展的基础之上，人的发展进入了当代人的视野。在此发展观下，强调经济的稳健发展，强调公平。在社会制度上，尊重社会成员的责任和人的生命，关注和谐社会的建立，强调社会公共领域保障、社会全体成员的基本权利，以及属社会群体的自治、自助、自我管理的组织。逐渐关注到人与人之间不同性质的关系，不同生活共同体的关系和需求，以及相应地维系这些关系所需要的不同性质的规范。因此，和谐社会建设目标的提出，反映社会发展观关注人及不同人群的利益关系与规范的合理性问题，体现出社会发展的思维方式及其关注点由重物质财富走向以人为本。人本发展价值观的内涵主要包括两方面，首先在整个社会发展中，人不只是作为手段，而是作为社会发展的目的之意义上被尊重、被关心。其次，以人为本是以每一个人的自由全面发展为本，并以此为增值，影响社会各领域中对人的关爱和尊重，为人的发展提供可能条件的自觉努力，以及因此而达成的人的多方面潜能发展和实现程度，人类社会的亲和度和对人生价值意义幸福的体验程度，说到底是对人的生命质量的影响程度。将以人为本的价值追求，真正渗透在社会发展的各个领域和人的社会实践组织与生活之中，使更多的人的智慧、潜力都得到发展。

科学发展观中，创建和谐社会的目标与以人为本的价值观密切关联，实现社会可持续发展和建成小康社会、达成和谐社会的发展，需要独立的、有责任和创造力的个体。和谐社会培育这样的个体，由这样的个体组成的社会是充满活力的社会。以人为本的发展观，涉及社会与人的关系，是教育赖以建立的基础。所以，当代社会发展中人的意义的发现和对人的发展的强调，既为中国的教育改革提供了条件，也提出更高的要求和挑战。

叶澜认为，当前我国的教育改革，应该从“以人为本”发展观所突出的立场、观点和思想方法中，吸取时代精神和改革的创造性智慧，而不是满足于局部，对号入座、按图索骥式地贯彻落实。同时，在改革开放过程中，无论是从经济体制与生产力的关系角度来看，还是从经济发展本身看，都需要激活生产活动中不同层面的人的活力，解放生产力中最富活力和潜力的人。随着改革开放的深化，对人的解放和活力的需求，也向深层次发展，即对人主体性的呼唤。市场经济需要富有活力和理性法律意识，能承担社会责任，在竞争中生存和发展的主体。社会市场经济的完善，不仅能使人从传统体制的束缚中走出来，而且有可能在社会实践中实现自由个性和创造能力的发展。当代人深刻意识到，我国当今的改革开放时代，是以生产力发展和体制改革作为经济发展的动力，在改革实践中造就新型的社会、个体的时代，是一个发现个人意义、人的生命创造活力和认识人的尊严的时代，是开始将人置于社会本体地位的观念确立和开始践行的时代。这是改革开放为我国未来教育改革提供的最重要的新社会基础，这就要求我国教育改革走转型变革之路。

（三）新时代发展理念：创新、协调、绿色、开放、共享

随着改革开放的深入，当代中国社会面临的问题也有了变化，不再是历史遗留问题，而是改革发展历程中产生的新问题和时代发展提出的新挑战。叶澜在社会教育力一文中，从终身教育视角进一步分析思考了当代中国教育转型及其与社会的关系。以发展理念为主线，结合现实问题和创新策略，深入分析我国当代社会与教育改革的关系，集中提炼为创新、协调、绿色、开放、共享等发展理念的概念式表达。

在创新成为引领发展的第一动力的时候，创新教育自然也成为教育领域的大事。一方面要求培养大学生、职业院校学生的创新、创业能力，另一方面也泛指培养所有学生的创新意识和能力。我国已进入后工业社会信息技术的发达国家行列，但是中国的技术创新仍然不足。互联网、云计算、大数据、人工智能等新技术，带来一系列新的利益和发展机遇的同时，也带来了许多新的挑战。其中根本的是，使人类的生存环境发生了重要变化，人机共存、虚拟与现实两个世界交互影响，成为普遍的生存状态。在教育领域，信息技术的发展也带来了巨大变化，如翻转课堂、慕课、大数据、云计算、电子书包、智慧课堂等，教育信息技术热催生了新的教育市场。甚至有人提出学校消亡、教师取消、学习代替教育等一系列观点，这对学校教育提出很大的挑战。

协调是持续健康发展的内在要求，强调两个方面的重要品质，一是可持续，即时间维度上的衡量标准；二是健康，即发展体内结构合理，具有各部分都尽其职、整体向上、相辅相成的特质。目前经济社会发展不协调，出现了很多病态式发展，此类社会失序状态使人产生深层不安、不信任社会和心理焦虑，十分不利于社会凝聚力的形成和个体生命质量的提升，更值得引起警戒的是社会诚信度在不断削减。教育系统中，协调的社会发展对于人的道德品质方面提出新的要求，强调社会治理、人人参与，使得人人都成为社会治理的参与者，并在参与治理的过程中，提升法治意识和自觉。人是

社会的一分子，并使作为社会公民的每个人自觉尽好公民责任，共同参与社会建设，加强全社会的公民教育，明确各部门各企事业单位的道德基准和底线，强调诚信社会、强调个人的道德和操守。这些都是现代化与人的生活方式改善、生命质量提升的内在关联。此种协调和可持续性发展，必须要通过人并最终有利于人，且促进人的身心健康发展。

绿色是关于人与自然、社会发展与自然环境保护、生态平衡之间的发展理念。它不仅涉及社会本身能否可持续发展，而且与每个人的身心健康直接相关。绿色发展的落实，除了改善技术、生产外，更重要的是要改变人们的日常生活方式、生活资源消费方式，将环保作为一个重要的基本要求，贯穿于个人社会生活的全部领域。同时，将环保意识变成每个人的自觉行为，持续、系统地对青少年儿童和成人进行教育。将其作为现代人的基本教养和习惯，渗透到每个人的生命全程，使对自然的友善和与人自身的舒适健康之间建立相辅相成的关系。

开放是我国一直坚持的发展观念，但是在面向国际社会开放过程中，需要加强国家自主自立的意识与能力，实现真实、平等意义上的国际交流和双向对话，既有输入，又有积极的输出。不仅局限于经济的互通互联，更重要的是文化的互通互联，从而真正打开人的世界，打破思想禁锢。这一切都需要通过教育培养具备开放心态和辨析能力，富有批判精神，能将外部信息吸收转化为自身力量的智慧新人。

社会作为不同个体和不同组织构成的命运共同体，不仅需要成员的付出，更重要的是要让社会发展成果及社会所拥有的各种资源财富为全体成员所共享。这就要求社会最大限度保障每一位公民作为个体的生存权和发展权，包括受教育权。让每一个中国公民都有尊严的生活，满足人们对美好生活的需求。因此，共享是社会分配机制与良性政策得以建成和完善的过程，是建设理想社会的必议之题，也是人的健康发展所必需的。今日中国社会的发展，不仅青少年儿童需要教育，老年人也有终身学习需求。社会需要加强贯穿于个体从生到死的生命全程的教育，而且只有依靠社会的力量才能形成教育人、促进人不断超越自我、实现自身发展的现代教育体系大格局。

（四）新阶段建设目标：实现高质量发展的新格局

“新基础教育”研究要求，校长要认真思考当前社会的发展状态，及其对学校、教师和学生提出的新挑战、新问题、新要求。叶澜在《新时期“新基础教育”研究再出发》一文中提到，需要对过去进行回顾和总结，重点放在已经走到那里，在什么意义上再出发。这样才能对我们现在生存的社会及“新基础教育”研究达到的状态，做出相对理性和清晰的分析。这是继续前行所必须回答的前提性问题，是校长需要具备的核心素养，也是学校领导力的重要体现，校长作为第一责任人，需要带领全校教师一起深思，理解中国改革开放进入的新时期及其特征。这是新阶段基础教育改革的前提和背景。

当下，市场经济对个人的精神和道德行为产生了很大影响，既有积极的一面，即带来开放、多元的状态，也有腐败及追求个人利益等消极的一面。新型技术升级换代、冲击力强，价值体系功利为上、核心模糊，学校和教师如何在当前的社会背景下，承担起精神母机的作用，从小养成学生的精神力量。文化领域古今中外多元混杂。如何在全球化、信息化的背景下，真正实现中华民族的文化复兴，做到文化自信，讲好中国故事。学校在此过程需要发挥积极作用。

当前社会发展的核心任务是，社会改革发展转型升级换代。第一，社会发展指向和谐和民生，强调经济高质量发展，强调经济与社会、自然，以及与人之间的和谐，强调民生问题。但是，如何把教育放在清晰的独特不可替代的位置，还未明确。第二，经济发展突出创新质量。要从原来模仿走、跟着走、追着走，转向自己独立朝前走。尤其是对于核心技术、关键技术和高新技术的发展，不能被别人卡脖子，要走出自己的路，引领人类发展，从以前强调的数量、速度、规模，逐渐转向高质量、高水平。第三，市场经济加强规范、诚信。规范、诚信是衡量下一阶段市场经济成功与否的标准，也是人的精神世界秩序的重构。第四，各地区空间布局大转换，城镇化提速与美丽乡村建设并举，强调国家的物质文明和精神文明建设，从而为人的发展创设美好的生境。第五，国家软实力发展提上议事日程，包括人的文化文明和教养的提高及社会秩序重建。这些都需要校长关注、研究如何使之成为学生精神世界的重要资源。

因此，校长应该认识到学校教育面临着大变局、大发展和新希望。校长作为学校改革与领导的第一责任人，要做大时代里的清醒人。社会发展要求教育改革向纵深发展，培养出能把握自身命运、具有时代发展敏感性和社会责任感，能创造中国未来的一代新人。教育工作者所做的是面向未来的事业，要探索改革开放新阶段的教育改革深化问题，探索基于“新基础教育”现有经验和问题的新发展阶段的目标与路径，从而深化学校变革实践研究。

二、时代精神与新的教育理想构建

叶澜运用马克思主义哲学基本观点进行思考，深刻认识到物质生产和经济领域变化的实质，以及这种变化对人的要求的变化，这是时代精神与教育改革本质的相关点。“新基础教育”研究就是从把握时代精神开始的，通过读懂时代精神，敏锐地把握市场经济变革所带来的社会转型，以及对人的未来发展提出的新要求。教育工作者尤其是研究者，需要从人的生命角度，进一步开展生命价值分析，由此概括提炼出时代精神。只有形成时代精神的核心认识，才能对“培养什么样的人”有更加深入的思考与论述，也才能依据社会发展现实对学校教育价值进行合理性分析。

叶澜明确提出市场经济改革在人的发展意义上带来了新的时代精神。其根本内涵在于，关注未来与变革，价值多元丰富，强调人的选择以及人的主体精神。反观今日我国基础教育，根本的弊端在于忽视学生主动性的培养，忽视学生自主意识和能力的培养。叶澜构建的“三维双向”的时代新人价值理想与培养目标，不仅提出了教育培养人的新要求，而且在思考的维度与思想方法上有了变化。

（一）读懂时代精神：从人的生命发展视角来看

叶澜认为教育理论属于“时代之学”之列，教育与人类和社会发展的实践密切相关。每位教育工作者都参与当代社会发展，要“去呼吸时代的新精神、感受时代的新需要、学习时代的新工具、发现时代的新问题……”，要读懂自己所处的时代，“唯有投入一个新时代，才能打破过去的时代局限”。在教育活动中，才能将每个个体生命实践与人类社会的当代发展沟通起来，更好地促进个体生命发展；才能以新教育理想的构建为起点，认真思索今后的教育改革深化之路。“只有与时代精神一致的教育理想，才能引导一个推动时代向前发展的新教育的构建，而教育理想的构建又是以培养什么样的人这一问题为核心的。”[①]

以构建时代所需的理想的新人形象为切入点，研究时代发展与教育理想更新之间的关系，其本质在于教育与人和社会的关系。但是，在个体生命实践的立场上，通过批判性分析就会发现，在时代发展与教育改革关系、教育功能及价值取向上存在着诸多认识偏差。

在新中国成立后的很长一段时间内，教育更多的是作为工具，服务于社会政治与经济发展的需要，甚至在“文革”期间将“教育为无产阶级政治服务”的功能作为教育唯一的社会功能。改革开放后，教育功能核心转向“教育必须为社会主义现代化建设服务”。教育功能“偏重科学、技术、生产力

---

① 叶澜. 方圆内论道：叶澜教育论文选［M］. 北京：中国人民大学出版社，2019：323.

更新给社会带来的变化，使教育改革依然沿着主智主义的偏向发展”①。实质上，这是我国长期而且现在仍然普遍存在的教育价值取向的偏差，即“只强调教育的社会工具价值，忽视教育在培养个性、使个人的潜能得到尽可能发展方面的价值；总是要求教育发挥出即时的、显性的功效，忽视或者轻视教育的长期效益”②。此外，在时代发展与教育改革之间存在的一种偏差在于，偏重经济体制改革对教育带来的冲击，或简单化地要求把市场引进教育，按市场经济规律来办教育，或过多地关注由市场经济给教育带来的冲击和干扰，忽视乃至否认教育特殊性，或忽视、否认市场经济在深层次上促进教育更新的巨大意义，对未来怀着深深的忧虑的倾向。③

如上所述，对社会、个体与教育改革之间关系认识不够深刻，导致对教育“培养什么样的人”的认识产生重大偏差。鉴于此，需要深度思考如何准确把握时代精神，构建并阐述时代新人形象。“全面认识时代变革及其精神实质，研究由此引出的教育观、对象观与目标观的改革，明确方向，满怀信心地把基础教育改革推进到新世纪需要的水平上。”④

叶澜曾经讲述了她所见闻的一位小学教师跳槽，校长为此大哭一场的真实事件⑤，这也触发了她深度研究社会变革实质，并反思社会变革究竟对教育产生何种影响。

> 那是1993年初冬的一天，也是一个星期四，我们课题组成员照例在听完第一节课后到校长办公室会合。突然，校长推门而入，拿起门背后的毛巾，坐到椅子上掩面伤心地大哭起来。这让我们都惊呆了，不知发生了什么事，在劝慰中，校长抽泣着说出了情况。原来二年级试验班的一位数学教师今天在托人捎来一张纸条后就不来上课了，原因是有更高报酬的单位要他（后来才知道是到宾馆工作）。校长刚才是强忍内心

①②③④⑤ 叶澜. 方圆内论道：叶澜教育论文选［M］. 北京：中国人民大学出版社，2019：328，135-136，328，328，40-41.

> 的痛苦去安排第二节临时顶课的教师，回到办公室后，她再也克制不住。自然，我们原定第二节的听课只能取消。大家纷纷就这一现象发表起议论来，主调是气愤与不解，但主要还不是就这个教师的行为，而是针对由社会上突如其来的市场经济所造成的教育中的众多怪现象。最后大家要求我写一篇文章，对这些现象做批判，希望能引起教育主管部门的重视，采取措施制止此类情况继续蔓延。当时的我，也处于这种情绪状态。我不解，为什么中国社会的变化对教育总是首先带来负面的冲击。“文化大革命”是政治的冲击，改革开放、建立社会主义市场经济则是经济的冲击。于是，我下决心要看明白今天自己身处的社会变革的实质。

叶澜原本想撰文对现实进行批判，但在认真阅读文件时，却发现了呼唤主体性、充满生机的大变革时代的到来。她的情绪从开始时的愤怒、不解，转变为有所发现后的惊喜、兴奋。《时代精神与新教育理想的构建》一文表达了她当时的认识、思考和决心：从自己做起，在社会变革的大时代中做教育改革的弄潮儿，在改革的实践中实现教育观念、理论、实践的更新。

> 我由冷静的阅读始，逐渐生出对一个中国历史上重要时代来临的喜悦，看到了纷乱背后的生机，意识到作为市场经济必需的对竞争主体和独立法人的呼唤，意味着对人的主体性之需要的现实土壤已产生。我欣喜地感到：“主体精神的问题已从哲学界的沙龙中、思想家的头脑中走出来，走向真实进行着改革的社会经济主战场，走向社会的各个领域，走进想在改革中求生存、求发展的每一个人的头脑里，并通过他们的实践行为实实在在地表现出来。”这是多么重要和富有实质性的变化啊！我终于意识到：“处于市场经济初建阶段的我国教育，虽然面临着经济大潮的冲击并受到前所未遇的许多新问题的困扰，但这大潮能孕育出新

的生命，这困扰会锻炼出新的勇士。只要我们善于驾驭，时代之潮会把我国的教育推向一个新的、无限宽广的天地”。[①]

可见，从个体生命实践的角度解读社会转型、时代发展就会发现，当个体处在落后于社会发展水平的状态时，社会通过各种途径促使个体正向发展，加强对时代所需新人的培养。叶澜认为：“就总体而言，这是一个中国社会深刻、巨大变革引发的教育理论与实践的重建式大问题。因此形成对时代发展本质特征的深入认识是研究必需的前提，它为课题做出宏观的价值选择提供依据。进而还必须研究时代对教育，首先是对学校培养怎样的人提出了什么要求。”[②]

重建性研究首先要解决目标问题。在教育活动中，人的发展及其生命价值是优先考虑的目的所在，而非“变成经济、政治等的附庸及仅是服务于什么的手段，或者以为只要抓好政治、经济、技术，教育自然会好起来”[③]。从人类社会历史发展来看，“当社会发生大的转型时，必然要求教育发生相应的变革”。同样如此，当代中国正处于一个转型时期，教育需要绘制一幅面向未来的蓝图。叶澜指出：“这幅蓝图勾画的起点，在我看来就是对‘新人’的认识，对教育目标——培养怎样的人的问题的重新思考。”[④]这需要在学理层面上，“对当代社会变革的性质与状态、问题与发展，对人及人的发展、教育与社会发展、教育与个体发展的关系，教育的现状与问题、教育理论相关认识的状态与反思等一系列基础性大问题做出研究。就时代所需的新人（作为个体意义上的人类生命承担者）形象的刻画则是这些研究做出的聚焦式阐述”[⑤]。“新基础教育”生命价值观反映了21世纪中国社会发展对培养新人的教育要求，深化了当代教育价值本质的认识，引领了学校变革实践。

①②③④⑤ 叶澜．方圆内论道：叶澜教育论文选［M］．北京：中国人民大学出版社，2019：41，42，43，43，44.

（二）时代精神的“生命·实践”内涵分析

在生命实践意义上，从社会发展与个体发展之间的关系角度，可以更加深入地把握时代精神及其对人的发展的要求。何谓时代，即人的类生命的历史性、具体性和当代性在特定时空背景下的现实状态。时代精神，就是人类社会的类生命存在形式，一种超越了个体的生命存在形态，在人类的社会实践中创造出来的各种物质产品、精神文化、组织机构、社会关系、人际交往等所蕴含的被赋予价值的观念、秩序、准则、行为方式等。它们构成每个个体生命生存环境，同时对每个个体的发展提出要求。

20世纪90年代是我国开始建立市场经济体制，扩大深化改革开放的特殊历史时期。人们响应中央提出的经济体制改革，积极投身于经济建设中。这是一次伟大的、主动作为的社会转型，一次影响深远的社会实践，创造了前所未有的人类生命存在形态。人们的类生活方式随之发生巨变，其主要表现在两个方面。一是在生产力技术构成以及国家产业结构的深刻变化，二是经济体制及社会主义市场经济体制的建立，打破了原先以计划分配为主的运行机制及以政府为主体、行政手段为主的经济调控模式，转向按市场运行规律办事、激活生产实践主体和经济活动者的内在活力和自主调控，进行以法律和经济手段为主的宏观调控等。在人类生命实践意义上，“变化首先是经济领域的，但又不只是经济领域的。它不仅冲击到文化、教育等各个领域，还震撼着人们思想、意识深处的价值观、世界观和人生观。人们普遍感到这个世界需要重新认识，自己的人生需要重新定位”①。重新认识世界、认识自我，这是人类生命在当代社会实践中的具体表达，呈现出人类生命社会实践的时代内涵。经济体制的改革发展构成了每个个体现实的生存环境，也构成了个体生命实践的时代背景。

时代精神作为人的类生命存在形态，是各种形态类生命实践的类特征概

---

① 叶澜. 方圆内论道：叶澜教育论文选［M］. 北京：中国人民大学出版社，2019：320.

括，超越个体生命实践。但是，时代精神的本质特征，最终要体现在每个个体的生命实践上，体现在他们以社会成员参与的各种类生命实践中，对每个个体提出生命发展的要求。同时，每个个体在自己的生命实践中，主动参与时代背景下的类生命实践，将自身潜能转化为真实成长，这是时代精神产生的内在活力。从个体生命实践来看，每个个体面临着生产活动中生产力快速提升、高新科技不断升级的挑战，以及市场经济体制建立所带来的一系列活动领域变化，在价值多元化倾向下依法合规、合乎道德地自由行动，在自主选择和主动参与社会实践中实现自身发展。个体生命实践的丰富性，充分展现了时代精神的类生命内涵及其实践形式。从中可以看出时代精神的本质特征就是个体生命实践中的主体精神。

“正是从这个意义上我们说，一个呼唤人的主体精神的时代已经真实地到来了。这个时代需要能在多样、变幻的社会风浪中把握自己命运、保持自己追求的人，需要靠这样的新人来创造未来。”叶澜在《时代精神与新教育理想的构建》一文中，强调了时代精神中“重视未来、强调发展、立足变革”的特征，以及因开放、变革所带来的“注重选择”“呼唤人的主体精神”的内在需要。①

> 首先，时代变化的节奏加快，变化的幅度与强度增加，并且社会结构性变化的周期也在缩短，即时代变化的速度、幅度、强度与结构都在增扩，打破了原来平稳缓慢发展的格局。邓小平同志用十分简洁的语言概括了这一点，提出了“发展是硬道理”的口号。在一个高速变化的时代，谁还抱残守缺，不思对现状的变革，不思未来发展的需求与趋势，不思自身对变化适应性的提高，谁就必然会被时代淘汰。变化要求人能用发展的眼光、用未来的要求对待今天、促进今天的变化，而不是

① 叶澜．方圆内论道：叶澜教育论文选［M］．北京：中国人民大学出版社，2019：320-321.

用停滞的、昨天的眼光来看今天，满足于已有的一切。这是人类在时间维度取向上的重要变化，一个重视未来、强调发展、立足变革的时代到来了。

其次，发展加速、竞争激烈，使人类的生存环境呈现多变、多元、多彩、多险的飘忽迷离状态，平稳而单一的局面被打破，不确定性和可选择性同时增强。因而每个人或社会在求发展的同时，必须学会做选择。当成功与失败并存、机遇与陷阱同在时，正确的选择就成为走向成功、抓住机遇的十分重要的第一步。可以用“注重选择”来概括这一时代精神，它意味着人类将通过选择来寻求适合自己发展的空间和途径，划一的、同步的、简单服从计划安排的发展模式不再被认为是天经地义的了。

最后，呼唤人的主体精神，是时代精神中最核心的内容。无论是适应环境变化的加速，还是做出正确的选择，都是要有人，且富有主体精神的人才能实现。社会的发展也同样要靠有主体精神的人来实现。尽管强调人的主体精神不是一个新课题，它在20世纪80年代就引起了国内哲学家的关注，成为学术界的热门话题。但当时，主要局限于理论探讨上，还未成为社会现实的需要。市场经济体制的建立，明确要求企业实现自主经营、自负盈亏、自我发展、自我约束，成为独立的法人实体和市场竞争主体。这不仅标志着经济领域中对经营者主体性的强调，作为一种法律要求的规范和投入市场必备条件的强调，而且意味着需要人的主体性之现实土壤的产生，社会对此真实需要的出现。主体精神的问题已从哲学界的沙龙中、思想家的头脑中走出来，走向真实进行着改革的社会经济主战场，走向社会实践的各个领域，走进想在改革中求生存、求发展的每一个人的头脑中，并通过他们的实践行为实实在在地表现出来。

叶澜认为，总的来说就是要求人以积极主动的态度并且有能力参与周围世界的变革，为社会创造财富，为自己创造幸福，同时自觉地有意识地实现自身的生命发展。也可以说，一个要求每个人学会积极参与社会发展和掌握自己命运的时代在中国大地上出现了，21世纪中华民族伟大复兴的希望，寄托在这些人身上。①

（三）基于时代精神的教育价值理想构建

从时代精神的生命价值立场来看，“就会发现近十多年基础教育改革的主要不足，无论是对时代的认识，还是对学生、学校教育的认识，都只侧重于认知，在一定意义上依然是乐观的理性主义和科学主义”②。现实的基础教育改革，是在知识立场上，将培养人的目标局限在认知领域，将教育价值定位于完成传递知识。因此，基础教育改革应结合社会变革中的生产力及其科学技术的深刻变化，以直接转化等方式，将社会生产和理论研究中的科学技术引入教育中，关注教育内容的更新，旨在反映当代科学技术发展的新基础和新成果；改进教育方法，促进学生有效地掌握知识，并在掌握知识的同时发展智力、培养能力。一些改革已经开始关注学生，但是此种对学生的研究仍然落脚于学生的知识学习，即通过分析学生的特点，激发内在积极性和学习兴趣。学生仍然被视为只是认知体，而非一个完整的生命体；学生的学校生活被视为只是学习过程的重要构成，而非生命历程的重要构成。所以，基于时代精神进行教育价值反思，现实的基础教育改革存在的根本问题在于，“在认识上放大了理性、智能、科学、技术在人和社会发展中的作用，在实践上则缺乏对人的精神力量培养的重视”③。

“新基础教育”研究则是从个体生命实践进行思考，在教育中为学生个体构建与类生命的生命实践的沟通，让每个个体在自己的生命实践中去经

① 叶澜.“新基础教育”探索性研究报告集［M］. 上海：上海三联书店，1999：20.
②③ 叶澜. 方圆内论道：叶澜教育论文选［M］. 北京：中国人民大学出版社，2019：322.

历、体会社会实践，从中自主形成、建构自己的理解。知识，只是一种类生命存在形式，是人类生活经验的理论概括与提升。认识到这一点，才能将知识生命化，才能激活知识内涵的生命实践过程——知识形成过程，才能形成知识与个体生命实践的内在沟通，才能使知识内化为个体的内在精神生命。因此，新基础教育与当前各类改革表面看似相同，但是本质不同。二者看问题的视角相同，但是视野、关注点不同，即使视野、看到的内容相同，但是理解不同，应对方式不同，落脚点、目的与价值追求也不同。

价值立场的改变，必然要求重构教育对象观，“最重要的是确认生命的整体性和人的发展能动性”。首先，生命的整体性。人的生命是以个体生命形式存在和表达的，个体生命的身体生长、社会活动、精神生活三个层次生命活动或生命实践，及生理、心理、社会、物质、精神、行为、认知、价值、信仰等多方面的生命需求，在每个个体身上统一起来，形成一种个性化的整合体，各自具有差异性、独特性。个体在各种活动中，都是以生命整体方式、全身心地参与和投入，而不是局部的、孤立的、某一方面的参与和投入。可以说，个体的每次活动，都是一次个体生命的整体出场，即人人、时时、处处、事事，都是整体性存在。这意味着，个体生命不能在某人、某时、某处或某事上被割裂、分解，甚至由此被视为“物”的“死”主体。

其次，人的发展能动性。人生命的本质在于自我更新。在人的发展诸因素分析中，人的发展水平是自身发展的重要因素。人自我意识的发展水平，在个体生命实践中，通过价值观、自主选择和在实践中的投入与反思能力，将自身先天素质和所处环境的潜在可能性转化为自己的个性化成长。随着人的发展程度的提升，自我意识能力与水平在发展中的作用就愈益增加，有时甚至起到决定性作用。“‘它赋予人在一定条件下主宰自己命运的可能，人不仅是先天因素与环境相互作用的产物，人也是自我选择的产物’。这两个观念的确立，不仅是结论、观点上的重要变化，而且是方法论上的重要变化。它意味着对人的生命存在与发展的认识将走出形而上学的模式，走出把人简化为物，把人的发展等同于其他生命体发展的思维方式，这是辩证法在认识人自己这个问题上的体现。”①

中小学生处于特定的生命发展阶段，有着在此阶段的发展特性、自己的生命实践，以及在其自我意识水平上的发展能动性、主动性，并非成人心目中无知、无能且被动接受的受教育对象。每个个体都在自己现有发展水平上，以自己个性化的方式，体现着生命实践的主动性。教育者必须相信每个学生都能，而且一定是在自我意识下主动发展着。因此，在面对这一特定阶段的学生时，不能只想如何把知识、观念或价值教给他们，而要关注学生的生命实践及其在实践中的生命发展需求和可能。

教育对象观的改变必然带来相应的教育观的改革。在教育目标上，不仅要反映时代精神对人的发展的要求，而且要体现人生命的整体性发展，顾及生命整体的各个层次和方面，构建指向个体的“全人”教育目标。在教育过程与活动上，要创造符合人之生命发展能动特点的个体生命实践活动，使学生形成自我教育能力。在教育功能上，把增进人的生命主体意识看作时代的重要规定，不仅让个体认识到生命体或身体对于生死的重要意义，更重要的是认识到自我意识决定着自身发展，在生命自觉中实现主动发展。

总之，“新基础教育”价值理想下对象观的核心变化在于，“确认受教育者是一个具有能动发展需要与可能的生命整体，而不是只能被动接受、由他人根据需要或目标去塑造的客体，更不是‘物’”②。进而提出，要改变教育中对人的生命存在与发展的形而上学的认识，改变把学生当作物或割裂式对待的状态，要求把增进人的生命的主体意识看作时代对教育价值的重要规定。

---

① 叶澜. 方圆内论道：叶澜教育论文选［M］. 北京：中国人民大学出版社，2019：322-323.

② 叶澜.“新基础教育”论——关于当代中国学校变革的探究与认识［M］. 北京：教育科学出版社，2005：202.

三、“主动、健康发展”新人培养目标设计

对人的发展要求，是时代精神转化为教育价值的根本所在。新人形象，是建立在个体生命实践的基础上，体现了对时代新人的主体生命发展要求，这是人的生命价值在教育中的目标式表达。在“新基础教育”理论与实践中，新人形象是逐步构建、不断完善的。《时代精神与新教育理想的构建》一文，标志着“新基础教育”的理论起点，并在此基础上推进实践变革；《“新基础教育”论》一书，对此进行精神素质发展的定位，提出新人目标的“三维双向”结构，并结合时代发展中的个体生命实践的变化，对目标内容又进行了深入、全面的阐述；《深化基础教育改革三题》[①]一文，在个体生命实践的意义上，通过“三底”对新人培养目标的“基础”内涵进行提炼、概括。

叶澜认为，在个体生命发展意义上，人的发展在素质方面可以分为身体和精神两方面，即体魄和魂魄。其中，充溢个体全身的精神素质（即广义的精神生命）主要通过教育养成。新人精神素质的目标结构可概括为“三维双向”。“三维”是指对个体精神生命发展具有基础性价值的，人之认知能力、道德品性和人格特征。“双向”是指三维中的每一维都包含着个体行为上两个相反的指向：一是个体指向外部世界的相互作用；二是个体指向内部精神世界的自我建构。该育人目标的构建，不是对学校育人目标的全面论述，也不是对原有目标的否定，而是凸显时代精神对人的生命发展现实需求，在形式结构与目标内容上体现时代“新质”需求。叶澜在生命发展的意义上，特别强调个体生命发展中的精神力量、精神风貌，“三维双向”目标的构建，体现了“新基础教育”对个体精神生命多维相通、精神力量双向发展的独特理解及重要性的强调。“‘双向’虽然在方向上相反，实质却密切相关。只有

① 叶澜．深化基础教育改革三题［N］．人民日报，2016-05-03（7）．

内在自我强健和自觉构建者，才能更有价值和有效地实现与外部世界的相互作用；自我的发展与构建又在个体与外部世界相互作用的过程中通过反思逐渐完成。”[①]具体言之，指向外部世界的相互作用，主要是个体与自然、社会的各种关系中的实践形态，在改造外部世界的过程中体现人的本质力量；而指向内部精神世界的自我建构，是将自我也视为客体，作为意识、思考、调控的对象，进而认识、思考自我与自然、社会的各种关系，不断实现自我的更新。实质上，人的生命发展，就在于个体的自我更新及其在与外部的相互作用中本质力量的创新。

（一）底蕴：在认知能力方面养成智慧

叶澜认为，认知活动存在于人类一切生命活动之中，认知能力是个体适应社会并实现自身生存、生命发展的基本能力。认知方面的任务及其发展目标，是基础教育目标不可或缺的。“新基础教育”提出，不是不要知识、认知，而是“在关注认知的哪些方面，在认知的结构、重心和内在关系上发生了变化”[②]。学生个体如果只具备生存所必需的基础知识和读写算等基本技能，以及运用所学知识、技能解决问题的能力，已明显不能适应时代的变化节奏和强度。更不要说，在不确定的、复杂的未来情境中进行主动选择、实现自主创造。在“新人”认知能力结构中，并非要抛弃上述认知能力，而是将其作为初级基础性目标。“教育要求在此基础上形成高一级的认知能力，当代学校教育还要开发上述认知能力对于形成高一级认知能力的工具价值，即赋予它在发展人的认知能力上的新功能。”换言之，知识与技能学习的价值在于，在知识结构化及其学习建构过程中，以理解知识和应用、创造为手段，去经历、体验知识的形成过程及自己的思维过程，丰富个人经验及自我反思。这是个体基于知识学习的生命实践。实质上，人的认知能力发展应该

①② 叶澜.“新基础教育”论——关于当代中国学校变革的探究与认识［M］. 北京：教育科学出版社，2005：202，203.

在生命价值上提升至“智慧”层级，即个体借助所学的文化知识，形成自主学习能力、思维能力、创造能力以及自我意识能力。这奠定了个体人生发展的“底蕴”，让个体走出只能依靠直接经验认识世界的时空思维局限，获得走进精神文化世界的工具，学会借助文化知识不断学习、探索、创造未来世界的能力。

高一级认知能力的新要求是为适应当代社会变化而提出的，主要有如下四个方面。一是处理信息的认知能力，即善于捕捉、组织各种信息和判断各种信息价值的能力。当个体在面对未来不可预知的、充满不确定的情境时，并没有现成的答案，而需要自主根据目的或问题选择所需的信息，并对此进行归类和判断，从而适应现实或改变现实。“‘捕捉’意味着对新信息的敏锐感受和理解，它是以捕捉者头脑中存有问题和思维的敏捷为条件的。‘组织’是指把新的信息与原有的知识结构建立联系，或者是把来自不同渠道的不同信息，组织到解决问题的过程中去的能力。对信息价值的‘判断’的能力，则是指在认识或解决问题的过程中，对信息的可靠性、有效性和重要性做出判断的能力，它是人面对纷繁多变、各式各样的信息要做出取舍与选择所必需的能力。”[①]当前人们处在时刻变化着的世界中，必须学会处理无序的、随机的、多元的、即时的和弥漫的大量信息，这无疑是个体实现自主生存和发展的基础性认知能力。

二是处理符号的认知能力，即对多种符号系统、逻辑程序的识别、关联和转换能力。要求人善于在现实与虚拟两个世界中穿行，实现沟通、转换，又不混淆两者。这是在形式意义上，与信息技术相关的新认知能力。信息化社会通过信息技术、网络等手段实现信息流通。文字、图画、符号系统是承载信息的载体和形式，而每一套符号、文字、图画都有自身的逻辑结构与表达方式。一方面，个体要借助各种信息技术手段，认识和运用多种符号系统

① 叶澜.“新基础教育”论——关于当代中国学校变革的探究与认识［M］. 北京：教育科学出版社，2005：203-204.

与内涵思维逻辑进行学习、思考、表达和交流，将这些信息符号关联起来，并实现相互之间的沟通、互补与转换；另一方面，个体要借助计算机程序，通过信息符号展开想象，创造网络世界或虚拟世界，实现在现实世界中很多不可能或不允许的事情。形式意义上的信息符号与逻辑的多元、丰富，可以成为开发自身思维潜能的重要资源，创生个体的精神生命价值。

三是构建自我的能力，即认识自己的需求、能力、思维品质、策略、态度和行为等方面的反思能力，以及根据反思的结果自觉进行自我调控的能力。个体处理信息、处理符号系统的能力主要应用于与外部世界的交互作用中。但是，个体不仅要将外部世界视为认识的客体，更要将自我也视为自己认识的客体，即对“客体我”的认识。这样，在适应外部环境过程中，个体面对现实才能进行自我调整，“或增强自己改变外在客体或事态的能力；或改变自己的行为与策略，以达到与变化了的环境相协调。这些都以人的内向反思能力为基础”①。个体在认识、改造外部世界的生命实践中，积极、自觉反思，为满足自我实现需要而主动建构自我的认知能力，是形成自我意识和能力的基础，也是个性、独立性的重要体现。

四是复杂思维的能力。从处理外部世界中的复杂、综合性新问题的需求来看，人的思维要从“平面”发展到“立体”，反映事物内在的层次结构；要从“单一”发展到“多维”，多视角认识事物，以综合思维进行整体性认识；要从“静态”的结构、要素分析发展到“动态”的变化、过程分析，运用过程思维认识事物的生成、发展，认识事物间的相互作用与内在关系。从认识个体的内部世界来看，还需要一种向内即认识自我的复杂思维方式，“那就是体察省悟，即对自我在各种实践中的经历、体验、心态、期望、行为及结果等，在不断积累的基础上发生直觉的、飞跃式的、富有哲理性的对生命与人生的领悟。这是人在构筑和完善自己精神世界的历程中必不可少的

① 叶澜.“新基础教育”论——关于当代中国学校变革的探究与认识［M］.北京：教育科学出版社，2005：205.

思维方式”[①]。

（二）底线：在道德品性方面养成德性

人之为人，要有“德性”，这是任何时代都有的基本要求，体现为个人的行为态度、价值取向、理想与信念。“社会之道德要求内化为个人的道德品性时被称为‘德性’。德性是个体所达到的道德水准和具备的道德力量。”[②]个体在日常践行中，应将社会公德视为价值多元和急剧变化社会中的主流价值观，将社会公德转为自己的内部选择，并逐步内化、最终综合形成个性化价值观体系。“社会公德在一定意义上就是指人类社会几千年道德文明发展中沉积下来的基本观念与行为准则。”[③]社会公德一般包括三个方面，对公事方面，作为社会成员的责任感和义务感以及履行职责的行为；对人方面，尊重他人与尊重自己相统一的对己和对人的态度；对社会公约方面，自觉遵守“法律”“制度”“纪律”等作为社会最基本的共同利益和共同意志的意识与行为。人人都应具有公德，否则就不是一个品德健康的社会人，对于时代新人，这是最基本的道德要求，也是一切更高道德要求的基础。这是道德底线，当然，人的道德品性的发展和提升是无须设置上限的。

从个人修养与社会公德之间的关系来看，时代新人必须养成终身基础意义上的德性和人生的基本操守。在个体生命实践意义上，“德性”主要分为三大部分。第一，处世之道，即在处理与他人、与自己所生活的家庭和个人所属的国家、民族等不同群体关系中的基本道德要求。根据自己的道德身份，个体在自己的生命实践中既要有“为人”之德，又要有“为民”之德。就“为人”之德来看，诚实守信是德性的基础和核心，也是基本操守的实践性表现。“诚信是人与人之间建立正常关系的基础，也是作为个体的人能否

①② 叶澜．“新基础教育”论——关于当代中国学校变革的探究与认识［M］．北京：教育科学出版社，2005：206，207.

③ 叶澜．方圆内论道：叶澜教育论文选［M］．北京：中国人民大学出版社，2019：326.

作为一种积极的力量融入社会，取得他人信任的基础。”[①]就“为民”之德而言，“知恩图报”是爱父母、爱祖国、爱自己的民族的根本情感和行为，反映了个体与亲人、祖国与民族的生存关系，也使个体自身成为“有根”之人，同时也是尊重普遍的人类价值的基础。诚实守信与知恩图报在个体生命实践中都是应该坚守的道德力量。第二，行事之道，即“个体在必须承担的各种社会活动中的道德操守，也是使人行事有效、义务完成，从而获得享受权利资格的道德保证”[②]。其基础与核心是“责任心”。个体在自己的生命实践中承担着多重社会角色，责任感是对不同人生角色的共通性道德要求。它作为一种生产性的道德力量，催生出内在动力与智慧，使人尽力做好事情，并在负责行事的过程中提升社会意识与社会责任。同时，除了对社会、集体和家庭、他人的外部责任外，人还必须对自己的选择和行为负责，即具有自我负责的独立个性，这是行事之道的最高道德要求。第三，立身之道，专指个体对待自己生命存在、发展的态度，是指向自我的一种操守。“自我完善”是“立身”之道的基础性构成。善待自己和他人的生命是其底线。积极的“立身之道”，就是在自己的生命实践中追求“自我完善”，使一生都处于不断发展的开放过程，实现在自身原有基础上的不断完善；积极参与社会实践，用发展性的生命去推动社会进步；在承认个体差异的基础上努力为之，创造一个属于自己的、有意义的幸福人生。

（三）底色：在人格力量方面养成个性

个体生命的生存发展，不仅与外部环境的需要、具体挑战和机遇等外部因素有关，而且与个人内在的人格力量密切相关，这是人生的可能性条件。个体都是在自己的生命实践中将这些可能性条件转化为自己的个性成长，尤其是在迎接挑战、抓住机遇、遭遇挫败时更能展现出富有个性特征的人格力

①② 叶澜．“新基础教育”论——关于当代中国学校变革的探究与认识［M］．北京：教育科学出版社，2005：208，210.

量。“所谓人格力量是一种人的心理、智慧与能力，意志与情感、理想与信仰等综合而成的力量，它在个人对待人生一系列重大问题时，在人与环境相互作用时呈现出其价值。”[①]这就是人生的“底色”，生命底色应是阳光、自信、热爱生活，对未来抱有希望，不畏成长中的艰难。学校教育有责任给孩子的生命打上明亮温暖的底色。

面对不确定而又充满无限可能的未来，当代新人必须在生命实践中养成自己的人格特征，积蓄人格力量。第一，要接纳自己。每个人既要相信每个正常的生命都有生存和发展的能力，也要在自身处于不利境遇时，保持对自己力量的信心。第二，是迎接挑战的勇气。在急剧变革的时代，个人的安逸环境、平稳发展必然经常会被打破，而总是处在机遇与挑战、成功与失败并存的社会环境中。个体要保持信心，敢于迎接挑战，才能抓住机遇，将危机转化为生机，开拓、创造自己的未来人生。第三，是承受挫折和战胜危机的顽强意志。在一个多变的社会中，个体不仅要面对已有的危机和挫折，在面对新问题、迎接新挑战时，也不可避免地会遭遇新的挫折与危机。人生中遇到的变化不是机遇就是困境，人的生命因此才变得有声有色、波澜起伏。“其实，凡是能战胜挫折、走出危机的人，而且依靠的是自己的精神力量与智慧，那么生命必会升华。”[②]第四，是人生理想，即人生的追求目标。“生命进取的力量就是在有缺憾的人生中追求完美，在改造客观世界的同时改造主观世界。”[③]个体在自己的生命实践中，也许不一定能成为最出色者，但一定可以不断地超越自己，实现自我理想和目标。人各有异、人各有志，但每个人都有机会，都可以追求人格力量及其个性的养成，在“长善救失”的自觉行为中，追求超越、追求完善。

理想新人形象，体现了时代精神对人的要求，体现了与传统教育追求的

①③ 叶澜.“新基础教育”论——关于当代中国学校变革的探究与认识［M］. 北京：教育科学出版社，2005：213，215.

② 叶澜. 方圆内论道：叶澜教育论文选［M］. 北京：中国人民大学出版社，2019：327.

教育理想目标的时代差异。时代新人形象是在生命价值上建构的，体现了个体的生命发展需求。事实上，不仅是学生，教师也应该树立这样的一种人生价值观。更为重要的是，只有教师在学校教育日常实践变革中，主动成长为一个有智慧、德性和个性的新人，才有可能将学生培养为具有同样精神素质、符合时代要求的一代新人。这一时代新人形象，是基础教育学校改革首先要明确的、具有导向意义的理想目标，是学校整体转型性变革的实践起点。

第五章 基于学校变革实践实现育人价值开发

> 学科教学和综合活动是学校教育特殊性的体现，是师生在学校承担社会责任的具体表现，也是师生学校生活的基础性构成。用创造学校新生活的理念开展日常教育活动，使师生成为学校生活的主动创造者。教育的意义不只是在未来，它就在当下创造生命成长的、丰富的各项学校活动中。①
>
> ——叶澜

学校变革实践就是在教育生命价值取向下，明确主动、健康发展的育人价值具体内涵及其开发策略，实现价值创生与转化的过程。学校日常教育活动的育人价值开发，体现了教育改革的价值需求，是所有学校变革的基础性价值。

叶澜指出，在“新基础教育”研究中，育人价值并非简单等同于德育价值，而是指不同学科领域的日常教育活动对学生的身心、精神世界、个性、人格、思维方式等产生的发展性的影响。它蕴含于日常教育活动之中，但并非自发产

① 叶澜. 教天地人事 育生命自觉“生命·实践”教育的信条［N］. 光明日报，2017-02-21（13）.

生，而需要通过教育教学实践有意识地开发和转化，才会从“可能”变为“现实”。但是，中国自近代引进西方学校制度与课程之后，学校教育便割裂了学科内容之“教”与学生内心的道德、精神、人格之“育”。当今学校教育实践要改变这一弊病，不能简单取消分科教学，也不能只通过加强思想品德课、班队课，加强与学生生活实际的联系和社会实践等来完成。最为基本的改变渠道是，通过深度开发不同学科或领域日常教育活动的育人价值，使“教”与“育”在日常教育教学活动中真正得到融通。

“新基础教育”研究在教学和学生工作两大方面，深度、充分开发学科或综合活动的育人价值，在课堂教学、班级建设和学校综合活动等日常教育实践中提升育人价值，将教育生命价值和理想新人培养目标转化为日常教育活动设计，通过学校变革实践进行价值转化，从而有意识地使日常教育活动有利于学生主动、健康的发展，将价值理想的可能变为现实的价值存在。

一、育人价值开发：在日常教育活动中实现学生生命发展

教育生命价值与理想新人培养目标需要进一步落实到每所学校、每位教师的日常教育活动上。这就需要学校在开发育人价值的基础上开展学校变革实践，改造、创新日常教育活动。每所参加“新基础教育”研究的学校，都要结合理论学习和本校改革规划，在学校转型变革实践中以学校为基本单位，基于教育生命价值立场和取向将社会变革对人才的现实需求和“主动、健康发展”新人目标进一步具体化，明确育人价值的具体内涵，将培养目标和学校日常教育活动及其变革实践结合起来，实现育人价值开发。

（一）指向学生精神生命成长需求的育人价值

育人，是教育所具有的功能，也是教育的内在规定性。育人价值，是学校日常教育活动的基础性价值。从个体角度来看，人的发展除了身体发展和

心理发展外，主要是生命发展。个人的生命发展内含着自然生命、社会生命、精神生命三个层面，其核心在于精神生命成长。

1. 精神生命成长意义上的育人价值

（1）育人价值的精神生命成长之本质

“育人价值”一词，是一种同义复合词语。也就是说，育人价值并不是指以育人活动为工具所带来的价值，而是育人活动本身内在的价值。例如，能够让学生在掌握知识的基础上，发展思维能力，丰富精神生活世界，激活更多情绪情感的体验及人生感悟，丰富个人对人生、生命、社会的理解。

育人价值开发，首先要明确人的生命发展在学校生活中有哪些具体表现。

> 第一，培养积极主动、健康发展的人生态度。我曾经和上海市闵行区七宝明强小学原校长吴国丽讲过：儿童的心理天空应该是明亮的。明亮的天空、阳光的心态会成为孩子一辈子的力量，是内生力成长的重要动力。基础教育要做对人终身有用的事，不要不在乎积极主动、健康发展的人生态度。有此，则无论顺境、困境、逆境甚至身处危境，心态依然明亮，会主动想办法解决问题，而不是推卸责任或逃避。
>
> 第二，个体人格的养成与公民素养的自觉健全。人格比什么都重要，人格养成是内在力量的培育，未来社会是民主、自由的公民社会，需要有责任心的公民。自尊自信的人才会尊重人、相信人，不把他人当工具，也不把自己当工具。
>
> 第三，基础学习力的养成和自主拓展性学习需求与能力的培养。这里涉及学习潜力、发展潜力的开发。
>
> 第四，独立思考、批判性发现和创造性解决复杂问题的能力，在不确定、变动性增强的世态中实现自我发展的生存能力之养成。这是对人

的深层挑战，未来社会更加多元、复杂，对人更有挑战，需要关注思维品质的培养。

第五，发展多方面的兴趣，培养融入和改变身边世界的能力，与人为善、热爱生活和生命的人生态度，以自觉创造并可能拥有幸福人生。我们希望每个人都拥有幸福人生，为此需要关注学生多方面兴趣的培养和开发。教育中的兴趣需要培养、开发和育成，不只是依顺学生当前的状态。①

人的精神生命发展的具体表现包括，人的思维方式从简单逐渐复杂起来，形成动态、综合的思维方式；通过知识为不断获得新经验、新思考，对事物有了更多的认识，包括对自然界物质与自然现象的知识以及对人类社会、历史发展的理解；情感越来越丰富细腻，意志力越来越坚强。

（2）在师生生命创造中实现育人价值

人的生命发展就不是仅仅局限于知识的学习，知识量的增多，而是在精神层面上提升生命发展需求层次。育人价值意味着在学校日常教育实践中全面育人。人的生命活动有生理意义上的，有心理意义上的，还有社会性或精神性意义上的。在具体的个人身上，生命发展体现出很强的丰富性和差异性、多元化。在当下教育活动过程中，很多时候教师目中无“人”，只有“教书”或传递知识，把课本中的知识以现成方式呈现给学生，告知学生已有的结论或标准答案，让学生记住以便完成考试。如此完成教育活动，教师就自认为实现了教育的价值。教育价值就被理解为教师是否开展了教育教学活动、效果如何。同时，这也就异化了教师所从事的工作，极度关注学生的考试分数或成绩、评优评价或获奖，参加各种各样的“试”“赛”“奖”活动，把教育活动中“事”的完成及其质量，作为教育价值的重要内涵和标

① 叶澜．变革中生成：叶澜教育报告集［M］．北京：中国人民大学出版社，2019：135-136.

准，恰恰忽略了教育中的“人”及其成长。

对于学生而言，他们并没有被看作一个个鲜活的生命个体，而被视为一个抽象的群体。对于教师而言，只需把教参上所印的知识、所给的答案，给学生解释清楚，甚至只是给出答案，而没有自己对文本的理解、对知识的学习和体验过程，没有把自己的知识学习和创造的过程，与学生进行交流，也就无法针对学生学习过程中的困难、障碍设计教学问题，无法呈现出知识所内含的思维过程、方法，无法体验知识被发现、创造后的兴奋和快乐。

在如上所述的教学活动中，知识处于静止状态，没有转化为动态的思考过程。课本知识以公共知识的形式呈现出来，没有内化为学生个人头脑中的内在知识。个人知识的转化，需要个人知识生产力的提升，还需要个体参与到教育活动中，由此自主经历和体验并形成知识。

个体应在知识学习的过程中，再现或还原知识发现和创造的过程，挖掘知识形成过程中的思维方法，体会其中所需要付出的努力、坚持和成功后的喜悦。这样，书本世界和学生的生活世界有了内在联系，个体主动运用自己的经验和体验，让知识“活化”并指向内部的改造，实现由书本中公共知识向个人头脑中的内在理论和知识的转化。这也是教师和学生之间生命精神能量相互转化的过程。教师将自己的知识学习过程和理解与学生进行分享和交流的时候，将在不同个体生命实践相互融通意义上带给学生启发，打开学生的思路，让学生对知识有更丰富的思考和理解，形成多种解决问题的方法。教育活动，就其过程的本质而言，是人类精神能量通过教与学的活动，在师生之间、生生之间实现转化并生成新的精神能量的过程，而这一过程正是教师、学生主动投入学校日常教育活动中的生命体现。

人的发展的是人的生命本质的本真体现，在师生主动投入日常教育活动中时，人的本质力量呈现出来，在创造过程中需要付出的努力、所经历的意志状态和情感情绪的变化，都让精神世界得到丰富和健康的成长。而且，在知识学习过程中进入人类精神文化世界，学生能把自身发展提升到精神需要层次，具体化为个体生命发展需求，并与人类社会实践、他人生命实践结合起来；同时，由此学会自主做出选择，并形成计划、付诸行动等。这些都是人的生命发展过程，体现为主动、选择、判断、创造的生存方式。“新基础教育”就是要让人在学校生活中回到生命的本真状态，而不是强求什么。因此，实现育人价值根本在于提升人的生命价值，满足人的生命发展需要，提升人在校的生存方式与生活质量。

2. 精神生命发展根本在于自我意识与自觉发展

（1）生命价值在于通过育人活动满足乃至创生学生生命发展需求

生命价值集中表现为人在精神生活上的丰富、强烈需求，在日常生活中具体体现为每个人都想要“活成自己想要的样子”。生命价值意义上的育人价值意味着，学校教育能满足和提升人的生命发展需求，并实现其真实的生命成长。教育过程中，通过教育活动满足学生个人生命发展需要，让学生想清楚自己想要的是什么、怎样才能让自己具备选择和判断的能力，养成生命自觉意义上的自我意识与能力，真正让自己“活成自己想要的样子”。教育活动是学生在校的生命实践状态、人生的重要构成，本身就具有个体生命发展的内涵，决定着个人生命质量。教育生命价值首先意味着学生在教育活动中的生活本身就是精神发展的一种状态。学校生活和班级生活，与同学、教师之间的关系，形成学生丰富的生活状态，这本身就是学生所需要的一种生活方式，也是学生的生命需要。

其次，学生在学校和班级生活中创造生命价值，明确自己的生命发展需求。一方面需要培养学生具有创造此种生命发展需求的意识和能力，另一方面要让此种价值需求、生命发展的需要越来越丰富。

最后，教育活动能够满足学生的各种生命需求。教育就是要在此过程中，让学生去经历自己想要的那样生活方式，让学生产生生命发展需求并满足其需求，从而让他的精神生活逐渐丰富和发展起来，满足个体在学校中的生存和发展的需要。

但在此过程中，需要让学生形成自我意识，产生自我发展、自我价值和生命发展需求的意识和能力，有了此种能力学生才能不断地进行自我反思与重建，不断自我完善，实现自我超越，创造和丰富自己的精神生活。内部改造完成后，学生应参与多种社会实践活动，发挥自己的创造性，呈现出内在的精神能量和体现出人的本质力量，让自己处于主动发展状态。在不同的实践活动过程中，不断地去创造，就会给自己的生命发展带来无限的可能。在与环境的交互作用过程中，形成各种各样的关系，打开各种潜能的发展状态。这样，才能够真正地体现出精神生命的成长状态。

人通过自身的生命发展，提升自身的生命质量，以创造性生命活动实现自己的生命价值，让个人生命变得更有意义，同时对他人和社会都产生积极的促进作用，从而感到快乐和幸福，真正地发挥自己的生命价值。这就是教育生命价值的具体内涵。教育就是要在个体生命实践意义上，实现学生个体的精神生命成长，呈现出生命存在与发展的价值，从而真正体现出教育的内在价值，促进人的自觉发展。

（2）在学校生活中主动成长为主动、健康的人

生命处于不断变化发展的过程中。除了生命生理意义上、物质意义上的变化与发展以外，更重要的是精神生命的发展。精神生命在个体生命实践中将自己内心的精神生活，以向外对象化改造的方式进行外化，呈现为日常生活方式。

无论是内在的精神世界，还是外显的生活世界，都有某种存在的方式与状态，即生存方式。从性质上来看，生存方式可分为被动和主动，即被动地适应、服从、执行他人的意志和想法，或主动创造、自主判断，掌控自己的行为，调整自己的想法，选择自己的方向。

人的生命、生活和生存生动地体现在每一个具体的个人身上。学生作为具体的个人，是有情境性的，生活在特定班级中，有特定的师生、同伴关

系，参与特定教学和班级生活。教育关注人的主动发展，强调个体对自己的生命和他人生命的体悟。人只有学会体悟，才能真正与周围世界、与他人建立起“我—你”的关系，而不是停留在“我—他”的关系之上。除此以外，还需要有大志向、大气象，体现在智慧、爱情和境界上。对此，叶澜说道：

> 对大智慧的追求有一个从“知”到“会”的过程，智慧的获得，首先来源于对知识的兴趣，甚至惊异这个世界上有很多未知的东西，在诱惑我们去探去试，我时常感到苦恼，你的问题就像许多钩子，可以把信息勾住，进入我的思索圈，我为之激动、欢欣或者焦虑，为之调动我所有的生命能量，去试图解决他们，等等。这些都是所谓的人的主动、健康发展的状态，同时人要起而论道，论为了更好的行，行会产生更好的论。所以，做事、做人既要有智慧，又要下苦功夫，就这样才能够形成自觉的习惯，用心去做事，敢说自己想明白的话，不断追求自己的完善。这一点谁愿意做，去做都能做成，从我身上也许可以得到一个结论，任何一个普通人，都可以通过自己的努力去实现自己的追求。

（二）教师在育人价值开发中的立场与行动策略

“新基础教育”改革只有深入每天进行着的学校日常教育实践，深入日常教育实践中每一位教师的行为改变，以及行为背后的教学观念、价值观、理论基础、思维方式等方面的变化，才能真正使得教学改革产生持续的内生力量。

1. 教师需要在育人价值开发上充分发挥创造性

在育人过程中，首先强调教师的生命价值观念。教师应充分认识课堂教学对于自身的生命价值。有的教师认为上课是基本的工作，上什么课及上课的效果，是教师身份、地位、专业水平和资格评定的主要依据。只看到课堂教学指向外在的工具性价值，即通过课堂教学获得个人的名声和利益。在这种思维方式下，教师甚至也将自己视为一种工具，即教学改革的工具。这种观念忽略了教师自身的生命价值，同时也忽略了教师对于学生的育人价值。

事实上，课堂教学是师生的共同生活。教师在课堂教学中通过创造性的教学工作，满足学生成长的生命需要。在此过程中，教师不仅仅是付出，也能满足个人生命成长的需求，对于自身也有着重要的生命价值，是自己职业生活和个人生命的重要构成。教师需要在教学过程中实现个人的生命创造，体悟自己对于职业生命的真切感受，改变自己对待职业生活的态度。这就需要教师在育人价值上充分发挥个体生命实践的创造性。

2. 教师需要在学校变革实践中实现育人价值的逐层转化

首先，教师需要通过对学生前在状态、潜在状态以及可能的发展空间进行分析，进而激发学生学习需求。在教学过程中，教师要带领学生经历知识的形成过程，并与知识创造者的生命实践进行沟通和交流。这样，学生在生命需要的层次上，才能进入自觉自主的状态，进而创造性、个性化地吸收来自于不同学科、领域或活动的文化知识。

其次，教师需要自主学习和思考所要选取的教育内容。在学科知识方面，教师需要经历知识的建构及结构化过程，只有经历学习过程中的困难与障碍，才能够通过自身的学习体悟，将抽象的书本知识与人的生活世界关联起来，在课堂教学互动过程中，能够将书本知识、抽象的符号知识从知识原创者分析问题、解决问题的抽象过程中呈现出来，以“自己的学”去引导“学生的学”，将教师的生命实践与学生的生命实践沟通起来。这样，才能引领学生真正进入书本的知识世界中，在关注学生成长需要的基础上，让书本知识与学生自身的日常生活沟通起来，从而开发出教育内容内含的、丰富的育人价值。

最后，在研究学生并对教学内容进行创造性学习的基础上，结合学科教学内容或活动主题，将育人价值从最一般的概括性分析逐层转化，逐步具体化、系列化，为课堂教学、班级活动的具体设计和实施奠定基础。这样，才能不断满足学生成长需求，不断引领和提升学生需要层次，逐渐培养学生的自我意识和自主发展的生命自觉。

3. 教师需要具有学生立场以及研究学生的新基本功

育人价值不同层次转化需要对学生进行研究，将学生成长需求分析作为育人价值开发的重要前提和基础。因此，“新基础教育”研究并非像课程改革那样，通过课程内容的选择与组织进行课程编制，而是逐渐形成了拓展学科育人价值的行动策略，将改革的切入点放在现有学科育人价值的开发上。作为学校日常教育实践的学科教学，是以课程、教材为基础的，确实需要在课程的策划、设计、编制上进行改革。但是，必须认识到真正使教材内容、学科知识发挥育人价值的是直接在课堂上面对学生的教师。

育人价值开发的行动策略的核心在于，教师充分发挥个人生命价值，在教学过程中进行生命创造，创造性地开展工作，而不是处于一种被动状态。这就要求教师在日常教育教学中研究学生，既要有对于班级学生整体状态的研究，又要有对个别学生的个案研究。教师要有在学生日常行为和言谈中发现成长需要的意识和能力，需要通过分析学生的状态、在班级生活中所遇到的问题、体现出来的新的发展态势，开展研究学生成长需求。只有这样，教师才能够形成研究学生成长需要的新基本功，主动投入课堂教学改革和班级建设中。由此，教师改变在校生存方式，不只是执行规定、传统、常规，而是把课堂教学和班级建设视为促进学生生命发展的重要手段和方式，在自我反思的基础上，思考如何改革课堂教学和班级建设，并在此过程中也逐渐完成自我更新。

二、在育人价值取向下对学校日常教育活动的价值反思

学校转型性变革实践从价值重建开始。育人价值开发只有通过学校变革实践，深入到每天进行着的日常教育实践之中，真正实现新人的培养、实现师生在校生存方式的变化，才能真正体现生命价值在学校变革中的意义，才能让学校具有生命的质感并提升学校教育生命质量。育人价值开发，首先需要对学校日常教育实践及其相应的教育活动进行价值批判，在此基础上进行不同层次的价值重建，结合学校日常教育实践将培养主动、健康发展的人的目标，进行逐层细化、具体化、系列化，也是将价值转化为日常教育实践的过程。

“学校教育日常实践有着丰富的层次和种类。其中，最日常、最为基础性的实践是以班级为单位开展的学校教育活动，它主要由课堂教学和班级生活构成。课堂教学以课程中规定的不同类型的学科教学为重点。班级生活则是指除课堂教学以外的学生在校的班级社会生活。它包括班内的日常生活，也包括各种班级和少先队组织开展的班队活动。以班级为单位的学校教育活动，是学校教育日常实践中最为基础性的构成，是师生学校生活的最基本的组成”[①]，即主要包括课堂教学及其学习生活，以及班级建设及社会性生活。在日常的教育教学实践中，任何活动都有着基本的价值取向。当前，我国学校日常教育实践缺失生命价值。在日常教育实践中，教师更多是将工作的核心和重点放在课堂教学上，班级建设作为班级管理、学生管理的方式和手段，被视为服务于课堂教学。具体说来，应分别从课堂教学和班级建设角度进行价值反思。

---

① 叶澜.“新基础教育”论——关于当代中国学校变革的探究与认识［M］. 北京：教育科学出版社，2006：239.

（一）课堂教学价值反思与批判

“当改革研究进入到学校实践时，透过一节节课，我们看到在学科教学领域中，大部分教师对教育价值的选择还停留在‘传递知识’上，其中有一些教师虽已关注到学生技能、技巧，甚至能力和智力的发展，但大多仅为点缀。”[①] 教师在课堂教学过程中更多关注学科知识范围的目标。当然，教师在教学时的表达或言论中，已经体现出素质教育、三维目标或者核心素养。但在课堂教学过程中，大部分教师还是将目标定为需要学生掌握的技能和技巧，更重要的是考试要考的重点和难点。在课堂上，认真负责的教师往往花更多的力气讲清楚知识、落实练习，使学生牢固掌握知识，以免考试时出错。“以完成认识目标为宗旨的‘教案’，成了控制师生课堂生活的‘看不见的手’，制约着师生的活动，它导致课堂教学变得机械、沉闷和程式化，缺乏生机与乐趣，缺乏对智慧的挑战和好奇心的刺激，使师生生命力在课堂中得不到充分发挥，进而使教学本身也成为导致学生厌学、教师厌教的因素，连传统课堂教学视为最重要的传递知识的价值，也不可能得到完全和有效的实现。”[②] 可见，课堂教学最基本的缺失，就是忽视了课堂教学对教师和学生而言的生命价值。

叶澜认为，传统课堂教学在育人价值方面普遍存在的问题，最突出的是“六多六少”现象：“教师关注认知目标多，关注学生多方面发展少；关注知识点多，关注知识结构少；教师占有课堂教学时间多，每一个学生主动学习时间少；师生一问一答式活动多，生生积极有效互动少；教师关注预设教案执行多，关注课堂上动态生成少；教师关注学生知识掌握多，学生关注学生探究发现少。”[③] 这些都把课堂教学丰富复杂、变动不居的学生个体生命实践简单化为学生的知识学习过程，把它从学生整体的生命活动中抽象、隔离出

①② 叶澜.“新基础教育”论——关于当代中国学校变革的探究与认识［M］. 北京：教育科学出版社，2006：247，248.

③ 叶澜.“新基础教育”发展性研究报告集［M］. 北京：中国轻工业出版社，2004：24.

来，忽视处于不同状态的教师与学生作为独立个体在课堂教学中多种需要与潜在能力，又忽视作为共同活动体的师生群体在课堂生活及其相应的活动关系中多边多向多种形式的交互作用和创造力。

（二）班级建设价值反思与批判

在传统的日常教学实践中，把班级作为教学组织形式之一，班级建设“大多局限于课堂教学的管理，且重点放在维持纪律和处理冲突上，是一种服务于教学实践的维持常态式的行为，不具建设性”[①]。这是大多数教师在班级建设、学生工作中所固有的一种价值取向。在学校日常教育实践中，该项工作通常由班主任来完成。对于班主任而言，经常把班级建设置于课堂教学的附属地位，或将班级建设放在德育范畴里，把班集体建设、思想道德培养作为班主任工作的核心，把班级建设作为一项学生管理和形成理想集体的任务。在实践中，班主任也是担任基础性学科教学的任课教师，因而班主任工作往往被视为大量教学工作之外的额外负担。班级管理或班集体建设对于学生的管理，就是要求学生服从听话，按照班主任的要求行事。同时，任命少数的学生作为班主任的助手，协助班主任管理班上的同学。因此，少数“班干部”处于管理者地位，有着班主任赋予的“特权”，而多数“群众”则处于服从、被管理的地位，缺乏独立性、自主性。这些实际状态充分表明，班级建设对于学生而言缺乏生命价值。

班级活动多数都是全校或年级范围，相对集中的、阶段性的、主题统一的大活动，此种活动主要是按照上级、学校层面布置的活动主题，很多学校由大队部或共青团等学生组织统一策划、集体布置，再由各班具体执行。尽管在学校中，具体活动的开展在形式上会有很多创意，但仍然有一种自上而下的运动式特征。存在的主要问题是，多数内容与学生在校和班级的日常生

① 叶澜.“新基础教育”论——关于当代中国学校变革的探究与认识［M］. 北京：教育科学出版社，2006：292.

活关联不大，也无法反映出学生的成长需求，更重要的是在活动开展过程中，学生参与很少。无论在形式上还是在内容上，都无法贴近学生的发展需要与兴趣，无法体现出班级个性与学生创造力。

从根本上说，这是因为忽视学校日常教学实践过程中人的因素。叶澜认为，无论是课堂教学还是班级建设，都不能忽视的一个基本事实是，课堂教学、班级建设是教师和学生共有的人生中的重要生命经历，是他们个体生命有意义的构成部分。对于学生而言，课堂教学、班级建设是其学校生活的最基本构成，它的质量直接影响学生当下及今后多方面的发展与成长。对于教师而言，课堂教学、班级建设是其职业生活最基本的构成，它的质量直接影响教师对职业的感受与态度、专业发展水平及生命价值的体现。课堂教学、班级建设，不应只是教师为学生成长所做的付出，或完成别人交付的任务，同时也应是自己在工作中的创造，是自己帮助学生成长而获得的职业快乐与尊严，是自己生命价值的体现和自身生命发展的组成。每一个热爱学生和自己生命生活的教师，都应该将课堂教学、班级生活作为本人的个体生命实践。因此，课堂教学、班级建设对于所有的参与者具有个体生命价值。

三、育人价值重建及其逐层转化

育人价值逐层转化，首先必须从学校日常实践整体的、一般共通的层次上重建新的育人价值观，重新认识日常教育实践在育人中的价值，以及为培养怎样的人服务的问题，这些构成了新的学校日常实践价值观的内涵。

（一）第一层次：学校日常教育实践的共通价值观

叶澜认为，当前基础教育中，课堂教学价值重建的核心就是，要从单一传递教科书上呈现的知识，转为培养能在当代社会中实现主动、健康发展的一代新人。“在教学中，教师实际上通过‘教书’实现‘育人’，为教好书需要先明白育什么样的人。只关注现成知识传递价值的教师，实际上是在'育'以被动接受、适应、服从、执行他人思想与意志为基本生存方式的人。青少年学生内在于生命中的主动精神和探索欲望，在这样的课堂教学中常常受压抑，甚至被磨灭。这种情况不改变，教育将成为阻碍社会和个人发展的消极力量。"①因此，叶澜主张学校的学校日常教育实践，应把形成学生主动健康发展的意识和能力作为核心价值，并体现在教育的一切活动中，课堂教学、班级建设不仅不能例外，更是主要领域。

学校日常教育实践的育人价值，就是学校培养目标的具体表达，作为学生发展的理想目标要顾及人的发展全面性。"无论是教师还是学生都是以整体的生命，而不是生命的某一方面投入到各种学校教育活动中去的。因此，任何学校教育活动都会对人的身心产生多方面或积极或消极的影响。每一项学校教育活动都应顾及学生多方面的发展。"②课堂教学、班级建设作为学校教育活动的基本活动形式都是育人的资源和手段，其根本目的是全面育人。

> 学科教学的育人价值不等于学科的德育价值。德育的要求无疑是育人的重要构成，但不是全部。育人价值指向学生个体精神发展的全部：包括头脑中的知识结构层级，思维方式与思维品质，符号理解、互换与整合、综合运用的能力；对未知领域的好奇，发现问题和解决问题的创造能力；对事物认识的穿透力和时空贯通感；对他人的善解、合作与处理矛盾和冲突的能力；对自然世界的感受、理解、理性相处与和谐共生的自觉意识和能力；对人生中相遇的各种美之感受与欣赏，乃至创造愉悦与美的能力；最终归结到对自我个性与人格、发展理想与信心、策划与在现实中践行的生命自觉意识与能力。
>
> 也就是说，学科育人价值的意蕴远远超越于"德育"范畴。如此丰

①② 叶澜."新基础教育"论——关于当代中国学校变革的探究与认识［M］. 北京：教育科学出版社，2006：250.

富的内涵几乎在每一个学科内，都有不同程度的存在，或具有形成某方面精神世界发展的特殊资源和可能。没有一个学科可以被视作无足轻重，所以需要每一位学科教师深度开发，形成对本学科独特育人价值的认识与实践能力。①

“把课堂还给学生，让课堂充满生命活力。”课堂教学对于学生认知方面的发展具有重要意义，但这并不意味着课堂教学对于学生其他方面的发展价值被忽视，或者把其他价值依附于知识学习。例如，在教学目标中有情感目标。从育人价值角度来看，对情感的重视，并不只是将情感视作服务于学生学习的手段，使学生乐学、好学，仅仅让情感发挥有助于记忆的情境作用。在三维目标、核心素养的理念下，教师也越来越重视从教材文本中挖掘出情感态度和价值观的资源，让学生体验并内化为自身的情感发展，但这仍未注意到课堂生活本身内含促进学生情感发展的价值。叶澜认为，对于学生而言，课堂教学的育人价值必然包括情感，而情感的发展则意味着，指向学生在对己、对事、对他人、对群体等方面情感体验的健康与丰富，以及情感控制能力与表达能力的发展。这些都需要渗透在每节课的教学全过程，此外，还需要通过学科内容、课堂教学活动来丰富学生的情感体验与表达。育人价值还涉及学生的意志、群体合作能力、行为习惯及交往能力等方面。其中，每一项既有与认知活动相关的内容与价值，又有相对独立的内容与价值。课程开发往往从片面而非人的生命整体发展进行分析，如在学校教学科目中，某些学科是体现德育的，某些被冠名为研究性课程的科目才具有培养学生创造精神与能力的价值，某些学科是体现素质教育的，某些学科是为应试服务的等荒谬的判断。②只有综合才能构成学生生命的整体发展，才能实现学科

① 叶澜.融通“教”“育”，深度开发学科的育人价值［J］.基础教育论坛，2016(15)：59.

② 叶澜.“新基础教育”论——关于当代中国学校变革的探究与认识［M］.北京：教育科学出版社，2006：255.

课堂教学在完整生命发展意义上的育人价值。

班级建设同样如此，要“把班级还给学生，让班级充满成长气息”。在学校转型性变革中，班级建设与课堂教学改革同等重要，且作为相互独立的实践领域，都是学校日常教育的实践形态，体现同样的价值追求，即培养主动、健康发展的人。“新基础教育”研究“将‘班级’看作因学校行政划分而处于同一个班的学生组成的同伴群体。这一群体的成员在同一所学校的学习期间基本不变，他们生活在同一空间，创造着自己的环境，与班上的任科教师因教学而形成直接的师生关系，学生之间因长期的共同活动形成各种正式与非正式的关系，形成带有本班特征的文化、心理氛围。”①形象地说，班级就是学生学校生活的“小家”，班级建设与课堂生活一样都是学生在校生活的重要构成。学生在班级生活的状态质量与感受，决定着他们的生活质量。

叶澜认为，班级不应只是作为课堂教学的基本组织形式，而是作为学校各项教育活动组织的基本单位。班级建设是一个相对独立的学校实践领域，有着独特的育人目标、任务；是与课堂教学并列的，且具有课堂教学所无法取代的育人价值。班级建设是学生和教师在学校合作进行的，是为促进学生社会性和个性健康、主动发展而开展的学校实践，是学生在校社会性群体生活的重要构成，是学生实现成长和社会化的重要手段和方式，提高学生班级生活质量是学校实践重要的育人价值。

班级建设主要由两部分构成，一部分是学生在班级中的日常生活、社会性生活质量提升型的建设，另一部分是集中进行的有主题、有设计的专题性班级活动系列建设。具体来说，班级建设的主要任务有组织制度建设、文化建设、班级活动建设，通过班级建设活动及活动的参与过程，满足、提升学生的成长需要。班级建设的目的“主要想避免原来的‘集体’观念中十分强

① 叶澜.“新基础教育”论——关于当代中国学校变革的探究与认识［M］. 北京：教育科学出版社，2006：294.

调的制约性的管理与控制，集体智慧凌驾于个体之上的弊端，用‘班级建设’强调学校教育中班级建设主要的功能是促进学生个体社会性和个性的健康、主动发展；集体的建设过程是学生的成长过程；班级群体个性的形成是为了有助于群体中每个人的发展，而不能倒过来说，个人的发展是为了群体的发展。从教育最终目的的意义上，班级建设、集体形成都只是手段”①。

叶澜认为，教师在班级建设、班队活动开展过程中，更多处于研究、引导和辅助学生的地位。师生互动的需要，则体现在班级建设的策划、分工和工作中的反馈、提升与总结上。随着学生自我意识和管理能力的提高，教师的作用更多体现在价值导向和策略性选择上。在班级建设中，除了师生之间的互动，生生之间的互动也很重要。相较于课堂教学活动，学生在班级建设中有更大的自主决策、践行、锻炼与发展空间，其目的就在于让学生有更多的主动性和选择性。在班级建设、班队活动开展的过程中，学生之间的互动合作成为主要形式。

通过班级建设实践活动的开展，更有可能改变学生被动、服从、适应和执行的生存方式。这一切都集中体现了包括学科教学在内的学校日常教育实践共通的育人价值取向。

（二）第二层次：共通价值观在不同学科或活动领域的具体化

教师将培养主动、健康发展的人的目标与课堂教学、班级建设结合起来，在学校日常教育实践一般性的共通层面上，实现育人价值观的认同和转化。在此基础上，需要进行第二层次的价值转化，如此才能将共通的育人价值观落实到日常教育实践。在课堂教学改革方面，具体体现为不同学科的课堂教学；在班级建设改革方面，具体体现为班级组织制度建设、班级文化建设及班级活动建设。

---

① 叶澜．“新基础教育”论——关于当代中国学校变革的探究与认识［M］．北京：教育科学出版社，2006：296.

1. 不同学科教学独具的育人价值

首先，从学科教学角度来看，“新基础教育”研究提出教师必须将自己认同的共通价值观，转化为对学校日常教育实践的两大核心领域——学科教学与班级的独特育人价值理解，并转化为学科分析、班级生活或活动分析。

“为实现拓展现有学科的育人价值，‘新基础教育’要求教师首先要认真地分析、认识、把握本学科对于学生成长而言独特的发展价值。即认识在学校教育中学科的独特价值在于育人，在于学生的发展，而不在于学科知识自身的创造和突破。此时的学科应具有丰富和发展学生生命的意义。我们并不认为学科知识的掌握对学生的发展没有价值、可以无视。相反，它确实是教学中必须让学生掌握的基础性内容。但学科教学对学生的价值不应停留在此，更不能把学生当作是为学习这些知识而存在的，教师是为教这些知识而存在的。教学为学生的多方面主动发展服务是最基本的立足点。”①

叶澜认为，在课堂教学过程中，学生并非单纯为学习知识而存在，教师也并非单纯为教知识而存在，课堂教学价值不能仅仅停留于知识传递，而应该拓展为满足和提升学生的发展需要和成长需求，使课堂教学具有丰富和发展个体生命的意义和价值。因此，学科对于学生的生命发展价值除了本学科领域的知识学习外，从生命发展需要的层次来看，至少还可以有：为学生提供认识、阐述、感受、体悟、改变自己生活在其中，并与其不断互动着的、丰富多彩的现实世界（包括自然、社会、人，生活、职业、家庭，自我、他人、群体，实践、交往、反思，学习、探究、创造等等）的理论资源；为学生形成和实现自己的意愿提供不同学科所独具的路径和独特视角、发现的方法和思维的策略，特有的运算符号和逻辑工具；为学生提供一种唯有在这个学科的学习中才可能获得的经历和体验，才可能提升的发现、欣赏和表达

① 叶澜．“新基础教育”论——关于当代中国学校变革的探究与认识［M］．北京：教育科学出版社，2006：254.

独特学科美的能力。[①]这些就是教师所教学科对于学生生命发展所独具的育人价值，可以概要为必需的理论资源、思想、思维、方法、符号、工具等，以及在学科学习和研究中的经历、体验、能力与学科美的发现、欣赏、表现等。

学生也只有在教师所创设的课堂教学过程中，才能够发展对外部世界进行感受、体验、认识、欣赏、改变和创造的能力，使自己的精神世界从不同学科获得多方面、多层次的滋养，才能够真正满足自身生命成长的需要，并形成认识自我、发展自我的意识和能力。

叶澜认为，学校日常教育实践的共通价值观要从两方面渗透和转化为学科教学的独特育人价值。第一，激活学科知识生命态、深挖育人资源。在课堂教学中，教师受限于知识传递以及因应试教育强大压力而致的价值取向，将课堂教学局限在知识讲授、记忆和理解、运用上，趋向于将教材中固化的、现成的知识、结论或定义、概念符号直接呈现给学生。这样一种现成知识的呈现方式导致学科育人价值的贫乏化。从生命实践意义来看，其深层原因在于，“首先，它割断了两个联系：一是抽象的书本知识与人的生活世界的丰富、复杂联系。使学生不知道知识的生活形态和实践意义，知识成了与他无关的东西，仅存在于书本之中。二是抽象的书本知识与知识的原创者发现问题、解决问题、形成知识过程的丰富、复杂联系。学生不知道知识与人的创造的关系及其创造的过程，便无法发挥知识在激发、促进学生创造性活动的兴趣和提升相关的意识、能力上的作用”[②]。这就使得学科教材在呈现客观真理、现成知识结论时，失去活泼的原生态，忽视乃至丢弃其中所内含的育人价值，导致学科教学育人资源的原始贫乏。

第二，研究学生成长需要、丰富精神生活。教学内容往往是以科学标准为基础所选择的学科知识，主要是相应科学的理论基础，包括基础性知

①② 叶澜．“新基础教育”论——关于当代中国学校变革的探究与认识［M］．北京：教育科学出版社，2006：254-255，252.

识、基本技能和方法，为下一阶段的后续学科知识和专业知识学习做好准备。这在很大程度上忽略了学生成长发展需要与课程之间的内在关系，导致学科育人价值另一种重要的缺乏，“对不同年龄中小学生成长需要的关注的缺乏。它一方面表现为大多数学习科目的内容与学生今日的成长缺乏内在联系，课堂教学内容成了与学生的日常生活隔绝的一个专门的领域，它似乎属于另一个世界；另一方面，学生在成长过程中经常会出现的困惑、好奇、问题、期望、兴趣以及许多潜在的能力等，在学科设置上和学科教学中得不到体现”①。其中，作为学校根本价值的育人问题、作为发展主体——学生的成长需要问题被忽略了。在学科教学价值观的渗透、转换上，需要将学科教学聚焦到学生的成长需求分析，丰富和发展学生的精神生活。

2. 班级建设及其活动独具的育人价值

叶澜认为，在班级建设方面，因为学生是正在成长、发展着的主体，培养学生积极的自我意识，进行自我教育、自我管理，实现学生的独立和自主，是培养主动、健康发展的人的具体体现。在班级建设中，让学生在自我意识的基础上形成自己的成长和发展需求，关注学生需要的满足和提升，增强学生发展内动力，这是班级建设对于增强学生自身内在力量的重要手段和方式。这也是一个人拥有幸福、健康、充实的人生最为重要的。

“新基础教育”的班级建设，将发展学生自我意识与成长需要，增强生命自觉内在力量，作为班级建设的深层目标。提出在特定情境下，人的认识才会出现由对外部世界的关注转向对内部世界自我的关注，这样一个“由外向内”转化的关键性条件。特别强调从人的生命发展角度，分析班级建设过程中学生的成长发展需要，而非运用心理学现有的理论框架抽象地研究学生。叶澜认为：“从教育学的立场看，首先这些研究尚缺乏对影响儿童发展

① 叶澜.“新基础教育”论——关于当代中国学校变革的探究与认识[M].北京：教育科学出版社，2006：253.

各方面因素、儿童发展本身涉及的各方面，以及这些因素与方面，在生活于具体情境中的具体个人身上如何交互作用、综合呈现的研究。”[①]“新基础教育”研究突破了抽象、一般的层面，进入特殊、具体的研究，尤其是对于学校情境中、教育活动中的学生发展问题进行深入、综合研究，分析学生自身发展过程中产生的需要及这些需要的演变、表现领域与方式，真正体现促进学生生命发展的价值追求。学生成长需求分析表明，班级建设的育人价值在于“从发展的意义上把握学生的需要，关注学生在不同发展阶段所呈现的特殊的、与成长相关的需要；而不只是学生现在表现出来的需要。教育的重要任务是促进和提升学生的需要层次”[②]。这使得班级建设面向学生未来的发展，向学生发展的多种可能性开放，从而打开学生的生命状态，促进和提升学生的生命发展需要层次。在一定意义上，提升需要层次就是作用于学生发展内动力，提升个体内在的力量。

这些都是与班级建设相关的育人价值。“新基础教育”班级建设的氛围催化了学生的精神生命。小学生更富有童趣，初中生更能体悟世界和自己。他们并不是传统意义上的好孩子，但却是真实意义上的孩子。他们好动，上课也会不守纪律，学习上也会存在一些问题，但是他们热爱学校和班级生活，不掩盖自己的问题。他们能够与教师进行精神层面的交流，能够在与同伴一起学习和创造的过程中体验快乐和实现发展，表现出比一般学生更强的独立性和自主性。[③]

（三）第三层次：基于教学或活动设计与实施的育人价值实践

学科教学价值观和班级建设的育人价值观属于第二层次价值观重建，在育人价值转化过程中起到承上启下的作用，在此基础上转化为具体的教学设计、班队活动设计，才可能把对育人价值的认识，落实到具体的每节课或每

①②③ 叶澜．“新基础教育”论——关于当代中国学校变革的探究与认识［M］．北京：教育科学出版社，2006：308，309，323.

次班队活动的策划中，为具体活动的开展提供一个与价值取向符合的“蓝图”，最终完成育人价值向第三个层面——最为具体的每节课或班队活动的实践转化。

在学校日常教育实践中，需要把价值观、育人价值转化为每次活动的具体目标，形成目标系列具体化。这是育人价值实践层次最重要的价值转化。

1. 不同学科育人价值指导下的教学设计及其课堂教学

课堂教学育人价值重建的第三个层面，落实在教学设计中，即在日常实践活动的共通价值与学科育人价值认识、分析具体化的基础上，在教学实施中更为具体的、能够指导教学实践的价值转化。具体说，包括学科教学的整体策划和每一节课的教学设计两方面。

（1）学科教学整体策划与知识结构化、活化

在学科教学整体策划方面，“新基础教育”研究十分强调对学科教学内容整体性的重组和加工。首先，教师需要创造性地使用教材，将分散在教材中的点状知识进行结构化处理，按知识结构关系进行重建。在教材编写中，为了能够让学生更好地学习，通常会将学科知识按内在逻辑解构，以知识点的形式分散在教材不同部分。其现实矛盾在于，便于学生学习，但却又打破了知识之间的内在结构关系。

教师需要将学生知识学习置于知识的内在逻辑结构中，只有这样才能让学生真正经历知识的形成过程，由此去体悟知识之间的内在逻辑关系，有时以单元为整体分析单位，有时是以跨单元甚至是跨年段方式，用认知主线将教材中不同内容串联起来形成知识结构。此种结构化的处理，一方面让学生对于知识的学习形成整体性认识，另一方面所有的知识结构内含着学生的思维过程，也体现了知识所蕴含着的人类发现问题、解决问题及概念和理论形成过程。这是教师、学生在个体生命实践中，通过学习、分析知识结构，进入知识形成过程，还原知识原初的生命实践状态，真正实现与人类知识的类

生命联通。

指导学生发现知识之间的内在关系，其实是一种方法结构。学生只有在教师的指导下，通过自主探索，建构外部的知识结构，才能形成自己内在的思维和方法结构。学生掌握学习的主动权，也是生命发展主动性的具体表现。“学生具有发现、形成结构的方法及掌握和灵活使用结构的能力。每个学科都有自己的结构群，不同学科结构群的学习、内化，有助于学生头脑中形成诸多有差异又能相通的结构群和结构思维的方法，这对于学生在陌生复杂的新环境中用综合的眼光去发现问题、认识问题和解决问题具有基础性作用，是身处复杂多变时代的人之生存、发展所需要的一种基础性的学习能力，也是学生的学习能力可自我增生的重要基础。”①

第二，教师采用“长程两段”方式将“结构化的以符号为主要载体的书本知识重新‘激活’，实现书本知识与三个方面的沟通：即书本知识与人类生活世界沟通，与学生经验世界、成长需要沟通，与发现、发展知识的人和历史沟通。这是‘新基础教育’对教师准备教学的新要求”②。当学生以知识为认识对象进行学习探究和认识活动时，个体生命实践与知识中内蕴的人的类生命实践、生活方式重新息息相关，呈现出生命态。“具有内在生命态的知识，最能激活、唤起学生学习的内在需要、兴趣与信心，提升他们主动探求的欲望及能力。”③正是在个体生命实践的意义上，重新激活符号形态的书本知识，才能实现教学内容与学生的前在状态、潜在状态、生活经验和发展需要的内在联通，这是实现由“教书”为本转换到通过“教书”来“育人”的十分关键的一步。

在经过上述两方面教学内容结构化处理和生命激活的加工后，便完成了学科教学的整体策划。主要采用“长程两段”式策略，将其分为“教学结构”和“运用结构”两大阶段。在教学结构阶段，主要用发现的方式让学生

①②③ 叶澜.“新基础教育”论——关于当代中国学校变革的探究与认识［M］. 北京：教育科学出版社，2006：255，256，256.

从现实的问题出发，自主找出知识的结构，逐渐形成以“知识结构、方法结构、步骤结构”为主的综合学习某一方法内容的“类结构”模式。在教学结构阶段，知识结构不是教师“喂”给学生的，而是通过教学过程中师生的互动，在教师的指导下，由学生自主探究、充分体验、发现的。在此基础上，进入运用结构阶段，学生自主运用“类结构”学习同类结构的新内容。“长程两段”式教学策略打破了原有传统课堂教学中学期教学时间的整体安排。“新基础教育”在“学期教学时间的整体分布上，要求打破‘匀速运动’式的按章、按节、按知识点（主要是重点与难点）的量，对课时做近乎均等配置的课时传统配置方式。”“长程两段”式教学设计采用的是“变速运动”方式，在教学结构阶段，可以适当放慢教学进度，让学生充分经历自主解构、建构知识的过程；在运用结构阶段，学生掌握了方法和思维结构以后，能够自主地运用结构形成加速学习。

（2）课堂教学的弹性教案设计

每节课的教学设计也需要贯彻体现学生主动、健康发展的价值观。“新基础教育”通过弹性教案设计，将课堂教学中的不确定性、可变性、弹性因素引入教学过程设计中，为师生课堂教学实践预留主动参与、积极互动、创造生成的可能空间。这就打破了传统的教学详案设计的习惯状态。在传统课堂教学中，通常会详细地列出每个小问题提问方式、预设标准答案，乃至写下教师上课要讲的每一句话，准确计算好每一节课不同环节的准确时间分配。

弹性化教案设计首先要进行目标设计，要从学生发展的角度思考学生的起点、提升点以及学生的学习困难和障碍点。一方面，对于教学内容进行解读、重构和育人可能性的分析；另一方面还需要以学生的前在状态、潜在状态和发展需要分析为基础，围绕知识教学的内容结构，综合分析学生的生命发展需要，要求不仅考虑认知领域的情况，还要涉及情感、动作技能和操作方面，实现对人的发展的整体性思考。

在过程设计方面，强调课堂教学的动态生成，为学生主动参与留出时间和空间。教学过程设计的重点在于有开放式导入、核心过程推进以及拓展延伸等部分，即“由何开始、如何推进、如何转折”的全程关联式设计。至于何时结束，并不是绝对的，不硬性规定教学进度步子大小，不要求全班齐步行进。就使得过程设计有了弹性区间，能够做到不是简单地执行教案，更多地强调教师根据课堂的实际行进状态开展课堂教学。这样，才能使课堂教学有可能照顾班级每一个学生的实际状态，有可能让学生思绪飞扬、兴趣盎然，有可能使师生积极互动，擦出创造的火花，涌现新的问题和答案，使课堂教学回归课堂生成性本质，焕发出课堂的生命活力。

2. 学校不同层面、领域育人价值指导下的活动设计及其实施过程

（1）学校层面的综合活动主题选择与综合性设计

从学校层面来看，以班级建设为核心的综合活动是学生在校日常生活的重要组成部分。综合活动就是学生以班级为单位的类型丰富多样、结构复杂的在校生活，以此作为学生成长和发展的资源，研究学生的成长需要，指向学生的社会性发展，通过改造、重建学生的学校生活，提升学生的发展水平，促进学生群体意识和社会性、个性的发展，内含着丰富的育人价值。

学校综合活动是相对于学科教学而言的，是实现育人价值的又一基础性构成。综合活动的特殊性在于，是以学生的成长需要为出发点，以主题和项目而非学科为活动框架，以学生的全程参与、主动承担责任、产生积极发展效益等，作为开展活动的原则。综合活动不受学科限制，与学校生活、学生发展的节点和韵律紧密相连。通过学校综合活动的设计并让学生充分参与其中，学校因此变成生命场，可以最大程度绽放师生的生命活力。

综合活动在育人价值上具有完整的生命发展性，是“成事成人”价值的重要体现和表达。师生关系在综合活动过程中，更强调合作、平等、相互欣赏、相互成全。综合活动的设计，显然需要从学生发展需要的角度进行综合

性设计，具体地体现为以班级建设为核心的班级组织建设、班级文化建设以及系列班级活动建设，力图体现学生的成长需求，以及学生在社会性和个性发展方面存在发展的新问题、新需要、新可能。此外，需要做一些系列性设计，以反映学生成长需要的演变及系列化。

其中，班队活动、班级建设最基本的功能，就是让学生进行自我管理。可以增强学生在班级生活中不同角色的交流与轮换，丰富每个学生多重角色体验，提升作为班级主人的责任能力；在相互服务与合作的班级日常生活中实现共同发展；真正做到把管理权还给学生，让学生参与班级管理，在参与班级的日常事务中开展服务性工作，真正让班级生活、制度、文化成为一种独特的育人手段和力量，充分开发学生的潜力，帮助和促进每一个孩子更好地认识自己和实现主动发展。

（2）班级层面活动主题选择与系列化设计

在班级活动设计上，要关注学生兴趣和爱好的满足，使班队活动贴近学生的年龄特征，努力培养学生多方面的情感体验、表达。同时让学生参与主题活动的选择。在活动系列化和主题多样性方面进行深入的分析，从而将班级建设育人价值充分地渗透其中。

班级活动设计，首先要从主题选择开始。班级活动核心主题就是要通过班级活动满足和提升学生个性、社会性成长方面的发展需要，这是班级活动育人价值开发的根基。在此基础上，围绕这一核心主题对学生的学校生活领域进行分类，进而根据不同年段的学生年龄特征、不同年段阶段性的问题进行纵向的年级活动系列设计和横向的年度或学期活动系列设计。

确定班级活动核心主题后，需要进一步对班队活动主题内容进行分类，根据学生个体生命实践类型，一方面指向外部，进行外部世界的改造，形成对外的各种实践活动和关系；另一方面指向内部，进行自我的改造，形成指向内部精神世界的各种活动和关系。因此，班队活动的内容主题也可以分为两大领域。一是外部世界的改造，将学生个体的在校生活与外部的社会大环境、热点事件以及社会、物质、政治文化、精神生活联系起来，并将其转化为班队活动主题的内容构成，也包括学校或班级群体生活、家庭生活等小环境中的一系列问题、生活状态、生活事件，这是学生最熟悉的环境。此种内生性的、内源式的环境及其中相应的生活、现象世界，是班队活动主题最直接、最丰富的主题资源。二是指向内部精神生命世界的改造，直接与学生自我发展的一系列问题相关。在与外部世界大环境、小环境相互作用过程中，学生形成内在感受、体悟，激发与提升内在精神生活需求，如自我反思、同伴间分享与交流、与教师或父母的情感交流等，直接指向活动主体内在精神世界发展，从而丰富内心世界，促进精神成长及健康人格的发展。因此，应在班级活动资源充分开发的基础上，将向外的活动经历与体验和向内的自我意识与重建有机结合起来，充分满足学生精神生命成长与发展需要。

这两大领域的活动主题选择及相关活动设计都让学生在班级的群体生活中获得丰富的经历、体验和成长，能够发挥自己对于个体和群体的育人价值。从中可以看出，两大领域的班级活动的系列建设都聚焦于当代社会需要的新人精神培养的基础性构成，培养主动健康发展的人。因此，这些主题在不同年级以及同一年级的不同时段、不同班级乃至每个学生都会有不同的表现。

“新基础教育”坚持从主题选择、方案设计、组织分工、准备活动到活动的正式举行等全过程，都要最大限度吸收多数学生参与，使活动成为学生自己的事，使整个过程都发挥育人价值。

四、育人价值开发的日常教育活动改革转化机制

“新基础教育”研究中，学校日常教育活动及其改革是在育人价值指引下完成的。根据教育生命价值立场与取向，进行日常教育活动改革，以实现育人价值开发。学校日常教育活动通过活动转化实现育人价值，真正促进学

生的生命发展。

“新基础教育”理论的重要特征是过程研究，揭示了学校变革过程的多重转换、生成的创新本质，特别关注教育活动中相关的人、观念、事物、活动之间的转化与生成，这既是教育活动的过程本质，也是人的生命成长发展的过程本质。实质上，这是育人价值的教育活动改革转化机制，即社会发展外在需求向教育内部目标的转化与生成，进而向学校变革中日常教育活动创造性设计与实施的转化与生成，实现人之发展自觉的转化与生成。

（一）对育人价值开发实践结构的分析

在学校日常教育实践层面上，课堂教学、班级建设，以及不同层面的学校综合活动等育人价值开发及实现程度，直接影响学生发展。从形式结构看，教育活动具有人类实践活动的一般性内在结构，即活动是由活动者、活动目的、指向的直接对象、运用的工具、方法手段、活动过程与结果活动产生的效应及评价等一系列要素和环节构成的。从事理角度看，对教育活动进行过程研究，即深入分析教育活动的多层转化、生成、创新过程。

在此过程中，需要完成一系列转化和生成。首先，转化的起点是目的的形成，即实现外在于教育的社会发展需求，向教育内部目标的转化与生成。其次，在目标的价值分析基础上，将内含着价值取向的观念更新，向创造性设计与实施教育活动的转化。再次，教育活动过程中师生交互作用及其内在逻辑的转化生成。最后，教育活动日常实践变革，向实现人的自觉发展的转化与生成。这一系列都是为了能够使教育价值、目的更有效、更合理地实现转化，最终实现每个人的真实发展。

活动主体的价值取向选择与判断必须具有现实基础和理论依据。因此，需要通过教育基本理论分析，对活动主体的价值取向进行价值合理性的判断；同时，根据教育发展历史和现状，还要做发展趋势判断、未来需要和可能性判断。

从活动进行的角度看，教育活动具有目的预设性，这是人类活动在一定意义上的共有特征。但是，教育活动尤其是制度化的教育活动，不仅预设目的，对过程也有预先决策和计划。教育正是通过教育者预先选择教育目的，才有可能通过活动得到实现。但是，在课堂教学或综合活动中，教师和学生会受到具体的时空物质条件环境、文化以及学生个人的发展水平和程度影响，此外，教师和学生之间的互动会产生哪些影响，是无法事先完全预测的。而这些恰恰是真实教育过程的即时状态，具有生成性，也是实现教育目的的关键因素，具有丰富的育人价值。

在此基础上，需要进一步思考日常教育活动的过程本质。教育活动的过程本质也是人的生命成长发展的过程本质，这两个过程的协调、融合是教育价值实现的根本保证。

学校日常教育活动具有要素关系复合性和教学活动双边共时交互作用性。从活动结构角度看，包含着教师、学生以及教学内容，即教师和学生主要以教学内容为载体和中介进行交互作用。因此，教育活动过程中，教师与学生形成不同层次上的主客体关系、复合主客体之间的关系。教育活动过程是由教与学两类活动组成的。只有教与学两类活动同时开展并且产生交互作用，才会产生有机意义上的教育活动。

教育活动就是将预设的目的转化为现实的教育存在，实现育人价值的实践转化，因此转化与生成是教育活动的过程本质特征。

（二）对育人价值开发实践转化过程的分析

育人价值开发就是着力于将预设的目的或者预设的目标向现实存在转化的过程。育人价值开发的过程就是教育活动转化过程，此种转化过程的特殊性在于，转化发生在两大主体之间，即教师是教的目的设定者，学生则是活动结果的体现者。在教育转化的过程中，教师有目的的创设活动，学生则通过活动使自身发展的多种可能性在教育提供的可能发展空间中转化为现实发展状态。这就是育人价值实践转化的本质，即从目的的形成到结果实现的全过程。

这中间经历了一系列的转化，主要包括以下几个步骤：一是价值需求向教育目的预设的转化；二是教育内容的选择、转化与重组；三是教与学之间的转化；四是个体内在的转化。这是育人价值开发的完整过程。育人价值开发过程中的每一步转化都是一个复杂的整合和具体化过程，在每一步骤中，教的活动与学的活动在同一时空中都要实现交互作用，两类活动主体都要产生个体生命实践意义上的直接交往。也正是在此意义上，把教育活动及其过程本质视为一种特殊的生命交往活动，此种交往活动在育人价值开发的不同阶段呈现出内在关联性。

在日常教育活动中，教师和学生形成特殊的教学关系。教学关系意味着教师承担影响学生身心发展的任务与责任，学生需要在教师的影响下才能实现某种发展。

育人价值开发的第一步转化就是形成预设的目的。日常教育活动要有预设目的，无论是课堂教学、主题班队活动，还是其他的学校综合活动都有具体的活动目标。目的的形成过程是复杂的多维整合过程，即把外在于教育的各种价值需求转化为教育自身目标的过程。这需要教师具备良好的个人素养，丰富的生活经历，而且需要教师具有大视野，能够读懂当前社会变革，把社会发展与转型对人的发展需求及对各种人才基本素养的要求转化为课堂教学、班队活动的目标。之后，需要研究学生，结合学生的年龄特征及每一个学生具体的、个体发展的差异性需求。不仅如此，还需要将这些要求与课程标准结合在一起，形成系列化的教学或活动目标设计，形成年段之间、课与课之间、活动活动之间的目标关联性和差异性，从而将系列目标和教育全过程及人的生命发展过程结合在一起。育人价值目标的整合与转化，最终以目标预设的方式体现出来。

育人价值开发的第二步转化是教育内容的选择，即以目标所内含的育人价值取向与要求为标准，选择人类文化中可以用来实现人的生命发展目标的知识及内容。这些构成了教育内容，由此把目标中内涵的生命价值取向渗透在教育内容中，包含教育内容的教育活动过程也实现了转化。这就是教育内容转化过程中内在的特殊性。选择教育内容后，需要根据学生学习和内化接受的可能性，进行内容组织和结构化重组，体现出教育活动的阶段性和连续性，以及内容之间的关联性和前后顺序性，从而将教育内容转化为学生可以接受的特殊的教育知识，转为丰富和创造学生精神生命的“营养品”。

育人价值开发的第三步转化是教师与学生之间的交互作用。教育活动需要教师和学生之间进行直接交往，在师生互动过程中，不仅仅有教育内容的信息交流，还有非教育内容上的沟通，包括教师对学生行为的态度，以及学生对教师要求的反馈。师生之间的情感交流，以及教师和学生身上所独具的个性人格特征都会相互产生影响。需要特别指出的是，对于学生生命发展而言，在教与学转化中形成特定的课堂生活、班级生活等有着很重要且丰富的育人价值。

育人价值开发的第四步转化是学生通过参与教师有目的设计的各种教育活动，在个体的学习活动和实践中，按自己的需要和可能有选择地吸收教育内容所内含的精神营养，为自己的生命发展提供重要基础。同时也把教师作为学习的对象，一方面在与教师的交往过程中获得情感体验，另一方面也能够从教师身上看到优秀的品质，以教师的行为、思想、人格来改善自己的个性，丰富自己的精神世界。

第六章　基于学校变革评价实现“成事成人”

实现学校整体转型，这是我们的“成事”追求，但如果只关注学校转型，不思考在转型过程中如何促进人的变化，那么事做不好、人变不了，最终也不能实现综合整体的学校变革。……“成人”是在“成事”的过程中实现；成长起来的人又能更好地促进转型变革事业的实现。[①]

——叶澜

叶澜认为，“新基础教育”研究是以学校为“细胞”单位的整体转型性变革研究，以对当代中国基础教育现状的价值反思为起点，创建现代新型学校，进而改变师生在校生存方式。正是如此，学校变革评价不能用预先设定的固化标准框设还未开始或正在进行的改革实践，而应与改革过程一起进行深化、推进。要与学校变革结合在一起，通过评价改革指向、推进学校变革过程，进而促进教师发展，使其成为实现改革过程的方法和内在组成。在“新基础教育”研究中，

① 叶澜.“新基础教育”内生力的深度解读［J］.人民教育，2016(Z1)：33.

学校变革评价需要与学校转型性变革相一致。其功能定位在于，推进学校变革发展，以改变师生在校生存方式。

学校变革评价是因学校转型性变革所需而建构的，在教育生命价值立场与取向下，其目的旨在“成事成人”。“就学校转型而言，学校变革首先指向教育价值观的变革，对学校教育的价值和学校培养目标，需要有符合时代变化和发展的重新定位，价值导向的变革又必须渗透到学校改革的具体实践中去，并通过改革实践去改变实践中的人，使学校变革和教师发展成为一个事情的两个不可分割的有机组成部分，实现‘成事’与‘成人’的统一。”[①]“新基础教育”学校变革评价的价值取向就是“成事成人”。在学生和教师个体的意义上实现生命自觉，也就是教师和学生的生命发展，真正改变师生在校的生存方式。学校变革评价必须从价值取向重建开始。

一、“成事成人”：通过评价改革推进学校变革、实现教师自我更新

要实现学生的生命发展，需要先实现教师的生命发展。对学校变革实践进行推进型评价，也是对于教师成长和发展而言的“成人”教育活动。此种“成人”不是长大成人之意，而是成就人的发展之意。学校变革推进型评价将教育生命价值进一步转化为教师的生命发展。由此，最终实现师生成长为主动、健康发展的人。

（一）推进学校变革实践的评价改革功能需求

目前，在所有评价改革实践中，论及评价时，都主张用评价作为“指挥棒”来指引改革，甚至作为教育改革的前提。但是，“新基础教育”研究关注的是如何把评价改革和教育改革结合在一起，让评价改革指向学校的变革

① 叶澜．方圆内论道：叶澜教育论文集［M］．北京：中国人民大学出版社，2019：338.

过程。

1. 学校变革与评价改革的关系及其价值反思

学校评价改革一直是“新基础教育”在转型性变革过程中积极探索的问题。学校变革性质上是一种在实践中不断创生的学校整体转型，这是前所未有的、创新的教育改革实践，教育实践者面临着改革的不确定性和巨大风险。教育改革因此面临着很尖锐的评价问题，“评价改革就像‘拦路虎’一样，使教师不敢走近改革，他们顾虑重重：改革使学生成绩下降影响升学怎么办？学生积极性高纪律差了，班级评比得不到红旗怎么办？其他评价人员（指未参与实验的）持另一套标准，教学大奖赛上不去、职称评不上怎么办？面对这些关系到学校声誉等级、社会认同、经济效益、个人晋升等一大堆可能出现的实际问题”[①]。既有对改革的担忧，也有对个人和学校利益的顾虑，这是在任何教学改革过程中都会遇到、绕不开的焦点问题。其中，深层次的矛盾在于，教育实践者观念中的教育改革和评价改革两类改革之间的现实冲突，“改革与已有评价体系的矛盾，参与改革的实践者与改革之外具有评价权的评价者之间的矛盾”[②]。在改革过程中，存在着“做的人，无权评价；评的人，不做改革”的矛盾局面。改革与评价之间缺乏内在关联，导致了两类改革“双重脱离”的现象，即评价者脱离学校变革实践，评价过程脱离学校变革实践过程。从根本上说，矛盾核心是现存评价体系与正在进行的改革之间，在评价标准和评价主体方面存在着不同，甚至巨大差异。“为此，有人认为，‘评价改革’应该走在‘学校改革’前面。这也是我们经常能在实践工作者那里听到的一种说法：‘考试制度不改革，素质教育无法开展’”，“试图走一条通过‘终点’改革指向‘起点’改革的路”。这就是在教育改革过程中，人们处理评价改革与教育改革或学校变革之间矛盾的常规

①② 叶澜．变革中生成：叶澜教育报告集［M］．北京：中国人民大学出版社，2019：52.

思路，即在改革未开展前，就组织相关领域的教育理论研究者和实践者（但不是改革的实际参与者），通过引介国外经验、结合本土研究，在理论上预先建构改革的目标和标准，由此指导改革。依此思路，这些年来确实有不少改革研究试图形成一套新的评价改革的标准与测评方法。但一到实践中，一些教师却反映：这样做比“应试教育”要考的东西和花样还要多，故被戏称为“××教育应试化”。这就是评价中的“应试”思维，不是解决问题的根本办法，体现了对教育改革复杂性认识的不足。

就评价改革和学校变革两类改革的关系而言，叶澜认为：“评价的目的首先在于推进改革，而不是用通常衡量结果的指标来直接评价改革是否成功。”[①]因此，首先在评价改革方法上进行突破，运用复杂思维将评价改革置于学校变革实践中进行整体性分析，形成两类改革之间的双向、动态建构的关系。“新基础教育”研究“采取了评价改革贯穿于学校改革研究与实践全过程的策略，打破了‘两类改革孰先孰后’式问题的思维定式，改变了评价者在改革之外，评价过程外在于改革过程的传统”[②]，使学校变革评价成为深化学校改革认识和推进实践中的重要构成，把学校改革实践认识的深化过程与阶段成果不断转化为评价改革的深化过程与重要资源，使两类改革交互推进。

评价改革成为教育改革的认识深化和实践推进中不可缺少的研究力量。叶澜对现实中支配着人们行为的评价观与实践形态进行深刻反思，认为在传统教育评价中，“一提起正规的评价，人们马上产生的联想是：一套评价指标体系，它由评价专家或具有评价资格的人制定，犹如一把丈量对象的尺，具有通用性和客观性；一套测评方法，它的制定有科学依据，使用要遵循操作规范；一个专门的过程，由专人负责，评价主体与行为主体关系越远，就越具有公正性。总之，评价追求的是客观、科学、公正，力求定量化，力除

①② 叶澜．变革中生成：叶澜教育报告集［M］．北京：中国人民大学出版社，2019：63，52.

来自行为主体的主观性”[①]。这些都导致评价主体与教育主体的脱离，评价过程与教育过程的脱离。评价过程成了由非教育活动参与者对已经完成了的教育过程进行记录、描述以及结果的测量和判断，而不是直接指向正在进行的教育过程本身。即使现在评价改革中经常提到形成性评价，但在评价内容方面仍然指向改革结果而非指向改革过程。事实上，形成性评价与总结性评价之间的差异，仅仅在于评价介入改革的时机和评价的目的不同。“具体地说，形成性评价与总结性评价的区别，首先在评价的目的与作用上，前者意在对正在进行的课程做出效果反馈，并根据反馈不断做出修改；后者则意在做出课程总体的效果评价，以比较确定不同课程的优劣。正是目的、作用的导向，带来了评价插入时间的差别，前者在课程进行之中插入，是对课程阶段性或局部教学效果的测试；后者则在课程结束之后进行，是对总体课程效果的测试。”[②]可见，形成性评价与总结性评价，在评价内容上本质相同，指向的都是教育结果，即学生经过教育以后发生的变化，而非指向教育过程本身，只不过是阶段性结果与结束后的整体效果之分而已。

在“新基础教育”研究中，学校转型性变革在改革实践中需要对改革过程进行分析和研究。因此，首先需要通过评价对现有的状况进行批判性反思，分析其中存在的问题，并形成指向教育生命价值取向下的改革方向。由此形成指导改革实践的价值观念与原则性要求，与“新基础教育”生命价值、学校变革价值取向和观念更新关联在一起，内含学校变革所期待的“新质”的指向性和可能性。

其次，进一步开展实践探索，从而使学校变革过程中反映教育生命价值取向与理想的“新质”特征逐渐呈现出来，经过大量的持续实践、观察、反思、评析，不断总结和提升，使得反映学校变革新质特征的教育活动的步骤、过程及其内在结构、逻辑逐渐丰富和清晰起来，正是在学校变革评价及

①② 叶澜. 变革中生成：叶澜教育报告集［M］. 北京：中国人民大学出版社，2019：53，54.

其研讨活动中，形成新型学校之“型”。

学校变革实践和评价改革实践是在动态推进中相互构成，形成双向动态建构，产生长期的相互影响的过程。这两类改革实践具有共同的价值取向和观念，面临着共同的改革任务，因此，两类改革需要统一在改革的过程中，而不是在改革之外。需要用“推进型评价”指导“新基础教育”学校变革的评价体系重建。推进型评价在评价指向学校变革过程的意义上，是对过程性评价、形成性评价的深化和创新，打破了传统评价的理论基础，即科学主义、实证原则、功利倾向的评价传统。叶澜认为，教育改革需要有评价改革作支撑。这种改革首先要关注的是新评价功能的开发，而不只是评价技术与手段的精细化。最重要的是，不能用内含着过去被广泛认同的价值观、教育观和质量观的评价工具来衡量变革本身。这就是“新基础教育”研究探索推进型评价的原始动力。

2. 价值重建与功能更新：通过评价改革实现“成事成人”

评价改革是学校变革的构成及推进改革的方法和策略。评价改革也是人为系统，与学校变革在思维、方法论上相同，即需要先确立评价改革的功能需求，并在此基础上形成评价体系与结构。而且，评价功能需求是与学校变革的价值取向、思想观念有着内在一致性，都是为了促进人的生命发展。学校变革推进型评价发挥推进学校变革的功能，通过评价改革指向教学改革之“事”，成就教师在变革实践中的生命创造与自我更新，培育教师的生命自觉。

“新基础教育”研究中，叶澜提出评价改革的目的功能“不只是评定结果（无论是阶段的还是终结的），也不只是对事实的认识和解释，而是旨在通过评价，发现改革过程的问题、经验和教师达到的不同水平，形成新的学校改革各实践领域的过程结构的抽象；我们的目的还不只是停留在过程认识的形成和完善，而且还想通过评价促进学校领导与教师的自我反思，促进我们自身对研究的反思”[①]，将评价指标表达的新“型态”转化成教师的日常行为。换言之，学校变革推进型评价为了完善教师改革行为，直接指向改革行为本身，而不是指向行为结果；是学校改革过程中有机而独特的组成，并不是改革实践及其过程之外的一次“插入”。因此，评价改革指向学校变革过程本身，同时也使得变革实践中的研究者、实践者、评价者“合一”，共同面对“正在改革着”的学校变革实践，共同开展研究和分析。

评价改革作为学校转型变革中的重要构成，也秉承着学校变革的生命价值取向和理念。重建价值取向是推进评价体系重建的前提。推进型评价的功能定位于推进学校变革，这就要求评价的价值取向与学校转型性变革相适应，形成促进人的生命发展的推进策略，将评价改革指向学校变革过程和教师的发展过程，实现“成事成人”的价值追求。

“用新的评价指标促使改革研究者和实践者对新型学校之‘型’的认识具体化的过程，实际上就是要把价值追求转化为实践标准的过程”[②]，即将新的教育理想转化为相应的评价指标体系。这一切都是在评价改革与学校变革相互作用的过程中实现的。因此，“形成了以推进变革为核心的最基本的评价功能，以推进变革为核心的最基本的评价功能：即将已确立的价值观转化到各项评价项目、指标和分数之中去，再通过被评价主体的认识、理解、实践、积累、反思、体悟、再实践，进而转化为被评价主体的价值理念、思维方式、教育教学的策略与行为方式”[③]。这样多次转化的过程一方面在改革过程中，让学校转型的新“型态”通过评价逐渐清晰和丰富起来；另一方面，在改革过程中形成评价主体和实践主体之间的双向沟通和转化，从而使研究者和实践者在评价主体的意义上，形成新的价值取向、变革理念、相应的变革行为、新的参照系，实现从模糊到清晰、从简单到复杂的转变。这是价值观念实现外化与内化循环式双向转化的过程，也是双方共同成长的

①②③ 叶澜. 变革中生成：叶澜教育报告集［M］. 北京：中国人民大学出版社，2019：54，71，71.

过程。

推进型评价在价值取向重建的意义上，指向“成事成人”。从“成事”来看，就是要将“新基础教育”的教育生命价值理念，通过评价指标的方式转化为新“型”的具体化和可操作化的分析和思考。从“成人”来看，是让教师在参与改革的实践中，通过改变自己头脑中的新参照系与日常行为，将“新基础教育”的生命价值表现出来，从而让教师真正在个体自我更新发展意义上，实现“新基础教育”的生命价值。

（二）在推进学校变革实践中成就教师发展的评价改革策略

“新基础教育”评价改革不局限于指标体系构建，也不局限于集中式的规范评估，而要深入评价观、实践者的评价期望和日常教育实践与研究中的评价活动等全方位、全过程的评价改革。这样才能够更好地把握评价改革与学校变革之间的内在关联，才能真正实现评价改革推进学校变革的功能，让评价改革成为学校变革的重要构成。当然，更重要的是，评价改革实现教育生命价值的转化在于教师个体的发展。

1. 学校变革推进型评价的内在特征

（1）“评什么”：指向学校变革实践及其过程

学校变革评价体系与传统评价改革之间最重要的、也是最大的不同在于“评什么”。学校变革评价指向学校日常教育活动及其变革实践的过程，而非变革完成后的最终结果或者改革过程中某个时段的阶段性结果。从而将评价改革指向学校变革的过程，分析学校变革阶段，并对阶段之间的转化及其中的重要节点进行分析，然后再对转化过程进行整体概括，体现学校变革过程。在此意义上，学校变革推进型评价是对学校变革实践及其过程的事理研究活动。

叶澜认为，“新基础教育”需要指向变革本身的评价，而不是对变革结果的评价。因此，促进变革和反映变革过程的新质，成为“新基础教育”评价指标研究的指导思想。这与过程性评价、发展性评价的不同在于，推进型评价的价值定位在于：作为推进变革的手段，不能够依靠阶段性的、集中式评估，也不能将评价活动和过程同教育教学改革和过程脱离开来，而是与学校日常教育活动及改革过程结合在一起。评价活动需要以非正式评价方式渗透于变革过程中，成为变革的组成部分。

“新基础教育”在日常教育活动中的评价改革，包括每一次课堂教学、班级活动的研讨性评课，其宗旨就在于，将评价视为一种发现问题、经验或可能创造的过程，成为相互切磋、讨论以至变革认识清晰化的过程，也成为养成教师进行反思和提升自我意识的过程。在评课研讨过程中，逐渐改变教师的评课期望，把“公开课”的“圣”化倾向，逐渐地转向研讨课的“实”化，即真实、平实、丰实、扎实、充实，形成新的评课文化。研讨课及其评课活动应真正体现“发现问题就是发现发展的空间”“解决了问题就是实现了发展”的“成事成人”价值取向，从而真正帮助教师重新认识课堂教学中存在的问题。对于教学改革和个人自身的发展价值，提倡教师不是回避，而是直面实践中的问题，将问题解决转化为真实的发展。

（2）“怎么评”：研讨性评课

在推进学校变革的过程中，评价改革既是学校变革的重要组成部分，也是促进和推动学校变革的方法和策略。推进型评价将评价改革与变革过程结合在一起，真正让评价成为学校变革的过程。推进型评价通过研讨性评课，研究者和实践者一起发现问题、形成经验和分析教师发展水平，对新的教育活动及其过程结构进行抽象、概括，并由此提炼、形成所期待的“新质”特征。

在此过程中，理论研究者通过研讨性“听—说—评课”方式，深度介入学校变革实践及其过程。一方面使研讨性评课成为学校变革的研究活动；另一方面研究者借此介入学校变革过程，和实践者一起参与学校变革实践，将日常变革实践中涌现的新经验、新创造，以及在新价值取向下改革实践创造出来的新质特征进行抽象，从而概括、形成新型学校之“型”的形态特征，促进教师对未来新型学校的认识逐渐具体化、清晰化。研讨性评课也是认识和深化学校变革实践不可缺少的重要构成。

研讨性评课作为推进学校变革的评价方式，成为学校变革的事理研究过程。这不仅仅可以由研究者完成，作为实践者的教师个体，也可以进行自我反思，进行事理研究。

2. 通过推进型评价改革实现“成事成人”

每位教师只有在评价推进学校变革的过程中，学会改革，学会更加有效地开展课堂教学、班级建设和主题班会活动，并在此基础上学会反思，更新自己头脑中存在的价值取向、教育观念和行为参照系，才能够真正地实现自身的发展。

在“成事成人”价值取向下，从指向学校变革的“做事”来看，教师对学校变革之“型”有清晰、具体的认识，同时也据此有效开展学校日常教育实践中的课堂教学、班级建设等教育活动，真正地实现育人价值开发，培养主动、健康发展的人。从教师指向内部的自我更新而言，教师将教育生命价值取向以及在教育改革过程中的教育价值转化为自身的发展，在此过程中也能实现个人的生命价值。

（1）指向教师日常教育活动改革之“事”

评价改革能够通过促进课堂教学、学生工作、班级建设等方面的改革，在教育活动中实现教育生命价值的转化，每一个学生都能得到不同程度的发展，这是评价改革“成事”的本质所在。当然，在教师的教育活动方面，将教师在变革实践中所创造出来的教育活动的新形态、新质特征进行总结、概括和提炼，使之呈现出认识具体化和操作化。

推进型评价改革帮助教师更好地开展学校变革，主要是班级层面的教学工作、学生工作以及学校层面的管理工作。在推进、指导教师所做之事的过程中，教师学会做事，让自己的日常实践及改革更有效，更有创造性，能够更好地实现育人价值，将教育理想转化为现实，将促进学生主动发展而设计的培养目标，转化、落实到每一个学生个体身上，实现生命发展和真实成长。

（2）指向教师的自我反思与重建

从教师发展的角度来看，学校变革是教师的实践创造，是在研究者指导下按照新的价值取向，在日常教育实践活动过程中开展变革，实现创造，探究、创生新型学校之"型"的过程。研讨性评课成为教师的研究性变革实践，"听—说—评课"活动成为课堂研究、推进的重要方式和过程，建立研究者和教师之间的交流和互动。同时，评价可以促进教师的自我反思、促进教师对自己做"事"过程进行深刻认识，因此成为促进教师发展的重要策略和过程。

评价可以促进教师的自我反思和判断，培养教师对学校变革的研究和认识能力，形成理论学习和实践反思能力。在研讨性评课中，首先教师要将传统理论和"新基础教育"理论进行比较，从而将自己的理解转化为自己的课堂教学行为。其次，将自己的反思和对他人的评价，与其他评价者做比较，分析差异及其背后的原因。最后，将自己现在的理解和过去的理解进行比较，将自己现在的行为与过去的行为进行比较，发现自己变化的过程、变化的阶段以及在不同阶段的关键性事件、变化的关键点。这就是理论在个体意义上形成内在理论并转化为日常课堂教学行为的过程。教师通过评价活动，不断地对变革进行认识、理解、实践、积累、反思、体悟、再实践，进而转化为自身的价值观念、思维方式、教育教学的策略和形式，形成对变革的深刻认识，同时也学会改变、学会做事，指向自己内部世界的自我改造，形成新的自我和超越，在课堂教学中进行创造。

只有评价改革指向实践者在变革实践中的行为过程及结构分析，指向每一步改革的目的、理论依据及新要求，才能够对实践者的行为改变及其反思、重建起到推进作用。因此，要从评价改革结果转向评价改革行为的基本过程结构，从而促使改革实践主体实现自觉改革与创造。这就是“新基础教育”评价改革在核心问题上的重要变化，是学校变革评价“成事成人”的价值追求在评价研究中的具体体现。

二、“成事成人”价值取向的推进型评价改革

学校变革评价主要解决四大问题，即“为何评”“谁来评”“评什么”“怎么评”，即关于评价的价值取向、目的与功能、内容与标准、指标体系、方式与方法、组织与安排一系列问题的思考。在“成事成人”价值取向下，学校变革推进型评价功能更新，需要变革传统评价，重构推进型评价体系。

（一）在学校变革实践与理论研究中形成多元评价主体

学校变革推进型评价是一种研究者、实践者与评价者合一式的评价活动，实现评价主体的多元化。“新基础教育”主要是由高校的专业研究人员、参与研究的中小学教师、校长以及试验学校所在区县的教研员与相关行政人员，合作开展的一项学校教育整体性改革研究。在推进学校变革实践中，研究者、实践者、教研员或行政人员逐渐成长为评价主体。这三类不同意义上的变革实践主体，也因此构成复合评价主体，在改革过程中有着各自的分工。

1. 在变革实践中实现评价主体与改革研究主体的统一

高校专业研究人员，通常是教育理论研究者，负责课题的策划、设计和进入学校现场参与评价与研讨性评课，具体包括评价方案指标设计、评价活动的组织与实施、现场评价活动结束后的总结与反馈，开展参评学校的变革

评价结果分析和下阶段工作的策划，等等。高校理论研究者作为评价主体，深度介入学校变革实践中开展日常评估，对改革实践者的“成事成人”状态进行分析，对学校日常变革实践状态进行诊断，促进经验发现，同时也与其他主体共同商讨改革的进程。

学校领导与教师，既是学校改革的研究者，又是推进型评价的参与者和直接受评者，是多重角色的统一。一方面，他们主要承担着所在学校的日常变革工作，另一方面，在推进型评价改革中又是自主的评价者，通过梳理本校改革进展状况，呈现学校改革历程、阶段以及不同阶段的关键节点，分析教师和教研组在改革实践中的过程、状态、主要经验和问题。同时，他们也是共生体内校际互评的参与者，通过对其他学校的评价与自己学校改革状态进行比较，加深对改革的认识，学习更多的方法和策略。学校之间的互评形成集中交互学习和交流的研讨机制。

教育行政人员参与评价改革，也能够从中了解实验学校的发展状态、经验与问题，同时深入思考改革进一步的发展需要什么行政支持，如何把项目学校的成功经验在更大范围内推广，等等。

在推进型评价改革中，理论研究者和学校实践者、教育行政人员都因参与学校变革实践而成为评价主体，使得评价和学校变革过程有机结合在一起。

2. 通过评价改革研究学校变革实践

研究者、实践者身份各异，作为评价主体在学校变革实践及评价改革中发挥着不同作用。理论研究者要对学校变革实际状态进行针对性分析，发现问题、经验并进行理论提升和概括，由此对学校提出进一步改革的研究建议和发展方向，推进学校变革进一步发展，发挥理论的研究作用。

实践者的首要目的是在此过程中进行集中式、节点式的反思和总结，其次是将自己的现在状态与过去进行比较。同时，作为互评者参与评价活动，又将自己的思考与他人进行比较。此种比较不只是学校之间、教师之间的比较，还有与其他评价者尤其是与理论研究者的评价分析进行比较，从而深化对学校变革的认识。

3. 通过评价改革改变行为参照系

在此过程中，教师对学校变革理论进行进一步深入分析，并把评价指标和自己的变革过程有机结合起来，将“新基础教育”价值理念转化为实际的课堂教学、班级建设等日常教育活动，由此真正将“新基础教育”理论内化为自己头脑中的个人理论，形成新的改革行为参照系，支配和影响日常行为习惯，实现改革行为日常化，形成“新基本功”。个人理论和自己的日常行为一致起来，改变自己的行为参照系，才能真正实现教师个人的生命发展。这是学校变革的日常化、持续化最深层次的内生力。

（二）在学校变革日常化和节点推进中形成综合评价方式

学校变革是整体转型，需要进行整体的、全方位的评价，因此需要多样化评价方式、方法和手段、工具等。叶澜认为，推进型评价“既有日常性的常态评价，又有阶段性的集中评价；既有定性分析的评价，又有定量分析的评价；既有作为评估对象的主观自评，又有作为评估者的客观他评；既有答辩会和座谈会的评价方式，又有现场的听课和评课研讨的评价方式”①。

1. 常态评价

常态评价强调，一方面通过学校变革评价，将中期评估或集中式、节点式评价活动转化为学校变革的日常评价，另一方面是对学校变革日常状态进行评价。在评价过程中，首先要进行自评和他评。

学校自评，包括撰写学校自评报告、专题式研究报告和表格式统计。首

① 叶澜. 变革中生成：叶澜教育报告集［M］. 北京：中国人民大学出版社，2019：70.

先，每所学校结合学校变革状态，写出整体性自评报告，反映学校变革过程及其中存在的问题、经验等。其次，将学校变革中的经验和创造成果收集起来，形成3—5篇反映学校创造经验的专题报告，由此深化对学校变革实践的整体认识，提升研究与改革自觉。此外，还需要提供与之相关的学校变革整体性数据的表格式统计。自评报告应将表格统计的具体数据与自评报告和专题报告结合起来，体现定性和定量的分析。在此过程中，教师也应梳理自身变革的发展与变化，总结成功经验和发现的问题，从而提升学校变革主体的自觉性。

他评，是指由理论研究者在深度介入学校改革过程中进行常态评价，对学校变革实践状态、对学校自评情况进行评价和分析。其中，自评情况反映出学校的自我认识能力与水平。理论研究者参与了学校变革的日常状态，对此也有自己的认识和判断。这样，两相比较就可以看出校长和教师对学校自身变革的认识和问题发现、经验提升的自我意识水平与能力，以及学校的进步和创造性等。

2. 现场评价

现场评价，主要是集中评价。通过现场评价，学校集中展示日常变革状态，按要求呈现出不同梯队教师的授课状态，举行校长答辩会。在集中现场评价时，学校提供不同年级、不同班级、不同学科、不同梯队教师所上的12节课与3节主题班会。并召开现场评课研讨、教研组教研活动及座谈会。

评价改革，既要看到事，又要看到人。除了对课堂教学、班级建设进行现场评估，还要对教师团队、管理团队建设与发展进行评价、分析和研讨。

校长答辩会是校长和中层一起参与的答辩会。在答辩过程中，理论研究者组成答辩委员会，针对自评资料和日常评估有针对性地提出问题，有些问题要求校领导当场回答，有些要求会后进一步思考。这些都是为了提升学校管理团队对学校变革的整体分析和研究能力，同时也是与学校一起思考，如何针对改革中存在的问题，有针对性地改进学校下一阶段的改革与实践。

（三）在学校变革价值转化中构建评价指标体系

学校变革评价指标是在学校变革实践中逐渐提炼和概括出来的。在推进学校评价改革的不同阶段——即批判和反思、重建和更新、成型和成人的三个阶段，评价指标体系由开始阶段的价值取向、方向性指导，逐渐在变革实践中产生新质特征，由此提炼、概括出原则性要求；在此基础上，进一步丰富和创造，最终形成整体关联性的指标体系。可以说“新基础教育”评价指标体系不是在改革前通过理论建构预先设计的，而是在改革实践的过程中逐步建构的，是在大量实践改革推进中形成的，是针对变革实践中的经验与问题进行综合抽象的产物。这是推进型评价指标体系的内核和本质特征。

评价指标体系是对新型学校之“型”的认识具体化。此种评价体系是按照新的价值取向和观念系统创造出来的，是对学校变革实践的总结和概括，从而真正让教师对新的变革理念和相应的变革行为逐渐清晰起来，理解并能够据此实现教育实践改革的日常化和不断创造。

叶澜认为：“‘新基础教育’需要对学校评价问题进行改革，需要对以推进变革为价值取向的评价改革进行探究，系统地对从理论一直到能在实践中使用的评估指标体系进行重建。在此过程中，我们一方面不断探索和总结新的经验，另一方面还通过将经验转化为既具抽象性、又具操作性的指标体系来提高经验的形态化程度，从而扩大经验的影响力，通过评价使改革不断逼近目标，使评价成为变革推进的重要力量。”[①] “新基础教育”研究，在探索性研究阶段，通过诊断性评估，在新的生命价值取向下，对传统的学校教育

① 叶澜．变革中生成：叶澜教育报告集［M］．北京：中国人民大学出版社，2019：64.

进行批判，指导课堂改革、班级建设等，从而形成一些“新质”特征。在发展性研究阶段，通过原则性评价，对改革过程中涌现出来的新创造、新形态等进行总结概括，形成学校变革的原则性要求，并在发展性阶段中期评估时，初步形成带有强烈变革色彩的、系统的学校变革评价指标。在成型性研究阶段，现代型学校的新“型”逐渐被创生并丰富起来，这一阶段中期评估对原有评估指标进行修订，使得评价指标体系更加丰富、清晰、完整和规范。

叶澜特别指出，“新基础教育”研究在一开始没有给出操作化模式。在经历了长期实践后，逐步形成了对教学一般过程、学校教育活动的基本要求、领导与管理领域基础性构成以及教师教研组建设等领域相对具体的要求和结构意义上的行为要求，但是，这里的“操作化”要求并非具体细致的动作规范，不是“模式化”。

三、“成事成人”价值转化的评价表达形式

在发展性阶段中期评估基础上，成型性研究阶段进一步拓展和延伸，从而建构了“新基础教育”学校变革评价指标体系。评价改革与学校转型性变革双向建构、双向生成，通过评价将已有的变革经验和未来的理想追求进行融合。评价指标体系，不仅指向学校转型性变革的过程，同时还有助于推进下一步变革方向和策划，这是评价指标体系的重要作用。

（一）“成事成人”价值实现的评价转化及其价值取向

学校变革评价改革作为教育生命价值的转化形式和载体，体现为：一是评价活动与教育活动的有机结合是教育生命价值转化的动态机制；二是评价结构尤其是评价指标体系是教育生命价值的具体化；三是评价活动也是一种“成人”的活动，成就师生的发展。

1.“成事成人”价值实现的评价转化

学校变革评价改革是教育价值转化的具体方式。传统评价根据教育改革的价值和目标，从理论上预先设计好评价指标体系。这其实是将未来的不确定性的发展作为明确的目标，因而无法反映实际变革过程的实践内涵，反而成为对未来发展的限制。如果评价指标体系非常详细，更会对变革实践中的创造带来巨大阻碍。

评价改革以“成事成人”为价值取向，在学校变革意义上，通过评价改革将教育生命价值转化，创生出实际的教育活动，实现新质特征认识的具体化和教学改革实践的操作化。在教师发展意义上，既要指导教师如何进行教育改革、开展改革实践，同时也要让教师在改革实践中实现自我更新，实现个人的生命价值。学校日常活动及其改革与新型教师的成长有机结合在一起。从人的生命实践来看，日常教育活动及其改革实践是教师个体生命实践，是教师在校生活及生存方式的具体表现。这就是评价改革实现“成事成人”价值转化的动态形式。这些转化及其相关的评价活动，如同教育活动一样体现了教育生命价值。此种教育价值转化是评价改革的独特之处。在评价改革的静态形式上，价值转化体现为评价指标体系的构建和运用，当然也体现为评价主体发展、评价方式更新。

2.“成事成人”评价指标的价值取向

在教育价值的评价转化上，叶澜认为，“如何通过评价实现改革实践者和研究者对新型之‘型’的认识具体化？我们主要是通过评分项目的构成和权重分布来体现成型性阶段研究的价值取向”[①]。主要是通过评价指标体系体现在评估分数的构成及权重的多次聚焦、分配过程中，进行全面反映。从“成事成人”的角度来看，推进型评价指标体系的价值取向主要表现在以下

① 叶澜.变革中生成：叶澜教育报告集［M］.北京：中国人民大学出版社，2019：71.

几个方面。[①]

（1）确立学校变革中日常性研究的价值取向

在评估指标体系和评估方法中，强调学校的日常性评价，通过“听—说—评课”研讨活动，加强学校的课堂教学、学生工作等领域改革和研究的日常化，以持续变化的方式来实现学校教育改革，而不是教师应付、突击式地根据评估指标体系应急式地进行思考。教师要日常化地进行评估，经历评估指标的形成过程，从而深刻地结合自身改革实践，学习和理解评估指标体系。“要实现这一深刻的转型，不仅需要‘事’的变化，更需要‘人’的变化，从观念系统到行为实践，乃至整个人的专业生存方式的变化。这种‘事’与‘人’的变化，只有在变革的实践过程中才能逐渐实现与完成。另外，学校转型的最终成果，不能只是理论上的描述和论证，还必须以实践形态呈现在新型学校之中。这样的新型学校不会从天上掉下来，也不能在真空中打造，它只能在现实学校的改变中逐渐形成。”[②]

（2）确立以管理变革为学校变革核心的价值取向

在变革推进过程中，学校管理变革与领导发展，是学校变革的“大脑”。以校长和中层领导为主的管理团队的发展状态，对学校变革及其推进都有着重大影响。作为学校管理的领导团队，能否适应变革要求，能否具备适应变革的团队品格，是值得关注的核心问题。校长和中层需要具有对学校的整体发展状态进行分析，以及在各自负责领域进行独立思考，并与学校整体工作保持协调的能力。“新基础教育”研究中还提到，学校变革“赢在中层”。

学校转型性变革中，“成事成人”是学校管理变革的价值提升式重建，要落实到学校管理的基本领域中，落实到学校领导层的发展与领导变革能力的提升上。与此同时，学校制度也应有相应的调整，体现“成人成事”的改革精神。

---

① 叶澜．变革中生成：叶澜教育报告集［M］．北京：中国人民大学出版社，2019：71-74.

② 叶澜．略论“新基础教育”研究之路的若干特征［J］．基础教育，2011（2）：7.

（3）确立提升变革主体主动发展的价值取向

“新基础教育”生命价值体现在通过学校变革培养主动、健康发展的人，培育个体的生命自觉。此种要求不仅仅是指向学生，而且也是指向教育活动中的所有参与者。学校变革中，通过评价改革指向实践者的做事的过程，结合具体日常的实践行为，帮助其分析其中的问题以及支配其行为的价值取向、思想观念、思维方式等，进而帮助其形成新的经验，指导其“如何做事”。推进型评价指向变革过程中教师是“怎么做”的，并同时从人的发展的意义上研究、判断他是“怎么想”的，把“怎么做的”和“怎么想的”在个体反思和重建意义上结合在一起。

可以说，学校评价改革，除了关注学校变革工作的“事”，更强调作为学校变革主体的“人”。人是持续发展的决定性力量。学校变革的价值追求，强调“成事”和“成人”。在推进型评价中，强调人是学校变革及评价改革的目的，学校变革的事是手段。这样，就体现出“成事”和“成人”之间的转化，为了“成人”而“成事”，以“成人”促“成事”，在“成事”中“成人”。通过评价指向改革过程，实现“人”与“事”、“成人”与“成事”的双向转换与统一，体现两者之间相互依存和转化的关系。学校变革的评价过程中，无论是对作为学校变革领导管理者的评价，还是对作为学校变革具体实施者的教师评价，以及对各种日常教育活动的评价，都应将“成事成人”的价值取向渗透于其中，从而让实践主体对学校变革、对自己的实践过程有清晰的自我认识，实现主动、自觉发展。

（4）确立学校变革中创造性研究的价值取向

学校变革是整体转型性变革，“不仅要对原有的形态做深入的分析批判，发现具有全面性和根本性的问题，而且要按新的价值取向和观念系统，做出新的系统策划和在实践中进行重建”[①]。因此，评价改革一方面要成为学校转

---

① 叶澜.“新基础教育”论：关于当代中国学校变革的探究与认识［M］.北京：教育科学出版社，2006：123.

型变革中的重要构成，另一方面也需要从价值取向、功能需求开始，进行评估体系的重新建构。

学校变革评价鼓励变革实践主体的创造，同时强调教师个人或团队在学校变革共同体中的改革智慧和贡献。教师在变革实践中实现创造本身，也有着丰富的价值内涵，与"新基础教育"研究的内在精神和人的生命发展的内在本质紧密地结合在一起。

（二）"成事成人"价值转化整体性概括与评价指标框架

推进型评价指标体系，是对学校变革过程的整体呈现，体现了"成事成人"的价值取向。评价指标体系构建及其内涵，呈现出"人"与"事"之间的内在关联，整体上涵盖学校工作的学校领导与管理、教师与教育活动。在教师工作层面上，分为教学改革、班级建设及与之相关的教研组建设的评价指标体系。"新基础教育"学校评价指标体系是由2大层面、4大方面的8个评价表组成，共涉及32个评价项目或维度、82个指标和246个等级描述（如表6-1所示）。[①]

表6-1 "新基础教育"成型性研究中期评估项目构成表

<table>
<tr><th>评价层面</th><th colspan="2">评价方面</th><th>项目数</th><th>指标数</th><th>等级数</th></tr>
<tr><td>学校层面</td><td colspan="2">学校管理评价表</td><td>7</td><td>19</td><td>57</td></tr>
<tr><td rowspan="7">教师工作层面</td><td colspan="2">教研组建设评价表</td><td>5</td><td>15</td><td>45</td></tr>
<tr><td rowspan="3">教学改革</td><td>教学设计评价表</td><td>3</td><td>7</td><td>21</td></tr>
<tr><td>教学过程评价表</td><td>4</td><td>11</td><td>33</td></tr>
<tr><td>教学反思评价表</td><td>3</td><td>6</td><td>18</td></tr>
<tr><td rowspan="3">班级建设</td><td>主题班会评价表</td><td>4</td><td>9</td><td>27</td></tr>
<tr><td>班级日常建设评价表</td><td>2</td><td>6</td><td>18</td></tr>
<tr><td>学生发展工作评价表</td><td>4</td><td>9</td><td>27</td></tr>
</table>

① 叶澜．变革中生成：叶澜教育报告集［M］．北京：中国人民大学出版社，2019：65.

续表

评价层面	评价方面	项目数	指标数	等级数
总计	8	32	82	246

上述项目、指标和等级描述表明，"'新基础教育'理论从整体上转化为评估指标的过程中所做出的探索与努力。正是这些分项目、分指标、分等级的且又构成整体的246项指标描述，使校长、教研组长、年级组长、班主任和学科教师对'新基础教育'追求的学校转型之'型'的整体形态、内在关系和每个项目中的具体要求，有了全局性和具体性的认识，而其中的每一项又是这个研究群体包括他们自己在内的经验创造"[①]。

评价指标整体框架，以及在整体框架中相关的构成要素都是从学校变革实践中概括和提炼出来的，都是教育生命价值取向在变革实践中创生、转化的新质特征。因此，评价指标体系反映的正是教师在教学改革过程中"如何做"的可操作性因素，也是对学校变革认识的具体化。从变革实践中产生的评价指标体系，能够有效帮助教师更好认识、判断新型学校，更好体验和体悟生命价值取向下的日常教育活动。此外，评价指标体系中的指标内涵及等级描述，还将教师的发展阶段、发展水平结合进来。这就是"新基础教育"学校变革评价指标体系最大的与众不同之处，体现学校变革过程，同时也体现教师发展的阶段和层次水平。这也是"新基础教育"学校变革评价指标体系最具创新性探索的特征。

叶澜认为，学校变革评价指标体系，在整体和具体层面上都体现出推进型评价的目的与功能，呈现出如下三个特征：一是评价指标体系的整体性，意味着对学校变革各领域进行全局性、整体性的反映；二是评价指标体系内在的逻辑性，即评价指标体系是对变革过程，是对学校日常教育活动及其过程转化的体现，也是过程转化研究基础上形成的事理研究，同时也反映了教

① 叶澜．变革中生成：叶澜教育报告集［M］．北京：中国人民大学出版社，2019：65.

师的教学改革和实践过程；三是评价指标体系描述的层级性，主要体现为学校改革实践所呈现出来的不同层次和状态，也与教师发展的不同层次和水平对应起来。

（三）"成事成人"价值转化过程分析与评价指标表达

评价指标体系将"事"与"人"、"成事"与"成人"有机结合起来，从而既指向学校变革及教育活动过程，又指向教师的改革实践和自身发展过程和阶段。学校变革评价指标体系，在"成事成人"价值取向上的表达可分为指标内容上的直接表达和指标关系上的间接表达。

1. 评价指标内容上的直接表达

评价指标体系中，有些评价项目或维度、指标直接以人的发展为评价内容。例如，学校管理评价指标体系中，专门提到校长发展、领导团队的发展。在校长发展的评价指标中，又专门设计了评价校长的引领力、决策力和组织力三个维度。又如，在教研组建设与教师团队的评价指标体系中，特别设计了教研组长的评价指标。在课堂教学、学生工作等其他领域评价指标体系中也同样如此。

"成事成人"在评价指标体系内容上的表达，还有另外一种方式。一些相关评价指标指向的是体现学校日常教育活动及相关改革之"事"，如学校管理评价指标体系包含规划制定、组织建设、制度建设、文化建设和发展环境。但是，这些"事"之间形成的内在逻辑，能反映出校长如何进行学校变革领导与管理，如何在学校变革实践中开展引领变革的工作，体现"事"的评价指标其实内含着校长"如何做"。在教研组建设评价指标中，也设计了发展规划、课题研究、教研活动和教育文化等维度。这些都体现教研组长作为学校教学改革的第一责任人，在学科教学改革和教研活动中"如何做"的问题。学校变革其他领域的评价指标体系也同样如此。

2. 评价指标关系上的间接表达

评价指标体系还可以通过评价指标体系之间的内在关系体现“成事”与“成人”的结合，反映教师如何参与变革实践，如何在变革的实践过程中体现出教师的发展过程和状态、水平。

一般说来，评价指标体系包含着不同层次的评价指标，依次为评价领域或层面（一级指标）、评价项目或维度（二级指标），以及具体化的评价指标或观测点或针对具体指标的等级特征描述（三级指标）。

学校变革评价指标体系之间的内在关系，恰恰反映了教师如何做事的过程。例如，课堂教学评价指标体系由3个表构成，即课堂教学设计评价表、课堂教学过程实施评价表、课堂教学反思与重建评价表。这3个有内在关联的评价表，在“全程”意义上，从教学设计、课堂实施到反思与重建整体反映教师的做事过程。而且，此种做事过程也体现了在“成事成人”意义上，教师在教学实践及其改革过程中“如何做”，并结合自己的教学行为进行反思和重建。

（四）“成事成人”价值转化实践分析与评价指标等级特征描述

学校变革指标体系进一步给出各评价指标的具体内涵及等级特征描述，使得每个指标反映出改革实践中的不同发展状态及层级差异，同时也反映出教师在做事过程中的不同发展状态和能力水平。传统评分规则中的等级特征描述同样也给出指标的具体内涵及等级特征，但是其目的在于更加客观、更准确地评分或评定等级，而忽略了“成人”意义上教师的发展状态及其中存在的问题。在传统评价中，习惯性地采用程度副词来表示同一指标的、不同的程度差异。例如，把教学目标描述成3个等级，即教学目标表达具体、清晰；教学目标表达比较具体、清晰；教学目标表达一般。可见，此种等级描述只是表明某一指标不同程度的等级差异。据此可以将教师在同一指标上进行不同等级的区分。但是，“新基础教育”为了能够让某一指标的等级描述，指向教师如何做事，采用了层级性差异的描述，直接结合教师在变革实践中存在的问题和经验创造等行为表现，在具体的做事方式和发展状态上描述教师的行为特征与状态，体现出教师发展的层级差异。

“新基础教育”评价指标主要采用“三个不同层级的等级特征描述：第三层级的评价标准是‘新基础教育’课堂教学要求最基本的底线，这是检验教师是否体现课堂教学之新‘型’要求的分水岭，达到第三层级的底线要求，表示教师进入了‘新基础教育’；达到第二层级的要求，表示教师进入了‘新基础教育’的相对成型阶段；第一层级的评价标准则是‘新基础教育’课堂教学要求的高标，达到第一层级的高标要求，意味着教师进入了‘新基础教育’的成熟阶段”①。这一指标体系指向课堂教学改革实践的不同层级状态以及与之相应的教师发展状态，对引导教师努力追求课堂教学之新“型”的丰富和完善具有指导作用，在改革实践中起到推进和导向的作用。其他层面、领域的评价指标同样如此。

“新基础教育”评价指标内涵及其等级特征的层级差异描述，并不是否评价指标的程度差异，是在整合的意义上呈现出如下特征。“一是指标内含要素的数量差异；二是指标内含要素的程度差异；三是在整体上反映改革实践中达到的不同发展水平。即第一层级指标包含的要素应尽可能全面和高水平，第二层级和第三层级的要素则是在前一层级要素的基础上，缺少某些表达高水平程度的要素。”②通过具体指标层级差异描述的表达方式，将学校变革的实践状态和阶段与教师发展过程阶段结合在一起。

例如，在“教学设计评价表”中对学生状态解读的指标描述，第一层级有三个要素：（1）对学生总体状态有了解，对不同层次学生的差异分析清晰；（2）对学生已有经验和学习困难分析准确，所提目标有针对

①② 叶澜．变革中生成：叶澜教育报告集［M］．北京：中国人民大学出版社，2019：68，69.

性；（3）对学生的潜在分析估计准确，所提目标有发展性。在这三个要素中，包含了对学生总体及不同层次个体的已有状态、潜在状态与可能状态等方面的具有结构性的把握，呈现出整体高水平的要求。第二层级减少为两个要素：（1）对学生总体状态有了解，有不同层次学生的差异分析；（2）对学生已有经验和学习困难有分析，所提目标有针对性。减去的要素是与教师对学生潜在状态相关的把握，尽管它只是三个要素之一，但教师有无这方面的把握，对教学开发学生潜能这一重要功能的实现却是关键性的。因此这一"缺失"能表达出教师达到水平在实际上低于第一层级的层级差异。

第三层级减少到只含一个要素：对学生有了解，所提目标有针对性。在这里，有一个要素即对学生差异性以及学习经验与困难分析的缺失，表现出教师虽研究了学生，但还停留在一般年龄、年级、班级意义上的了解，缺乏对学生作为具体个体的聚类式分析。因此，这仅仅达到了改变过去教学中往往忽视学生研究、教学目标无针对性的目的，而这也只是"新基础教育"要求教师须达到的最低水平。[①]

结合"全程"意义上课堂教学评价指标体系的实例分析，"新基础教育"评价指标体系说明了学校变革过程的内在逻辑和层级阶梯式评价指标设计，不只是对教师的学校变革实践及其自身发展的结果性评价，主要的目的在于指向教师全程参与教育活动及其变革过程的评价，旨在引导教师对学校变革之新"型"认识的具体化，同时期望教师通过研究性变革实践，实现自身的教育观念更新、日常行为反思与重建。

学校变革评价指标体系形成以后，教师在学习和运用评价指标体系的过程中，需要在个体生命实践意义上经历改革之"事"，进入评价指标创建过

① 叶澜．变革中生成：叶澜教育报告集［M］．北京：中国人民大学出版社，2019：69.

程中的探究、涌现、提炼、概括、成型等相关过程和经历，结合自己的改革实践经历思考“做什么”以及“如何做”的方法与过程，激活评价指标“生命态”以形成顿悟的“喔”效应。这就意味着，教师在学习和使用评价指标体系的过程中，要避免简单化、孤立化、形式化和教条化，而要在参与改革实践中不断丰富、完善指标体系，推进改革的扎根化。

四、“成事成人”价值实现的评价改革推进机制

在“成事成人”的价值取向下，评价改革与学校变革之间的关系，经历了不同的发展阶段。评价主体是在学校变革实践中逐渐成长起来的，评价指标体系也随着学校变革的新质特征创生过程而逐渐具体化、明晰化，评价方式随着学校变革不同阶段的任务、目的以及评价主体的发展、指标体系的清晰程度而发生变化。

推进型评价并不是依据预设好的、具体的评价标准，去限制教育活动的创造。当教师能够将自己的生命创造与变革实践中的创造有机结合起来的时候，课堂教学、班级建设、学校的管理等学校日常教育活动才能与人的生命发展、与人的生命价值完美地结合在一起。

在推进学校变革的评价改革过程中，推进型评价与现存的、传统评价体系不同，主要体现在评价指标不同、评价主体不同，更重要的是评价活动背后的评价观念、价值取向不同。

（一）学校变革的批判与教师的自我反思

从学校变革来看，这是每所初入“新基础教育”的学校都需要经历的阶段。这意味着，对于新进入学校而言，“新基础教育”评价指标体系不是拿来作为改革的框限，而是作为指引学校变革、教师自身成长的方向。

刚进入“新基础教育”研究的学校中，教师通常处于拘束的状态，有很

多的顾忌，校长同样如此，存在着被动、担心、质疑、动摇等心理。因此，在这一阶段，主要是结合参与改革的教师及其课堂教学实际进行分析和研讨，是以诊断性评价为主，同时与现存的、传统的常规评价结合在一起。

1. 诊断性评价的“号脉”与变革研讨

“诊断性评价主要包括研究人员随堂听实验教师课、课后教师做自评、研究人员与教师讨论并做出评价三个步骤，旨在通过评价使研究人员了解课堂教学状态，包括实验教师教学的基础性专业能力、教学个性与风格；师生在课堂上呈现的基本沟通方式和相互关系性质；课的基本过程与结构等。研究人员需透过课堂现象和教师的教学行为，对教师指导教学的内在观念、主要优势和从改革角度看存在的主要问题做出诊断性评价，并提出富有针对性的改革建议。”[①] 这就是诊断性评价所谓的“号脉”：“既‘号’课堂教学状态之‘脉’，又‘号’实验教师个体之‘脉’；既‘号’教师已经形成的教学特征之‘脉’，又‘号’他对教学改革理论的理解和有意识作出改变程度之‘脉’。”[②]“号脉”的目的是将教师上课的状态作为学校变革、教学改革推进的资源，让所有参与改革的教师一起讨论课堂教学过程中存在的问题，以及针对这些问题进行改进和完善的方向。

首先需要改变学校领导和参与评课教师的课堂教学评价观念。诊断性评价的“号脉”是把评课活动当作一种变革研讨的资源，并不是针对上课教师个人，也不是作为对教师本人的评价，不损害教师职称、奖金评定等实际利益。其次，对于上课的教师而言，要改变对评课的期望，转变观念，改变将“公开课”进行“圣”化倾向，避免给自己造成心理压力，将评课看作研究过程。这样在评课研讨过程中，才能够真正推进自己的课堂教学反思和重建。

---

①② 叶澜．变革中生成：叶澜教育报告集［M］．北京：中国人民大学出版社，2019：56.

在教师发展意义上，诊断性评价又是指向教师个人的。"诊断性评价最主要的价值在于提升教师自我反思的意识和能力，使'教学自我'的形象清晰化，并发现传统教学观念在自己教学行为中的表现，体验新教学理念如何才能转化为自己的教学实践，以及自我改变后可能呈现的新实践状态等。这是教师实现自我更新的重要前提。"①这也是评价改革在推进学校变革过程中促进"成人"的重要体现。研究人员在与教师的沟通中，找到改变教师观念、行为的具体的可能路径，同时由此来研究新理论的实践形态。要想真正地做好"号脉"式的诊断性评价，不同评课研究的参与者需要做不同的调整，同时发挥各自不同的作用。唯有如此，诊断性评价的"号脉"才能有效。②

（1）实验教师"上"反映自己教学常态的真实的"课"（也可称为"家常课"），而不是上所谓的"公开课"。要做到这一点，重要的是解除教师因他人听课而产生的紧张心理和得失计较。为此，我们向教师反复说明：研究人员与教师的关系是合作伙伴，是"自己人"。听课是为了相互了解，为了学生的发展和进一步开展教学改革研究，提升教学质量，不是为评先进、评职称、选教学能手。

（2）实验教师自评时要谈真实想法，分析原因，并说出自己在课上哪些方面是按"新基础教育"的教学观做出的有意识改变，自我感觉这样做的效果如何，有什么困惑等。因为自评是交流的开始，只有坦诚的自评，才能使自评有助于自我反思能力的提高。切忌把自评弄成简单地再重述一遍教案，然后谦虚地说，请专家指导。一开始教师往往做不到或不习惯、不知道怎样做到这一要求。研究人员通过补充提具体问题的方法，帮助教师加强和逐渐形成自评的一般思路。

①② 叶澜. 变革中生成：叶澜教育报告集［M］. 北京：中国人民大学出版社，2019：56.

（3）研究人员应具有审视课堂教学的能力并诚恳发表自己的意见，尤其要着力于发现“问题”，分析教师课堂教学行为背后隐藏的观念。而不是以往评课中常见的那样：多讲优点，少讲问题，具体肯定，抽象否定，客客气气，皆大欢喜。研究人员还应提出建设性的改革意见。使教师感到有启发，有帮助。我们把这一过程简称为“捉虫”与“喔”效应 。与此相应，实验教师可以进一步说明自己的想法，发表不同意见，相互之间展开讨论，使大家逐渐形成共识。但教师首先要有开放心态和科研意识。一节课有问题是正常的，只要是真实的就一定会有缺憾，科研自发现问题始，发现问题就是发现发展空间。这些是我们在初期与教师沟通时经常使用的话语。

（4）学校领导和其他参与听课人员，则要从研究课堂教学转型的角度来看这一评价过程，而不是把研究人员的评课意见当作对教师的业务能力的鉴定意见，从而造成先行的实验教师“问题多”的错觉，甚至影响他们的评级等实际利益，直接产生参与改革的人“吃亏”的消极后果。课题组还建议领导出台支持改革的政策，让教师敢于去剖析自己，改变自己，即使在过程中出现偏差也不被简单斥责。

2. 诊断性评价与传统的常规性评价相结合

叶澜认为，所有评价改革都不能够以牺牲学生成绩为代价。在当前教育现实背景和改革环境下，以牺牲学生成绩为代价的改革不可能走远，也难以为继。大量事实表明，学生主动、健康发展了，学生在生命自觉状态下，学习成绩不会下降。

在推进学校变革中，在针对教育传统及其改革中存在的问题进行诊断性评价的同时，还需要按照现有的常规评价方式，对学生学习结果进行测试。“新基础教育”评价改革并不排斥学生学业成绩的测评，也不是简单化地把考试视为“应试教育”的“祸根”，而是利用大家都认可的传统考试方式，来检测学校变革的发展状态。其中最明显的、大家最熟悉的指标，就是学生的考试分数，要让实验班的学生成绩在总体上保持上升趋势，并且大部分学生都有所进步。除进行实验班学生考试成绩的“纵向”比较外，还可以将实验班和非实验班的学生成绩进行比较，在此种“横向”比较的过程中，就能够看出实验班学生在改革的促进下所发生的变化。

在改革初始阶段，为推进课堂教学变革与学校变革，可以适当采用原有常规评价、考试方式。这样学校变革成效评价才更让人信服。

（二）学校变革的创建与教师的自我更新

这一阶段的评价改革是在学校变革初始阶段的基础上进一步深化，主要是以原则性评价与比较性评价为主要构成。但是，这并不意味着前一阶段的诊断性评价和常规性评价被取而代之，而是对第一阶段的评价方式的包含和提升。第一阶段的诊断性评价和常规性评价将化作第二阶段评价改革的基础，以日常化的方式发挥着推进变革的作用。

1. 原则性评价的“发现”与新质创生

学校变革经过第一阶段的实践探索和经验积累，逐渐实现学校变革实践由“旧”向“新”的转化。教师和校长在实践改革的过程中形成个人理论，慢慢改变了头脑中的理念及其相应的日常行为，并创造出新经验。在此基础上，理论研究者通过评价将这些点状的、零散的新变化、新经验以及变革中涌现出来的新质特征进行提炼和概括，对学校各领域教育活动的改革过程、阶段及内在特质、构成要素进行分析，提出判断“新基础教育”区别于传统学校教育活动的一些基本原则和要求。尽管这些还不能够称之为评价指标，但是可以此为标准评价学校的变革实践。这样，评价改革就进入了“原则性评价”阶段。

这些原则不是从书本理论中找来的，也不是对国外教育改革经验的借鉴。这些原则的创生，体现了“新基础教育”学校变革的新质创生和本土改革实践的创造，同时对改革实践具有针对性、建设性和指导性。原则性评价，旨在促进教师对新价值取向转化下的，内含新质的实践形态的理解、追求和创造，比诊断性评价更强调新质的创建任务。在学校变革的研讨性评课活动中，研究者需要读懂教师及其课堂实践，着力于发现教师在课堂上贯彻这些基本原则与要求时所创造的经验和发生的问题，在听评课的实践中，注意体现新原则与要求的具体形态和方法，通过评课积极利用这些资源，使教师的创造得到传播和发扬，同时为形成体现新原则的、具体的、可定量分析的评价指标体系奠定基础。

在此过程中，研究者与一线教师进行互动，对课堂教学做过程实录和点评，在评课研讨活动过程中，关注教师的说课、反思、自评，以及其他参与教师的点评过程，由此促进教师的自我反思和自我更新、重建能力。教师个体改革实践的建设性内涵明显增加，也开始有了创造课堂生活的欢乐体验，从而使自己的课堂教学实践呈现出新形态。

2. 原则性评价与“开放式”的比较性评价相结合

这一阶段，学校变革呈现出了新质的初步样态和积极的新变化，教师也越来越自信，在课堂上越来越多地呈现出自己的创造。此时可以增加比较性评价，除了对本实验班自身改革成效进行纵向发展比较外，还可增加实验班与非实验班之间反映学生发展维度和专项的横向比较，如学生思维能力、自主能力等。在第一阶段，这两种比较主要利用常规性测评方法，在此阶段为了有意识地开展比较性评价，可以根据研究需要设计新的测评工具，还可以采用问卷、调查、个别访谈、座谈会和请家长来校听课等方式，采集家长对子女发展变化的评价信息。组织实验学校之间的相互听课、评价，邀请课题组外的专家听课、评价，也是新增的他评方式。

与常规性评价相比，比较性评价增加了“横向比”和“新质比”，并在他评方面也开始直接指向教学过程，将课堂变革过程开放。当学校变革进入创建阶段后，教育实践变革中的“新质”逐渐增强，教师同时也逐渐成长、发展起来，对改革的认识、行为与体验都有较大的提高。此时，将教师课堂教学改革和班级建设的研讨过程向外部的他评开放就成为可能，也非常有必要。这也是教师实现个体发展的重要阶段。

（三）学校变革的成型和教师的成功转型

在上述评价改革基础上，进入学校变革的成型阶段，以及教师个体自主成长，实现生命发展的阶段。这一阶段主要是针对学校变革的全程整性评价和阶段系统性评价。

1. 全程整体性评价的“具体化”与学校变革整体之“型”

相对于原则性评价而言，全程整体性评价不仅是原则性要求的具体化和指标化，而且要制定学校变革评价指标体系，反映学校整体变革的全程性，整体呈现学校的变革状态，反映出学校教育改革的阶段、节点及其内在关联。这种评价指标体系真正体现评价改革推进教育生命价值在学校变革中的实践转化和创造。

这些评价指标体系的等级特征描述能够记录和判断教师在某一阶段具体变革过程中相对综合和全面的发展状态，也可对过程中每一阶段呈现的状态水平做出分析和判断，有助于教师看到自己的总体发展水平，发现具体问题的所在。在运用评价指标体系的过程中，体现了“新基础教育”改革的要求与创造，有相当强的针对性和指导性，有助于“新基础教育”学校变革的自觉推进和教育质量的整体提升。

2. 阶段系统性评价与多维、多元的综合性评价方式

阶段系统性评价是自评与他评、内部评价和外部评价、过程指向评价与

结果指向评价相结合的一种评价方式。它既指向教师个体，又指向学校教师群体的阶段性多层次评价，以中期评估的方式集中进行，且在有关改革成效方面，进行实验学校之间的发展系数达标水平的比较。

在他评方面，邀请改革之外相关的教育行政人员参与评价活动，进一步提升评价的客观性和区域内的权威性。在自评方面，要求经常性地开展学校变革及其评价研讨活动和教师阶段性小结和反思等。同时做好多层面的信息采集和综合判断，并对每一所学校进行口头反馈，提供书面文字评语和评分结果，从而使得阶段性的各种类型、方式的评价活动系统化，在学校变革中起到承前启后的作用。

这些都使得评价改革，既指向学校变革过程，同时又指向教师个体的发展过程、学校教师团队的建设过程，真正把成事和成人有机结合起来。

（四）学校变革的创新和教师的自觉创造

当然，还可以将评价改革与学校变革之间的关系，以及“成事”“成人”之间的关系，进一步拓展为变革创造与教师自觉创造。这是教育生命价值体现的终极目标，最终实现“依教育之所是”的境界，而教师也能够在此过程中真正把握住如何开展学校变革，如何在日常教育实践中实现自身的生命发展，同时也能够更好促进学生的生命发展，实现人的“自然而然”发展境界。这也就是评价推进学校变革的最高状态。

“以推进转型性变革为导向的评价体系，不仅仅是对已成型的学校状态的镜子式地静态映射，而是对未成型之态的动态追求；不仅仅是将变革过程中的价值视为或归结为一种现成的事实，而是试图引导和诱发新的人之可能发展和新的事之可能产生。”[①]这样，通过评价改革将“新基础教育”的价值取向作为新参照系，作为新理念，去思考学校变革实践以及其中人的发展状

① 叶澜．变革中生成：叶澜教育报告集［M］．北京：中国人民大学出版社，2019：74.

态，他们对于新的价值观的理解以及转化为自身改革实践行为的过程。因此，“这样的评价改革及其评价体系呈现出未来性、开放性，是对已经生成和可能生成的发展性的价值导引，是对已经造就、正在造就和将要造就的人与事的变化之沟通。重建后的评价体系以评价的方式打通了学校变革的过去、现在和将来，形成了一个具有强烈时间感的层级立体式的评价结构。此外，‘新基础教育’不满足于对已有价值观的承接和转化，而是力图将评价的过程变成价值取向提升的过程，把价值取向具体化的过程变成价值创生的过程，变成价值改造和价值重建的过程。其结果是，既反映变革也推进变革”①。

在学校变革过程中，通过评价形成新的参照系，往往能够形成对于学校变革新的状态的期待，对新质特征的期望，以此作为改革的价值追求，指导教师在课堂教学、学生工作等教育活动过程中进行创造，呈现出新质特征。这样，评价者和实践者之间形成良性互动。教师在改革实践中有新的创造，形成了新经验。研究者作为评价者，通过深度介入式的研究和分析，从而形成理论的提升和解释，并形成新的价值追求，指导实践者进行更深入的探索和思考。如此一来，通过评价活动，研究者作为评价者在与实践者实现不同性质、层次、类型的交往过程中，评价改革形成了学校变革的真实研究过程。也使教师在此过程中形成新思考、新观点、新经验、新创造，真正实现个人自身的发展和生命的成长，形成自主发展的自觉意识和能力。

① 叶澜. 变革中生成：叶澜教育报告集［M］. 北京：中国人民大学出版社，2019：74.

第七章　“生命·实践”教育学价值论

> 作为独立学科的教育学，以揭示教育事理为核心。教育实践的层级性、社会性和生命性等诸多复杂性，决定了教育学属复杂学科，是一门以教育为聚焦点的通学。①
>
> ——叶澜

叶澜认为，“生命·实践”教育学派不仅“将人的生命、人的发展看作是最重要的教育价值，不仅将‘生命·实践’教育学书写在纸上，而且还书写在当代中国学校教育改革的大地上”②。“新基础教育”改革实践及其教育生命价值的理论构建和实践转化，本身就是“生命·实践”教育学派的标志之一。叶澜教育生命价值思想的系统建构，一方面是在“生命·实践”教育学的基础上，论证教育价值理论的内在逻辑，另一方面结合“新基础教育”研究，对教育价值实践进行综合抽象。由此，力图建立“生命·实践”教育学价值论，形成教育价值研究的新理论、新实践、新思维及其价值

① 叶澜.教天地人事 育生命自觉——“生命·实践”教育的信条［N］.光明日报，2017-02-21(13).

② 叶澜.变革中生成：叶澜教育报告集［M］.北京：中国人民大学出版社，2019：230.

研究的方法论意义。

“生命·实践”教育学价值论是对叶澜教育价值思想的系统论证，包含教育价值本质内涵、生命价值立场与取向、现实需求、价值理想、育人价值等，既有对于教育价值的合理性、客观性以及教育价值转化机制的论述，又有在基本理论层面和方法论层面的整体性概括和提升。

“生命·实践”教育学价值论是经由学校变革理论与实践而形成的关于教育价值的总看法、总观点。教育生命价值观是“生命·实践”教育学学派创建的教育价值理论核心的集中表达。而且在教育基本理论和方法论意义上，教育生命价值观也呈现出教育价值研究的鲜明特色。

一、人的生命发展：教育生命价值的理论构建

从理论建构和逻辑论证来看，依据“生命·实践”教育学关于教育本质特征及其构成、人的发展、教育活动性质、教育人为性与功能需求以及教育、人与社会的关系等基本理论研究，构建实现人的生命发展的教育价值观。

“价值观念是一定社会群体中的人们所共同具有的，对于区分好与坏，正确与错误，符合与违背人们愿望的观念，是人们基于生存、享受和发展的需要，对于什么是好的或者是不好的根本看法，对于某类事物是否具有价值以及具有何种价值的根本看法，是人所特有的应该希望什么和应该避免什么的规范性见解，表示的是主体对客体的一种态度。”[①]教育生命价值观，在个体生命实践意义上，赋予教育价值本质理解以新视角、新内涵、新观点。一方面，通过教育内在规定性与功能、教育活动的结构及其内在属性的分析，论述了教育生命价值的应然判断；另一方面，通过对教育与人和社会的关系进行分析，从教育之外影响人发展的因素与条件进行思考，从而判断教育生

① 袁贵仁. 价值观的理论与实践——价值观若干问题的思考［M］. 北京：北京师范大学出版社，2006：130.

命价值实现的实然状态。

此外，教育实践中的不同价值主体，诸如研究主体、实践主体、利益主体等都有自己对教育功能与属性需求的期望空间，因此要对教育是否存在这些需求、能否满足需求，以及这些需求能否实现等相关方面，进行可能性分析和现实性分析。因此，教育价值主体依据价值可能性和现实性论述，对教育价值进行合理性判断，在对人的生命发展价值进行理论分析的基础上确立教育生命价值立场与取向。

（一）教育生命价值的个体生命实践内涵

教育生命价值观念的首要问题，是论述教育生命价值的本质内涵。教育价值本质内在于教育本质及功能分析。教育生命价值观，是在"生命·实践"教育学的理论基础上，将教育生命价值概念建构与教育本质、教育功能、教育活动结构及其属性等基本问题的研究有机结合起来，而且渗透着教育研究方法论。

1. 教育生命价值概念的提出

在"生命·实践"教育学看来，第一，教育是有意识地以人的身心发展为直接目标的社会活动。教育的内在规定性，与动物的活动、其他的社会活动有着"类"的根本区分。人的教育是以人的发展为根本目的。第二，在此基础上，教育本质特征、教育概念及价值取向的选择，意味着人的身心发展不是价值中立的，教育内含促进人身心"向上"或"向善"发展的价值取向。第三，教育事实与教育活动必然有着价值问题、价值取向的分析，与活动主体的价值取向、人的发展关联在一起，与自身的生命发展、成长需求关联在一起。第四，教育是人为的活动，是为了实现人的发展，根据特定价值立场和取向，明确功能需求，据此创造、设计和实施一系列教育活动，使之具备所需要的教育功能、结构和属性，能发挥相应的作用，实现价值、达成目的。第五，教育是人和人之间的交互作用，是以不同个体生命实践及其生命发展为基础的活动性存在，与单纯地完成一件任务、一项工作之“事”的活动不同。教育价值作为人的活动目的渗透在活动过程与结果中，需要转化为具体的日常教育实践活动。教育价值转化属于教育活动事理分析的重要构成。第六，教育价值还需要体现在教育活动中不同主体的言行、观念中，转化为他们的日常行为、日常教育实践。

叶澜在深入分析教育本质与功能的基础上，进一步论证了教育生命价值的理论依据。教育的基础性功能需求就是促进人的发展；教育就是以人的发展为根本宗旨，为至高使命；教育中的人——既包括学生也包括教师（学校的校长也是教师身份），都是具体的个人，具有自我意识，是主动发展着的人，在参与教育活动及由此而创生的各种实践与关系中，实现自身的生命发展。教育是人为的活动，是由教育主体为了满足人的发展需求而创造的各种活动。从根本上说，教育本质与功能内在地规定了教育价值本质内含，即以促进人的发展为基础性需求和根本目的，实现教育的育人价值和成人价值。

教育生命价值概念是从教育实践中提炼和概括出来的，揭示教育本身内蕴的价值规定，与教育能够实现人的生命发展的本质特征是内在统一的。教育是以人为教育活动作用的直接对象，是以实现人的主体发展为终极目的。因此，教育价值本质也在于育人、促进人的主动、健康发展及生命自觉。在人的生命发展意义上，教育价值与教育本质、基础性功能之间形成内在的统一关系。这是教育生命价值的独特所在。

教育是为了人的生命发展、创造人的精神成长的人为活动。在教育活动中，真正将学生和教师视为一个个具有个体差异性、发展潜在性的主动发展的个人，关注人的生命、人的价值、人的主体地位、人的主动性、自我意识、精神生命、生命自觉等，这些构成了教育生命价值的基本内涵。人的价值以及人的生命发展在叶澜教育价值思想中处于最核心的、基础性的地位。

2. 教育价值本质在于实现人的生命发展

（1）教育价值的根源在于人生命本质力量的发挥

教育生命价值观是在个体生命实践意义上，通过人的生命发展理论分析逐渐形成的。其中的重要前提是，需要在人的本质力量上理解人的发展需求，还需要与社会的本质特征结合在一起。因此，叶澜在教育生命价值观、人的发展观等基本理论分析中，依据马克思主义哲学，结合中国传统文化，在人的价值意义上将人的本质力量和生命实践及人的生命发展内在关联起来。通过论述人的本质力量，从根本上分析、思考人的生命发展，赋予教育生命价值的主动发展、自我意识、自我超越、生命创造、生命自觉等，真正凸显教育价值中人的发展与人的本质、人的生命之间的内在关联。只有在人的本质力量的深入理解上，才能够真正将人的生命发展与教育价值关联在一起，才能够形成对教育生命价值的根本认识。

可以说，叶澜教育生命价值观突破了教育价值的一些常规性的传统理解，不再局限于将教育价值理解为人对教育的需求，以及教育对人的意义和价值，而是在人的生命发展意义上将教育价值与人的价值、与人的本质力量结合在一起，在此基础上进行以个体生命的本质力量为内涵的教育生命价值理论建构。

（2）教育价值在于发现、提升、创造人的生命价值

对学生而言，教育的生命价值在于培养自我意识和能力，主动发现和满足自己的成长需求，自主地去实现和发挥生命价值，提升和创造自己的生命价值。从“成事成人”的角度来理解个体生命实践，教育就是要让学生在“成事”过程中反思自己，形成生命自觉状态，改造自己的认知过程、思维活动、精神世界，也就是在做事的过程中，实现指向外部的实践活动和指向内部的实践活动的内在关联，由此自主创造自己的精神生命。正如马克思所言，人在改造外部世界的同时，改造了自己的内部世界。每个人不仅适应外部世界，更重要的是改造外部世界，成为社会改造的重要力量。

因此，可以把社会看作是人的生长环境，要让学生能够更好地去推进社会的发展。教育价值在于发现人的价值，使人的价值更好地创造和发挥出来，这是人具备个体生命价值的重要基础。更为重要的是，学生只有通过在受教育后自主具备社会所需要的能力和技能，才能更好地参与到社会实践活动中，才能适应社会发展的现实需求。不仅如此，还能够在自身的生命创造过程中推进社会更新性发展。这是在教育生命价值意义上，实现人的发展与社会发展之间的内在统一。

（3）教育价值在于实现人的主动、健康发展

教育生命价值观，深入论述了教育价值与人的生命价值、人的本质力量及人的主体性、成长需求和生命发展之间的内在关系。它们在人的发展意义上是一致的。在教育过程中，学生形成生命发展自觉，即在自己的个体生命实践中，真正能够做到主动、健康地发展，是教育最终实现教育生命价值的重要标志。教育需要育人，最终需要成人。成人，一方面是在教育活动的影响下成人的，另一方面是自己在参与活动过程中自主成人的。在教育活动中，通过教师与学生的互动、教与学的交互作用，实现人与人之间的生命交往，从而让学生能够由教师指导下的自我发展，转变为独立自主发展。无论是指导下的自我发展，还是独立的自主发展，都体现出个体发展主动性。

如果说“主动”表明的是发展方式，“健康”则更多反映的是发展内容，即教育活动让学生的身体和心理得到全面发展，让学生的创造潜力得到充分发挥，能够在人生中展现出自己的价值。此外，还体现为个体与社会之间的关系，即人与社会之间关系的处理，与他人之间关系的处理，包括人的品行、公德、品德等方面。当然，也可以把健康与人的个性化发展、与人的多方面和谐发展结合在一起，也可以和“五育并举”结合起来，涉及德育、智育、体育、美育、劳动技术教育等方面。

这些都从不同侧面体现主动、健康发展的核心内涵，最终要呈现在具体个人的身上，表现为人的个性化特征，即具体个人身上整体生命发展的差

异。教育生命价值的实现，就是生命发展在具体个人身上整体性的、差异化的表现，就是人的个性发展。

（二）教育生命价值的人与社会关系分析

在分析教育与人和社会的关系的基础上，通过功能分析，提供教育价值分析的理论依据和现实基础。在特定时空背景下，通过教育价值分析明确社会变革对人的发展现实需求，建构新的价值理想及其培养目标，才能有目的地改造教育活动，使之发挥所需的教育作用与影响。这是教育价值分析和功能需求之间的内在关系，也是教育价值分析的基本问题。

教育作为人为的实践性活动，体现了主体的价值需求和教育目的。此种人为性，实质上就是对教育功能及其需求的认识与选择。教育主要有两大功能：一是影响人发展的功能，二是影响社会发展的功能。在不同的价值立场与取向下，在功能需求与选择时对这两类功能强调的侧重点不同，有的是社会本位，强调教育影响社会的发展，如政治功能、经济功能、文化功能；而个体本位，则强调教育影响人的发展，即强调德育、智育或者其他方面。随着认识的深入，功能需求与选择逐渐趋向于两类教育功能之间的协调和平衡。尽管如此，但仍认识到两大功能之间的内在关系。只有对教育、人与社会的内在关系进行整体分析，才能通过功能分析，对教育价值进行合理性判断。

（1）教育生命价值建构的可能性分析

在不同的社会变革背景下，教育事业应当有其存在的依据和必要性。人类何以需要教育，进行被称为“教育”这样的实践？教育因偶然的需要而存在，还是与人类的内在规定性相关？这是关于教育存在依据的讨论，实际上也是关于教育功能的讨论。[①]人类社会根据现实需要而创造出人为的教育，

① 叶澜.回归突破：“生命·实践”教育学论纲［M］.上海：华东师范大学出版社，2015：238.

并且因具备满足需要的功能才得以存在与发展。教育存在的根本依据是来自人类自身与社会存在、发展的需要。“教育全息式地反映社会发展的当代水平与需要，又在影响生命变化的活动中为社会的未来孕育着新的生命力和发展可能。教育是人类社会更新性再生产的工具，是人类为自身和社会的发展创造的实践性工具。”[①]这些功能表现为教育规律，即教育与人、社会之间的内在关系。这是教育价值分析的合理性判断的客观逻辑与理论基石。

在人的发展意义上，教育影响个体发展的功能是教育的内功能和直接功能，教育影响社会发展的功能是外功能和间接功能。教育是通过培养人，从而实现个体功能，由此实现社会功能。教育活动的本质是对人的生命内在变化和成长发展影响，教育是点化人之生命的实践活动。这种点化意味着，教育是影响人的发展的更重要的力量，教育活动是对人的生命的内在变化成长的影响，任何教育如果不能达成这一点，那就属于无教育意义或无教育价值的活动。教育活动与人的生命发展具有内在联系。因此，教育价值的内在依据就是教育具有影响人之发展的教育力量。在教育实践特性的层面上，人的生命与教育呈现出直接、内在和整体的独特性质与关系。这是从生命实践意义上，对教育生命价值做了更深入的分析，体现出教育的内在目的和需要，将人的发展和人的生命价值实现作为根本性的目的，而非外在的工具性目的。

只有在合理的教育价值取向下选择和确定功能需求，才能够更好地说明为什么要教育。基于教育与人、与社会的关系，教育价值合理性的判断需要思考社会变革对人的发展现实需求是什么，社会发展变革对教育提出哪些新要求，需要教育发挥什么作用，等等。教育价值分析就是将社会变革与人的发展需求结合在一起，这是教育价值合理性判断的根本。

---

① 叶澜．回归突破：“生命·实践”教育学论纲［M］．上海：华东师范大学出版社，2015：239.

（2）教育生命价值转化的现实性分析

人的发展是教育的直接目标而非间接性的教育结果，是教育的根本目的而非追求外在价值或功利价值的工具。教育活动的宗旨和价值在于实现人的发展。在此基础上，需要进一步思考的是，社会变革对人的发展现实需求与教育价值理想、培养目标的实践转化，即学生需要什么样的发展，以及怎样发展。人的发展要体现出社会需求、时代精神。这使得教育与人的发展、社会变革紧密结合。

在人的发展意义上，教育价值转化分析和社会发展需求分析紧密关联在一起。从教育生命价值取向来看，学生通过教育活动实现自身的生命发展后，才能在此基础上发挥自己的生命价值，一方面能够实现自己在社会中的人生价值，给社会带来贡献，另一方面也能够让自己不断从人类社会发展中获取精神生活“营养”，持续完善、丰富自身的精神世界，使自己越来越充满着生命活力。教育生命价值，就是使人发展起来，从而具有个体的生命价值，一方面指向外部的人生价值，另一方面指向内部的人格价值。教育生命价值在于能够创造出个体的真实生命成长，还能够让个体自主地满足、提升自身的生命发展需求，创生出人生价值、人格价值等。教育正是在此意义上实现了人的发展和教育生命价值之间的内在关联。

教育实践者应根据社会需求来构建新的教育价值理想，形成怎样培养人的教育目标。教师也由此将转化为社会代言人，在教育价值取向下根据培养目标进行设计、开展具体的教育活动。在此基础上，推进日常课堂教学、班级建设等方面的实践变革，最终转化为学生真实的生命发展。育人以成人，此时所成之“人”，就能有机地将社会需求融入个人生命发展中。

在育人、成人过程中，社会要求不是强压、硬塞给学生，而是让学生在教育活动过程中自主经历和体验个体生命实践，实现社会需求向个体生命发展需求的转化。教师在此过程中和学生进行生命交往与互动，逐渐养成学生的自我意识与能力，形成自我教育能力，逐渐由有指导的发展形成自觉的发展。教育的育人价值就是将社会要求或需求，逐渐转化为学生个体身上的发展，最终形成自主选择、自觉的生命成长，表现出主动、健康发展之态，即学生能够以社会所要求的方式、符合社会发展的方式，能够以促进人类社会进步的方式，参与到社会活动中，参与到人和人之间的交流与互动中。这才是真正的“成人”，实现自身的生命价值和人格价值，有能力、有意愿给社会、给他人带来贡献、利益，带来进步。教育生命价值才能在个体生命发展与社会发展完美结合的意义上得以充分实现。

（3）在教育生命价值转化中实现人的生命发展与社会发展的统一

首先，需要根据教育与人、社会的关系，在价值重建意义上反思教育价值、功能与目的之间的关系。传统的教育价值分析，主要是强调社会对教育的要求，即通过教育满足政治建设、经济建设等社会发展方面的功能需求，而人的发展则是实现社会发展需求的工具。但是，叶澜在进行教育生命价值分析时，始终把人的发展作为教育的终极目的和要求，进而分析社会发展对人的生存、生活提出的新要求，从而提出时代对人的发展需求、对人的要求是什么？教育生命价值分析、理论建构及其实践转化，成为人与社会之间的转化机制、中介机制，从而打破了社会本位与个体本位，以及社会发展与个人发展之间的二元对立。这也是叶澜教育价值思想在方法论意义上的创新性运用。

教育生命价值分析还需要在价值转化意义上，依据特定价值立场和取向，在当代社会发展及其所处时代背景下，进一步分析社会变革对人的发展现实需求更新。教育生命价值根据时代精神的现实要求，在实践主体的价值立场与取向下，先行思考和创建新的价值理想，形成新的培养目标，进而对学校教育活动提出新的功能需求。可见，教育生命价值分析在人的培养活动之前，就根据社会发展对人的发展现实需求进行分析，确定育人价值及其新的功能需求，而非在教育活动结束后对教育的实际影响和作用进行分析，以便确定教育的个体功能和社会功能。在此基础上，将教育价值转化为日常实践，需要设计不同教育活动的目标、任务，再进行教育教学活动的策划，形成具体的活动设计。学生充分参与教育活动，逐渐实现自身的真实生命成长，体现出人的生命价值。需要特别指出的是，教师在教育生命价值的实践转化过程中，需要将已经明确的价值取向、价值理想和人的培养目标，内化为自己的价值立场和取向，并更新自己头脑中的价值理念乃至人生观，将学生的培养目标内化为自己的行为参照系，从而形成群体的价值取向、态度以及人文关怀，这是新的价值理想逐渐转化为日常教育实践的前提性思考和价值理念基础。

“新基础教育”研究中，教育生命价值分析是在社会大背景下进行的，在人的生命实践意义上将人的生命发展与社会发展的时代脉搏紧密结合起来，通过社会需求分析及对时代新人提出的发展要求，从而转化为生命价值的内涵，再将生命价值内涵转化为个体的生命发展，在个人身上体现出具有社会所要求的价值取向和要求。

（三）教育生命价值提升人的生命发展

教育中的不同价值主体在分析与论证教育生命价值时，需要对教育本质特征、教育功能有深刻、全面的认识，同时对教育满足、提升人的生命发展需求有自己的判断。如果要对实现人的生命发展价值有清晰的认识和自我意识，能够对自己的需求进行立场合理性分析。在“生命·实践”教育学的基础上，分析教育的本质特征及功能，这是价值可能性判断；分析教育与人、教育社会的关系，以及教育外在的现实需求与条件，这是价值现实性判断。

1. 人的生命发展是教育的直接目标和根本目的

教育价值主体，除了学生（或家长）与教师等实践主体，还有其他的教育参与者、利益相关方，诸如政府、社会及其他个人等，他们各自有着自己的价值立场与取向，都对教育提出了不同的价值需求。所有的教育价值主体可以主要概括为教育中的价值主体和教育外的价值主体。其中，有些价值主体尤其是教育外的价值主体，容易从工具性的角度来考虑教育价值，思考的是教育可以被用来做什么，如何利用教育获取个人或群体利益，甚至教育中的人及人的发展也被异化为工具。他们将教育视为一种可以用来追求外在功利价值的手段，把教育用来获取教育之外的价值追求和目的。

首先，教育是否被视为工具，取决于对教育本质特征的分析与判断。不以人的身心发展为直接目标和内在规定，是教育被当作工具加以利用的重要标志。教育生命价值是以人的发展作为基础性需求，始终围绕着实现人的发展这一根本目的，从人的生命发展角度来思考影响人发展的因素及因素之间的关系，创设并实施学校教育活动。更重要的是，教育活动具有内在的生命价值，教育自身就是生命价值所在，在人的发展意义上实现教育内在的根本目的与达成外部目标的手段的统一。

其次，从教育之外或系统之外的角度来看教育工具性。从教育活动的内部来看，学生和教师的生命发展，就是教育自身的内在目的，也是其根本所在。教育活动被看作是教师与学生的个体生命实践、在校生活方式。但是，从教育之外来看，教育作为外部社会系统的一个子系统，是其中的构成要素。教育在外部的社会系统中发挥作用，这是社会、政府或其他教育外的价值主体对教育的价值需求。教育生命价值在人的发展意义上，将外部社会发展与变革的要求转化为对教育的功能需求、对人的发展现实需求，建立教育自身的子系统与社会大系统之间的内在关联，将人的发展的内在需求与社会发展的外在要求统一起来，将人的人生价值与社会价值有机结合起来。从内部来看，教育能够促进人的生命发展，从外部来看，教育通过人的发展，发挥的人生价值，从而实现社会更新性发展。

最后，从“成事”与“成人”的关系来看教育的工具价值。当前仍然存在的“应试教育”本质上源于把教育价值仅仅定位在“成事”上，而忽略了人的存在，甚至将人的发展作为工具去追求本身目的之外的价值，人也就异化为工具。因此，人在教育活动过程中被丢失了，导致教育中“目中无人”的状态。

教育的价值在于人的生命发展，教育以人的生命发展为目的。教育中的“成事成人”是生命价值的体现，也是教育价值的体现。人是教育的目的所在，而非工具，不仅仅是为了做成事而参与活动，其根本目的在于，通过做事让参与其中的每个人都有所发展。每个人都要一边做事一边反思自己做事的过程，如何将事情做得更好、更有效、更有依据，即进行事理思考。如果每个人在做事过程中都能够在事理层面进行反思，不仅能把事情做好，而且可以通过做这件事让自己获得更加丰富的精神生活体验，有着更多的思维，增长自己的能力和才干，同时也丰富自己的知识，这才是真正的人的发展，也是教育活动的目的所在。在此意义上，人的生命价值是在活动中展开的，学生和教师都能够将自己的生命在教育活动中存在的意义和价值充分展现出来。人的生命价值是在自己的个体生命实践中创造出来的，换言之，人的生命发展是在人做事的过程中实现的，脱离了事、脱离了人的实践活动，生命价值也无从谈起。可见，教育活动不只是完成教学之“事”，而且是在“事”中实现人的生命成长。这是教育生命价值的根本所在，即在教育过程中，在有效传递知识的教学之“事”过程中，要关注人的生命发展需求，实现教育活动中成事与成人的内在统一。

2. 人的生命发展是教育的基础性价值、终极性价值

教育是有意识地以人的发展为直接目的的，教育本质特征决定了人的发展是教育价值的内在依据和内在规定。教育生命价值也明确了实现人的生命发展是教育的根本目的。这是教育生命价值观的首要之义。在此基础上，进一步提升人的生命发展在教育价值中的地位和作用。叶澜认为，生命价值是教育的基础性价值，教育具有提升人的生命价值和创造人的精神生命的意义。换句话说，对生命潜能的开发和发展需要的满足，教育具有不可替代的

重要责任，因而生命发展构成了教育的基础性价值。

首先，教育生命价值能够在实现人的生命发展的基础上，派生出相应的社会发展功能和价值。在学校教育价值体系中，人的生命发展是首先的、重要的价值取向，人的生命价值是第一位的、基础性价值需求，是要优先保证和选择的，是其他工具价值的根源。有了人的生命发展，教育才能因此发挥工具价值的作用。工具价值不是直接目标，也不是主要目的，但并不是说，就不重要了甚至不予考虑。相反，教育若无社会功能，不能实现促进社会发展的工具价值，教育也就失去了存在的依据和社会基础。因此，人的生命发展及其价值需求，在教育实践中实现了个体价值和生命价值的统一与整合，具体体现为每一个个体的生命发展上，同时也实现了将社会发展对人的发展现实需求融入个体生命实践中，成为个体生命价值选择的根本和基础。这就是教育生命价值的根本所在，在育人价值开发的实践中社会发展要求向个人生命发展需求转化，并由此在促进社会发展方面提升教育生命价值。

其次，将教育生命价值拓展到人生的意义上进行理解。学校教育是个体人生发展的一个重要阶段。这一阶段的生命发展延伸到人生的其他阶段，是终身成长、终身幸福的奠基性阶段。教育要目中有“人”，始终将人看作是教育的目的而不是达成其他目的的工具。学生在学校生活中的生命发展体现出丰富的差异性，各自形成独特的生命个性。只有个性差异明显的学生，在学校教育活动中都能获得自己的成长，都能够满足自身的发展需求。这样，教育才能成为一项创造人的生命成长的事业，生活在其中会感到幸福和快乐，感到成长的满足和愉悦，令人期待和向往。

最后，从教育活动的内在结构及其构成要素来看。教育活动是由教育者、受教育者与教育内容等基本要素构成，同时又是一种人与人之间的“你—我”生命交往活动。教育能够促进学生发展、教师发展；对于教育内容也发挥作用，能够进行知识传递。这样，在教育价值体系中，教育能发挥作用的对象包括了人、事和物。但是，教育价值的根本特征、根本追求，必须回归到教育是以影响人的身心发展为直接目标的本质特征上来。因此，要把人的生命价值摆在教育的中心、优先位置，是教育的第一价值。

综上，教育生命价值就是逐渐从教育之外转向教育之内，在人的生命发展意义上逐步深入、不断实现价值提升。教育生命价值还需要整体性提升人的生命发展价值。从人的发展的整体性、主动性、实践性进行理解，人的生命体现为不同的生活，体现为渗透在不同生活中的生存方式，这些生命的外显形态及内在本质特征体现出生命的整体性，同时也内含生命发展性，突破了对人的发展片面理解。在教育生命价值意义上，人的全面发展不是要素式的分析，而是在人的生命发展上呈现出个性化、整合式的一种结构化发展状态，同时也是主动发展性质与方式。人的生命呈现出一种主动发展的活力，持续不断的生长变化。因此，人的生命发展其实是对人的发展的一种价值选择，对生命状态和性质的一种判断，特别强调具体个人、个别差异性，以及在个体生命实践或做事过程中表现出来的选择性主动状态。

叶澜教育生命价值观不是从发展什么来思考而是论述了如何发展，要发展的是学生如何主动、健康地实现自我发展的意识和能力。这是在生命价值的更高层面上关注人的生命发展问题，是让学生具备生命自觉的能力，成为自己生命发展的主人，能够自主进行自我选择。

二、人的真实成长：教育生命价值的实践转化

教育生命价值的实践转化过程，从形式来看，一是活动改革转化，在教育活动及其日常实践变革中，进行育人价值开发，实现学生的真实生命成长；二是评价改革转化，在推进日常教育实践变革中，以“成事”促“成人”，进行“成人”价值开发，实现教师的生命创造和自我更新。

从转化内容来看，一是育人价值转化，在学校生活及其各种活动中，为学生提供丰富的实践活动与生活经历、创生多元的角色体验与活动关系。学

生在个体生命实践中逐渐养成自我意识，自主地将丰富的生命实践转化为精神成长的资源，满足、提升自身生命发展需求。二是“成人”价值转化，在育人价值开发及其日常实践变革中，具有充分的学习、变革、研讨、反思和重建的实践活动，具体深刻的研究性变革实践，个体意义上理论与实践的转化等生命创造体验。教师在个体生命实践中既指向育人价值开发的实践活动，也指向自身实践活动的反思与重建，在日常实践变革中形成生命创造的智慧，实现自我更新和自我超越。

（一）教育生命价值实践转化的内涵

在教育生命价值实践转化的意义上，育人价值开发及活动改革转化过程，是学生的精神生命成长和教师个人生命成长的过程。可以说，育人与成人在师生的个体生命实践意义上实现了沟通和统一。教育生命价值的实践转化，在人的发展意义上实现了“成事”与“成人”的统一、育人与成人的统一。

1. 教育生命价值实践转化是活动改革与评价改革的结合

（1）通过教育活动及其评价改革实现教育生命价值的实践转化

“新基础教育”研究中，教育生命价值是在个体生命实践意义上进行理论构建的，将学生和教师视为具体个人，并结合教育的内在规定性及其功能，对师生的生命发展需求进行分析，把人的发展需求与社会的发展要求紧密结合在一起，形成新的教育功能认识和选择，从而进一步分析教育活动的结构。在此基础之上，还需要落实到活动中来，通过活动实现价值向实践的转化，形成教育的价值性事实，使教育真正发挥它的作用。

教育生命价值具有实践性，不是纯粹理论、抽象的分析，而要进入实践中探究教育生命价值如何转化为育人价值、如何转化为具体的日常教育活动及其变革实践。与此同时，还需要推进学校变革实践的评价改革。与以往教育评价不同，学校变革评价不是用期望的最终结果来框定发展与变革过程，而是在教育生命价值取向下，通过价值批判性分析，思考、发现、诊断教育中存在的问题及行为背后的理念，在教育生命价值创生和转化过程中提炼出新质特征。同时，变革参与者真正感受到教育生命价值如何内在于观念、如何内在于行为，如何转化为具体的活动与教育实践。这一系列过程体现出教育生命价值通过教育活动与学校变革评价进行实践转化，在育人价值开发中实现学生的真实生命成长，在学校变革实践中实现教师的生命发展。

叶澜教育价值思想是从学校变革实践中综合抽象出来的，关注教育生命价值的理论建构及其合理性判断，关注教育生命价值的实践转化及其实现过程，这就是教育价值实践性。教育生命价值观不是仅仅停留在概念演绎或教育价值概念和形式分析上，而是把教育价值与教育活动有机结合在一起，真正通过教育活动转化与评价改革转化实现教育生命价值的实践转化。

（2）教育生命价值实践转化过程的功能与结构关系分析

教育是人为的活动，是人与人之间的交互作用，并在交往活动中产生各种关系。教育活动与客观事物有很大不同。在客观世界中，事物客观存在，具有特定的结构及其属性，决定了其所具有的功能；在人为世界中，人们根据价值先明确功能需求，再据此构造人为活动，形成特定的人与人之间的交互作用和活动，从而建立各种社会关系。通过教育生命价值取向选择教育功能需求，人为策划和设计特定的活动结构与形式，以及人与人之间的内在关系，使教育活动具有所需要的实现人的生命发展的功能与性质特征。可见，在育人功能价值开发下进行教学活动设计，其日常实践结构的变革以及所需新功能、新属性的形成，在很大程度上就是教育价值的实现。

教育价值转化为合理的功能需求并据此进行教育活动变革，从而使得价值内含于、渗透于日常教育活动中。功能贯穿了整个教育活动，教育活动就是为了能够实现人们所需要、所期待的功能。可见，教育是价值性的存在与事实，不仅是指教育价值需求与功能实现后的事实，也是教育价值转化及其功能实现、活动变革过程的事实。

2. 教育生命价值实践转化是育人与成人的统一

在人的生命发展意义上，实现教育生命价值不仅是对学生提出的要求，也是对教师提出的要求。学生的发展是在与教师生命交往的关系和活动中形成的，若要培养学生的某种能力，教师首先应该具备此种能力，这就是教育价值实践转化的特殊性。“新基础教育”研究中，叶澜认为，要想促进学生的变化，促进教育变革，首先要有教师的变化，要有人的变化，在变革中完成人的发展。这些都是强调教师的生命发展，反映的是一种人的发展观。因此，对于学生的培养与要求，在很大程度上也体现了对于教师的要求，如“三维双向”时代新人形象及其培养目标设计，也同样适用于教师的生命发展需求。

教育生命价值和人的生命发展密切相关。当教师在“成人”意义上实现了个人的生命发展，教育生命价值的内涵便在教师个人身上实现了价值转化。教师发展在很大程度上是生命价值的集中体现，是生命本质力量的集中体现，反映了人的本质与人的价值。这是教育生命价值的本质所在，也是在教育过程中促进人的生命发展的根本所在。这样，才能真正地做到以身立学、以身立教，真正地将教育生命价值转化为个人的人生价值，转化为个体的生命实践活动。

（二）在“成人”意义上转化为教师真实的创造、自我更新

教师既是人为策划、设计、实施教育活动的主体，也是在具体情境中与学生一起成为展开、推进、生成、创造教育活动的复合主体。因此，教育生命价值必须转化为教师个人的真实生命成长，这是价值实践转化的应有之义，也是价值实践转化的重要构成。教师不仅在教育活动中与学生一起实现创造，共同实现生命成长，而且在教育活动改革中通过理论更新和价值内化、行为参照系改变、日常行为改革，实现自我更新式成长，即教育生命价值在教师“成人”意义上的实践转化。

1. 教育生命价值实践转化满足、提升教师的生命创造与发展需求

在生命发展意义上，每位教师都是在价值取向及其观念更新中，进行日常教育活动，并参与研究性变革实践。其根本在于，在创造学生的精神成长的同时，促进自身精神生活世界的丰富和发展，这是教师作为实践主体的目的所在，体现了教育生命价值的本质特征，即满足、提升人的生命发展需求。

对于个体而言，教育生命价值实践转化，一方面能够满足教师自身发展的需求，丰富自己的精神生命，另一方面能够在不断的学习、研究、反思、重建教育活动的过程中，激发出新的生命成长需要，从而能够让自己实现主动创造、自我更新式成长。教育生命价值又体现了教师发展的主体性，教师能够主动利用教育活动改革的各种形式的评课研讨活动以及各种丰富的社会关系，满足自己的需求，同时在此过程中产生新的价值需求、产生新的价值观念。

2. 教育生命价值在变革实践中形成个人观念内化、群体价值共识

教育生命价值能够让每位教师通过变革实践逐渐更新价值观念，建构新的教育价值理想。教师在开展日常教育活动及实践变革时，首先需要确立价值立场取向，即如何理解人的发展，人的发展如何与社会需求结合在一起，如何与自己的人生体验和立场结合起来。教育价值对每位教师的日常教育行为有强烈的价值引领和观念渗透作用。因此，教育生命价值需要在个体生命实践意义上，把教师的人生价值观和教育价值观统一起来，才能够让每位教师在教育教学实践过程中，真正有意识地积极参与日常教育实践变革实践。

教育生命价值转化还要形成教师群体的价值共识。学校变革实践不是教师的单独行为，而是以学校为单位的一种改革，此种改革需要达成共识。改革共识最核心、最基础的就是价值取向，是教育价值观念在群体中具体化的存在状态。价值取向是群体所共享的价值观念，是有具体指向的，是指引着教师个体教育教学行为的参照系、原则甚至标准。教师群体内形成共同的价

值立场，对价值取向有明确的选择，必然会带来此种价值取向下的观念更新和行为更新。

3. 教育生命价值通过学校变革评价转为教师发展的生命自觉

学校变革评价，一方面指向学校变革过程，另一方面指向教师自身发展过程，从而在“成事”中“成人”，实现教师的生命发展。实现生命自觉，其本质在于在不确定性中做出自己的选择和判断，实现个人的主动健康发展。

教师要参与到自身的个体生命实践中，即每个人都需要做“事”，在做事过程中逐渐将指向外部世界的改造转向个人内部世界的改造，形成自我意识与自我教育能力，最终自主地实现个体的生命发展。教师生命自觉是在教育活动中完成的，不是由研究者或校长等他人给予的，而是通过研究性变革实践，通过学习、研究、改革、反思、重建等日常实践活动，形成对外部世界的各种活动和关系的认识，以此帮助形成自己的精神世界。这是教育生命价值在教师个体生命实践中转化为自身生命自觉的重要途径。

教师所做之“事”，需要在学校日常教育实践中不断地变革，才会有创造性的教学，才会在教育教学过程中实现教师和学生的生命发展，实现自身的生命价值。更重要的是，教师通过亲身经历变革实践，学会了有效开展课堂教学、班级建设等学校日常教育活动，能够在创造性工作中发挥自己的智慧，同时也能够对自己的教育教学活动进行反思重建，不断实现自我超越。这就体现了人的生命本质力量，也体现了教师个体的主动性和主体性。通过深入参与生命实践活动，把自身发展的多种可能性转化为现实发展。这就是教育活动及学校变革评价对于教师生命发展的意义和价值。

（三）在育人意义上转化为学生真实的主动、健康发展

教育生命价值评价在育人意义上的实践转化，意味着通过育人价值开发，结合具体的课堂教学、班级建设等教育活动及其改革，将教育生命价值

转化为日常教育实践，最终体现在学生的生命发展上、人的本质力量发挥与创造上，以及学生的真实生命成长上。每个学生都能将自身的和学校的可能性条件转化为自身的现实性发展，尽自己的可能、用自己的方式充分开发生命潜能，主动、健康地实现自我发展，呈现出生命自觉的状态。

1. 教育生命价值在育人意义上的实践转化路径

（1）理解并内化教育生命价值

教师作为实践主体，首先，要理解教育生命价值理念。在“生命·实践”教育学聚焦下，从个体生命实践角度，分析教育本质特征、教育功能需求及其价值取向、教育与人和社会之间的关系，在人的生命发展意义上对教育生命价值内涵及其特征进行深入分析、思考，进而明确教育价值的最终目的与终极追求，就是育生命自觉。教育生命价值观念表明，学校日常教育活动要充分发挥育人功能，发挥教育对人的发展的作用与影响，实现学生个体的真实生命生长。

其次，要确立教育生命价值立场与价值取向，并实现价值观念更新与内化。在具体实践中，教师要明确自己的价值需求以及将此种需求内化为自己的价值观念，渗透在日常教育活动之中，体现为日常实践的态度和行为倾向。传统教育价值与功能需求存在着社会本位与个人本位，或者说，社会价值与个人价值之间的二元对立。因此，教师观念更新还需要思考如何超越二元价值的对立，将社会发展与个体的发展沟通起来。

尤其要指出的是，必须从人的生命发展意义上理解教育价值，而非将教育作为工具性价值，把学生的发展作为促进社会发展或者教师、校长和教育行政部门获取利益的工具。

（2）形成教育价值理想并设计培养目标

教师要坚定教育生命价值立场和取向，分析教育之外的条件以及教育与社会发展、国家建设与需求等外部环境之间的内在关系，由此确定教育的价值需求，即当前社会发展对人的发展提出了哪些新要求？怎样让教育为学生未来生存或终身发展服务？自己在教育活动中追求什么、获取什么？据此形成自己的教育价值理想，设定培养目标与任务，

在此过程中，教师需要读懂社会发展、时代精神，深入分析社会变革对人的主体性发展的现实需求。聚焦到学校教育的培养目标上，主要体现在人的生命发展意义上，将每个学生视为具体个人，改变在校生存方式、提升在校生活质量，以实现主动、健康的生长。当然，不同教育流派或改革理论以及不同时期的教育改革要求，对人的发展有不同理解。因此，需要对不同时期学生发展观进行比较，在比较中更加坚定教育生命价值取向的选择与判断。

（3）对育人价值进行合理性分析

在教育生命价值立场与取向下，确定了以促进人的发展作为教育活动的本体功能、基础性需求后，进一步需要思考的是，育人价值内涵是什么？从什么角度来理解育人价值？如何合理、有效进行育人价值开发？

这里涉及要发展什么样的人、怎样发展人的基本问题。首先人的发展内涵实际上涉及学生发展的能力结构和身心发展的结构等方面。最后，要思考学生发展的方式，以什么样的方式发展，发展的性质如何，等等。再次，还需要思考这些价值如何与社会发展之间关联起来，对是否有实现的可能性与条件，期待产生的合理性等进行价值合理性的判断。

（4）创造新的教育活动以实现学生的真实生命发展

育人价值开发是在日常教育活动中完成的。教师作为教育活动中的实践主体，要内化和更新价值观念，改变行为参照系，确立学生立场，从研究学生发展需求角度，将育人价值逐层转化为学科教学或活动领域的价值、课堂教学或各项活动中的具体目标。在此基础上，设计和开展具体的教育教学活动，其中需要进行育人价值的事理研究，由此揭示教育生命价值如何通过活动实现转化。

2. 教育生命价值在教育活动中的创生与转化

基于教育生命价值的实践转化，教育活动在实现人的生命发展意义上进行日常实践变革，逐渐创生并形成新的育人功能及“成事成人”功能，并成为学生和教师共生共长的个体生命实践。

（1）教育活动是人的生命成长、生活方式

一般而言，教育活动被视为影响人发展的特殊因素或生存环境。但是，从个体生命实践来看，更准确的理解是，教育是人的一种生命成长、生活方式，是人的一种生命存在状态。

研究教育与人的发展关系，需要将教育与影响人的发展因素之间的关系综合起来进行论述。第一，将教育作为影响人发展的众多因素之一。第二，将教育从众多影响人发展的因素中抽取出来，视为对所有影响人发展的因素进行综合、充分的利用，由此促进人的生命发展。第三，将教育理解为特定情境下的个体生命实践，一种特殊的成长方式、生活方式，是个体生命发展的重要构成。

学生和教师在校生活质量的丰富与提升，其实就是个人生命发展和生命质量的提升。在个体生命实践的基础上，教育活动与人的生命发展之间产生了内在关联。教育活动为学生提供一种个人生活的内环境，每一个学生都是在学校生活中发展和成长起来的。此种内环境又与学生所处的家庭环境、社区环境以及更大的社会环境整合起来，成为学生生活的一种方式，在个体生命实践及其生命发展中产生实际作用。

学生在学校中的生活质量体现为，他们各自有着丰富多彩的活动，有很多的角色转换，有很多的身份体验。这样，每个人经历了很多不同的实践关系，就会使得自己更加丰满起来，有着丰富的智慧、思维、情感、意志体验，还有创造的火花。

（2）教育活动是“你—我”之间的生命交往

教育活动中人与人之间的交往互动，也是生命与生命之间的交流和沟通，不同个体之间的生命交往。只有在生活上有所交集，在个体实践意义上有着共通的生命经历，教师与学生才能够真正产生彼此之间的生命体会、体验，从而有所体悟，在“你—我”之间的生命交往中，形成个体生命实践意义上的精神能量交流。事实上，师生在言语交谈或交流的过程中，经常出现学生不能理解或不认同教师所讲的话。这在一定程度上说明，教师和学生在个体生命实践意义上交集太少，甚至没有交集。学生和教师之间没有生命交往与精神能量的沟通，更多的是进行以知识为中介的分享和交流，而且是认识活动的单向沟通。因此，师生间除了知识之间的信息交换、交流，更重要的是人与人之间的精神能量的交换，相互之间情感的共鸣、相互之间意志的鼓励，也包括对同一知识的不同理解、思考，分享自己在学习该知识过程中的经历与故事，等等。

在个体生命实践意义上，通过人与人之间的生命交往，每个人的生命发展都是整体的。正因为个人的学习经历以及彼此之间的生命交往，学生的认知、思维和知识、经验就由此有效地沟通起来。

3. 教育生命价值化为学生真实的主动发展与生命自觉

日常教育活动育人价值开发，就是让教育成为点化人之生命的实践活动。“点化”之“点”是指教育开启人的生命发展，主动面向可能的发展空间开放。“教育的开启，一方面指向通过教育开启生命对自己所处的外在世界的认知、体验、感受的空间，同时又指向个体生命的内在需求与主动性，以及自我认识、自我选择和决策等发展能力的开启。合而言之，是对生命发展主动性和可能性的内外双向开启。”①“点化”之“化”是指教育开启个体生命实践，主动实现可能性向现实性转化，自主将外在条件和自身潜在可能转化为真实生命成长。“化，是将教育的期望，将人类社会、精神文化、自

① 叶澜．回归突破：“生命·实践”教育学论纲［M］．上海：华东师范大学出版社，2015：237．

然万物，有关于生命实践发展的资源，通过教育实践和每个个体积极主动的生命实践，转化为个体生命的真实发展与成长，化，是指个体外在世界的丰富资料、内在发展诸多可能转化为现实个体的生命发展的过程。”①

在育人价值意义上，影响人发展的因素中，教育作为特殊因素发挥着综合影响，即让学生在形成在自我意识和自我控制能力的基础上，自觉地利用自身的遗传和环境条件，通过自己的积极活动形成自身的内环境。在此过程中，教育唯一能改变的就是学生的后天因素。叶澜指出，教育作为外部的影响因素，可以概括为“教天地人事”。“天地人事”是教师和学生之间进行交流的内容载体，不仅具体地表达为天、地、人和事，更重要的是体现出它们之间的相关性、相通性和背后所蕴藏的道德和道理。所以，“‘教天地人事’就是通过教育认识自然万物、人事诸事，并知道各事的内在规定性和通则，即要‘法自然’、懂得如何做事，都要关注它的内在规定性”②。其次要关注“礼”，在中国传统文化中“礼”指的是人事中的种种道德规范、行为准则和社会秩序。除了这些内在规定性和秩序以外，还强调变化。生命体会每时每刻都在变化。从中发现，中国哲学强调规矩、秩序,但又不是守成，要从中寻求变化，在变化中生成新的改变。

在传统文化中，还特别强调“格物致知”“学思悟行”，如果要实现自身的提高，提升自己的人格，就要先去格物，明辨身边的环境，进而达到认知和自知。还强调修身养性。“要诚自己的意，正自己的心，诚心正意后，要修身，首先管好自己，然后再管好自己的家。只有做好齐家，才能去治国平天下。”③这是“成人”的一系列发展过程，也就是人的教育过程。所有的学习，最后都要达到行，如果达不到行，教育就没有用。

叶澜进一步深入分析，特别强调“贵自觉”“成君子”。这就是教天地

---

① 叶澜. 回归突破：“生命·实践”教育学论纲［M］. 上海：华东师范大学出版社，2015：237.

②③ 叶澜. 变革中生成：叶澜教育报告集［M］. 北京：中国人民大学出版社，2019：279，280.

人事，通过天地人事的外在的教育，让学生形成生命自觉，即强调自我意识。人对自己要有清晰的认识，要对生命发展做出规划，做出选择。选择是非常重要的自觉表现。在生命自觉中，自我意识的形成以及自主选择、判断和行动显得尤为重要。孔子说："吾十有五而志于学，三十而立，四十不惑，五十而知天命，六十耳顺，七十而从心所欲不逾矩。"这就是孔子对自己人生成长过程的描述，也是对自我意识形成过程的描述。自我意识就是个人对自己人生经验的形成及其过程的思考。由此可以看出，自我意识的形成有以下六个基本的阶段。[①]第一，需要有志，志就是自己明白自己想要什么、钟情于什么，把自己的注意力、精神生命能量专注于此。第二，是"立"，人要有自觉，"立"就是在自己的志向上有所发展、有所提升、有所领悟，形成一些经验、创造和思维、基本态度，在志向上"立"起来。第三，是"不惑"，就是不疑惑，不疑惑并不意味着没有问题，而恰恰是意味着遇到了问题都有办法解决，能用自己的经验、自己的判断和选择进行处理。第四，"知天命"，"天命"是不可违抗的东西。在此，能明确区分和判断什么是可行的、什么是不可行的，什么是努力做了会成功，什么事情再努力也做不成。这样，就能够把外部的事情和自身的可能性结合起来，做出形势判断，这就是人生的重要选择。第五，到了"耳顺"阶段，就能够宠辱不惊，有了自己的定力，有了自己真正确立了追求的、坚定的信念和信仰，而且也有自己的准则、原则和规则。第六，"从心所欲不逾矩"就是把握规矩之后的自由、自然、自在的状态。至此，人生达到了高度的生命自觉状态。此种自觉状态，不仅仅是生命发展，也是人的生命实践、做事的自觉过程。"新基础教育"研究也要经历这样一系列阶段。

教育的作用就是让学生学会存心养性、反求诸己，做什么事都不要想着从外面得利，而要从自己内部去寻找力量，强调自我内在力量的强大。人的

---

① 叶澜. 变革中生成：叶澜教育报告集［M］. 北京：中国人民大学出版社，2019：281.

生命质量取决于自己，取决于你会不会选择、会不会放弃、会不会力争，这都是生命自觉的具体表现，具有自觉的人，才能够把握住自己的命运。

在人的诸多发展因素中，最终起决定作用的是内因。教育要让学生知道，只有自觉，人才能够做出自主选择，才能自己决定自己的命运。这样，才能把学生教育成人，活出自己的生命精彩，而不是成为一个“物”，被迫成为他人的工具或者自愿成为别人的工具。因此，教育“育生命自觉”的关键是，让学生明白自己、研究自己、分析自己、反思自己，知道自己之长在哪里，发展的可能性是什么，如何成就自己，如何在一定的情况下权衡选择的利弊轻重。教育能够真正地把人的生命发展作为根本价值，从而养成生命自觉的人，不仅在行为上呈现出对外部世界改造的主动性，还表现为对自我发展的主动性。可以说，这样才能使人在与外部环境沟通的时候，呈现出高水平的精神世界、精神能量。

三、教育价值研究的方法论意义

“生命·实践”教育学价值论不是在哲学理论层面进行演绎，而是从教育实践中概括和提炼出来的，是在“生命·实践”教育学和“新基础教育”研究的基础上进行理论创新，源于对教育本质特征与基础性功能的认识，源于对教育与人、社会关系的分析。不仅如此，在方法论层面上，“生命·实践”教育学价值论将教育系统视为人为结构，将教育活动视为价值性存在，深刻揭示内涵并渗透于教育理论与实践中的价值，由此通过系统、复杂思维方式的转换，建构教育价值思维分析框架。

“生命·实践”教育学价值论不仅提出新思想、新理论、新观点，而且在教育价值研究方法论意义上有新探索、新实践。教育生命价值的理论是建构在教育基本理论层面进行价值合理性判断和论证的基础上，始终坚持教育学立场，分析价值创生过程与机制，由此实现教育价值的实践转化与生成，将价值理想转化为价值事实性的存在，呈现出教育价值的事理研究性质。

（一）教育价值研究的教育学立场

教育事实本身就内含着价值，价值渗透在整个教育实践、日常教育活动之中。因此，教育价值研究要有强烈的价值渗透、内化意识。从教育学角度分析教育中人的发展，这是教育价值研究的前提。

教育价值研究，要立足教育学立场思考问题。在教育价值的理论建构中，明确教育目的是促进人的发展，从发展角度来研究人的成长状态。教育学立场关注的一个基本问题就是：如何才能以教育的方式，有意识、有目的地促进人生命的主动发展。这是判断教育价值研究是否具有教育学立场意识的核心依据。

首先，从学生发展来看，在教育价值实践转化中，通过日常教育及其改革中实现育人意义的价值转化，教育者将学生发展置于第一价值地位，将育人作为基础性功能。在具体开展教育活动时，站在学生立场，研究学生成长需求，并将其转化为课堂教学或活动设计的具体目标。同时，充分开发日常教育活动对于学生成长的意义，提升课堂生活、班级生活的质量，满足学生的生命发展需求。在育人价值开发的意义上，看到学科教学、班队活动对于学生发展的各种可能性，并尽自己所思、所想、所能，为学生成长创设丰富的角色体验、个体生命实践活动与关系，将各种可能性转化为学生真实的生命成长。学校变革要有生命关怀，要培育生命自觉，并且将教师、学生参与其中的教育活动及改革实践本身，也视为一种独特的个体生命实践。日常教育实践、在校日常生活既是自主学习和成长的实践活动，也是指向自身内部改造的生命实践活动。

其次，从教师发展来看，通过推进学校变革实践的评价改革实现“成人”意义的价值转化，面对实践者及其实践改革行为时，需要从发展的角度读懂教师的成长状态，看到教师个人在改革过程中变化的趋势和方向。评估者为了能够让教师更准确地理解课堂教学、班级建设，要指出其问题所在，帮助其分析问题背后存在的教育观念、思维方式，并给出改进和提升的建议，真正让其在评价以后，再进行反思和重建，真实地实现发展。对于教师改革实践中呈现出的比较好的状态，评价者仍然要从发展的眼光，提出进一步思考、进一步改进、进一步突破的可能空间和建议。“‘新基础教育’的评价活动不是外在于评价主体的一种实践活动，而是内在地渗透于每一个评价主体在变革进程中的生命成长与发展之中的。在这样一个意义上，衡量一所学校的转型性变革成功与否，最终的评价标准是看这所学校中的每一个变革主体的生命实践活动的质与量。衡量一个评价体系是否合理与完善，也在于该评价体系在多大程度上，以何种方式促进了提升了学校变革主体的生命实践活动的质量。”① 这才是真正的教育学立场。

作为一项中国本土内生性的学校变革，“新基础教育”致力于为世界基础教育改革贡献中国知识和中国经验，致力于形成具有中国命脉、中国气派和中国魂魄的学校教育品牌。在此基础上，创建“生命·实践”教育学及其学派理论。无论在“生命·实践”教育学理论建设中，还是在“新基础教育”研究中，首先应始终坚持人的生命实践立场，并将个体生命实践、生命价值、人的生命发展、生命自觉等视为一以贯之的、根本的价值取向；其次要坚持中国本土立场，为此，通过寻找文化命脉，转化文化价值，创生文化生境，扎实推进具有鲜明中国特色的教育生命价值、生命自觉等理论建构与实践转化。

（二）教育价值的合理性判断

教育价值的合理性判断，是价值主体的认识与教育自身属性及其功能的统一，是教育与人和社会的统一，也是主观意志与客观规律的统一，合理性

① 叶澜. 变革中生成：叶澜教育报告集［M］. 北京：中国人民大学出版社，2019：78.

与现实性的统一。教育价值分析主要包括价值本质、价值取向及价值转化的合理性判断。

1. 教育价值可能性分析

通过教育内在规定性与功能分析论述教育价值存在的可能性。教育有着自身的内在规定性，是区别于其他人类活动的本质特征。教育价值需求不能偏离教育本质。同时，教育作为人为系统，人类根据功能需求创建教育并进行改革，逐渐形成教育的内在结构，以及与功能需求相应的教育系统。这些也就固化为教育与人、社会之间的内在关系，即客观性教育规律。教育价值分析不能不考虑人类社会中创造出来的相对独立的教育规律。这是重要的教育价值合理性判断，“所谓价值合理性判断，就是对论证依据的合理性判断”[①]，由此对于教育价值可能性进行论证，对教育价值做出合乎逻辑的判断与选择。在一般意义上，教育价值主要体现为对教育的功能需求，其本质取决于教育的本质特征，以及与人和社会的规律性关系。

2. 教育价值立场与取向分析

人们对教育本身的认识以及想从中需求什么的认识，这是价值取向，也是教育价值需求。“价值取向是对客观事物及自己需求和利益的认识水平的反映，也是人的主观意志的体现。在实现事物价值的过程中，这是人唯一可以由自己做出选择的方面，是事物的价值由可能转化为现实状态的一个重要的中间环节。”[②]价值取向指导着教育实践者的教育行为，在实现教育价值的过程中发挥着方向指导的作用。教育实践者需要正确认识教育本质及其规律、教育外部的社会因素与物质基础，也要正确认识自己的真正利益，从而做出符合教育本质及其规律或自身根本利益与需求的价值取向。

---

① 叶澜．教育研究方法论初探［M］．上海：上海教育出版社，1999：345.

② 叶澜．方圆内论道：叶澜教育论文选［M］．北京：中国人民大学出版社，2019：135.

不同的实践主体或同一实践主体在不同时期可以做出不同的教育价值选择。这是一种不可避免的、合乎逻辑的教育价值现象。但是，无论哪类主体，都必须根据社会与教育自身发展及其理论研究趋势，把握“趋势必然性”，体现出教育面向未来的事业特性，又要在趋势同等的合理情况下判断价值立场的合理性，“立场合理性主要是代言人所代表的阶级和阶层在历史意义上的先进性，即这一阶级与阶层在多大意义上代表了社会发展对教育的需要，所拥有的把教育需要转化为教育现实的可能性有多大”①。

3. 教育价值现实性分析

通过教育之外的社会系统与物质条件分析，论述教育价值实现的可能性。教育价值实现的客观分析，需要对与教育相关的各种社会因素进行判断，也就是要对教育与人和社会的关系进行思考，同时对教育之外的物质条件进行选择。除了上述价值合理性判断之外，还要判断和论证教育价值在多大程度上体现教育实践的独特本质功能。

教育价值的实现与对历史条件的把握、读懂教育所处的时代精神与社会需求有着密切关联性。时代和社会是教育价值实现的条件，需要将价值实现合理性判断“建立在对时代、地域、民族、经济、文化历史、教育传统与现状、教育内具的和尚未开发的潜力等各方面的认识和综合研究的基础之上”②。将教育作为社会子系统，从而分析教育与社会大系统之间的内在关联，尤其重要的是分析社会发展对人的发展需求，这可以说是教育价值分析的核心所在。这些都是客观存在、不可忽视的实际状态，也是影响着教育价值合理性及其实现的可能性判断。对此认识越接近真实，越符合合理性，建立在此基础之上的价值合理性就可能越高。这在很大程度上决定了教育价值创生和实现的转化过程及其程度。

---

①② 叶澜. 教育研究方法论初探［M］. 上海：上海教育出版社，1999：345，346.

（三）教育价值性事实形成路径分析

教育是价值性存在。教育价值性事实形成路径是指教育价值理论建构通过实践转化形成价值性事实的过程。教育价值通过理论论证和建构后，根据功能需求及其选择，逐渐转化为教育活动，实现人的发展，形成价值性事实。这就是教育价值需求及其功能实现后的状态，即日常教育活动及实践变革的新“型态”、个体生命发展的状态。

教育价值是以教育功能、作用或影响为切入点进行分析的。价值意味着，不同的价值主体站在不同的价值立场对教育有不同的需求，期待教育能发挥自己所想要的影响、作用或功能需求。主体可一般地分为人类和社会，以及在具体时空背景下、具体教育情景中的人。从人类社会的教育需求来看，包括直接影响个体身心多方面发展的内功能，以及间接影响社会多方面发展的外功能。这已经形成了一种教育规律，即教育与人、教育与社会以及教育与人和社会之间的规律性思维和观点。重点在于，特定时空背景下，不同的人和人群、类别，他们的立场不同，功能的需求也就不一样。而且，随着时代社会发展变化，对人的要求不同，功能需求也就不同。

教育功能是教育价值的核心内容。实现功能需求是教育价值，也是教育目的。因此，不必机械地、形式化地从价值主体需要和价值客体的功能、属性之间的关系分析教育价值内涵，而可以实际地从教育实践中，对教育所发挥的影响和作用进行概括和提升，这样就体现出了教育价值的独特性。

在功能分析的基础上，我们还需要思考这些功能如何实现和落实。这就涉及教育结构的分析。在分析教育结构时，“新基础教育”研究强调的是学校转型性变革，更主要的是通过创造新的教育活动，实现教育功能，从而实现教育价值。

（四）教育价值的事理研究

从教育价值实践转化过程分析来看，还需要思考教育价值如何进行实践转化，真正地实现师生真实的生命成长。这需要探究价值可能性转化为现实性的过程。

在此过程中，教师积极投身学校变革实践也是教师对外部世界的改造，且不断指向个人内部的理论分析、反思和重建，在改革实践过程中实现自我超越，体现出生命创造和智慧。这些都是价值转换的表现和过程。因此，教育的生命价值，需要在学校变革实践过程中，体现在学生和教师生命发展上。这才是真正体现教育价值的实践意义，体现出价值的实践性特征。

这一价值转化过程也是事理研究，指向了“成事”与“成人”的结合，指向了做事过程中外部改造与内部改造之间的连接，需要对价值转换的内在结构进行进一步的分析和思考。具体来说，教育活动的变革能够促进学生的发展，但教育活动又是由教师来完成的，在此过程中，教育活动本身就是社会性活动，是人与人之间的交往互动。因此，教师的生命发展及其生命价值的实现，与学生的生命发展和生命价值的实现直接形成内在关联。

教育价值的实践转化其实就是在教育过程中，在自己的个体生命实践参与下，个体将自身发展的可能性转化为现实的发展。这都是从不同角度认识教育价值转化的问题，也是对教育价值进行深入分析思考的重要方面。在此过程中，体现出“生命·实践”教育学的复杂思维以及事理研究，还有个体生命实践分析的立场、理论视角及理论基础。

主要参考文献

一、著作

[1]叶澜.教育概论［M］.北京：人民教育出版社，1991.

[2]叶澜.教育研究方法论初探［M］.上海：上海教育出版社，1999.

[3]叶澜."新基础教育"探索性研究报告集［M］.上海：上海三联书店，1999.

[4]叶澜.全球化、信息化背景下的中国基础教育改革报告集［M］.上海：华东师范大学出版社，2004.

[5]叶澜."新基础教育"发展性研究报告集［M］.北京：中国人民大学出版社，2004.

[6]叶澜."新基础教育"论——关于当代中国学校变革的探究与认识［M］.北京：教育科学出版社，2006.

[7]叶澜.回归突破："生命·实践"教育学论纲［M］.上海：华东师范大学出版社，2015.

[8]叶澜.方圆内论道：叶澜教育论文选［M］.北京：中国人民大学出版社，2019.

[9]叶澜.变革中生成：叶澜教育报告集［M］.北京：中国人民大学出版社，2019.

[10]路德维希·冯·贝塔朗菲.生命问题——现代生物学思想评价［M］.吴晓江，译.北京：商务印书馆，1999.

[11]马克思.1844年经济学哲学手稿［M］.中共中央马克思恩格斯列宁斯大林著作编译局，编译.北京：人民出版社，2000.

[12]袁贵仁.价值观的理论与实践——价值观若干问题的思考［M］.北京：北京师范大学出版社，2006.

二、论文

[1] 叶澜. 论影响人发展的诸因素及其与发展主体的动态关系［J］. 中国社会科学，1986(3): 83-98.

[2] 叶澜. 关于加强教育科学“自我意识”的思考［J］. 华东师范大学学报（教育科学版），1987(3): 23-30.

[3] 叶澜. 全面理解和贯彻理论联系实际的原则——编写《新编教育学教程》的一点体会［J］. 华东师范大学学报（教育科学版），1991(2): 15-18.

[4] 叶澜. 时代精神与新教育理想的构建——关于我国基础教育改革的跨世纪思考［J］. 教育研究，1994(10): 3-8.

[5] 叶澜. 深入学习邓小平教育思想　把教育战略重点地位落到实处［J］. 教育改革，1994(2): 12-15.

[6] 叶澜. 中国的发展呼唤新教育理想［J］. 探索与争鸣，1994(9):31-32.

[7] 叶澜. 让课堂焕发出生命活力——论中小学教学改革的深化［J］. 教育研究，1997(9): 3-8.

[8] 叶澜. 更新教育观念，创建面向21世纪的新基础教育［J］. 中国教育学刊，1998(2): 6-11.

[9] 叶澜. 跨世纪中国教师教育发展的若干问题［J］. 教学与教材研究，1998(2): 10-13.

[10] 叶澜. 世纪初中国教育理论发展的断想［J］. 华东师范大学学报（教育科学版），2001(1): 1-6.

[11] 张曙光，鲍宗象，刘瀚，等.“创新时代的哲学社会科学”笔谈［J］. 中国社会科学，2003(1): 83-98+206.

[12] 叶澜. 思维在断裂处穿行——教育理论与教育实践关系的再寻找［J］. 中国教育学刊，2001(4): 3-8.

[13] 叶澜，底特利希・本纳. 中德学者关于教育学问题的一次对话——“生命・实践”教育学系列论著编委会与本纳教授的座谈会［J］. 基础教育，2011(1): 5-13.

[14] 叶澜.“生命・实践”教育学派——在回归与突破中生成［J］. 教育学报，2013

（5）：3-23.
［15］叶澜. 大中小学合作研究中绕不过的真问题——理论与实践多重关系的体验与再认识［J］. 教育发展研究，2014（20）：1-5.
［16］叶澜. 在“生命·实践”教育学论著系列丛书发布会暨研讨会开幕式上的发言［J］. 当代教育与文化，2015（3）：2-5.
［17］叶澜. 中国哲学传统中的教育精神与智慧［J］. 教育研究，2018（6）：4-7+23.
［18］叶澜. 溯源开来：寻回现代教育丢失的自然之维——《回归突破：“生命·实践”教育学论纲》续研究之二（上编·其一）［J］. 教育发展研究，2018（2）：1-13.
［19］叶澜. 溯源开来：寻回现代教育丢失的自然之维——《回归突破：“生命·实践”教育学论纲》续研究之二（上编·其二）［J］. 教育发展研究，2018（3）：26-37.
［20］叶澜，罗雯瑶，庞庆举. 中国文化传统与教育学中国话语体系的建设——叶澜教授专访［J］. 苏州大学学报（教育科学版），2019（3）：83-91.
［21］叶澜. 深化基础教育改革三题［N］. 人民日报，2016-5-3（7）.
［22］徐蓓. 基础教育必须走出自己的路——专访华东师范大学终身教授叶澜［N］. 解放日报，2021-2-26（13）.

后　记

真正的学习，源于阅读与写作，根本在于理解与开悟。这是我完成本书写作的真切感受。在学派建设意义上，为了深入推进“生命·实践”教育学理论研究，需要对学派创始人叶澜的教育思想进行分析和专题研究。根据学派建设需要和自己的研究兴趣，我选择了“叶澜教育价值思想”这个专题，由此全面、深度、系统研读叶澜老师的教育论著，终于有了“通、透、化、长”之感。

在第一次选题报告会上，我从价值概念辨析、理论体系开始，构建本书的写作提纲。此种思路刚一提出，就遭到“质疑”与“批判”。这让我深刻体会到，叶澜教育价值思想是在教育理论与实践双向建构中逐渐生成的，植根于社会发展的现实需求及对时代精神的深刻把握；不仅仅停留于价值理想的理论构建，而是通过学校变革实践在育人价值和“成事成人”意义上转化为师生的真实发展。因此，研究叶澜教育价值思想，就是要在教育基本理论和方法论转换意义上，分析教育价值的理论建构及价值实现、创生与转化过程与内在机制。此次研讨真正引发了我对于叶澜教育价值思想的“开悟”。随着阅读和研究的不断深入，愈益感受到叶澜教育价值思想无不渗透在概念建构、理论思维、学校变革实践的价值分析中。

叶澜教育思想是“生命·实践”教育学学派建设的根基。叶澜教育价值思想是叶澜教育思想的重要构成，在理论上，与教育的本质特征、教育与人和社会发展的关系等基本理论，以及教育研究方法论等密切关联；在实践上，与课堂教学、学生工作、学校管理、教师发展、学生发展等学校变革实践相互转化，由此共同构成整体意义上的叶澜教育思想。这是叶澜教育价值思想研究之“通”。

叶澜教育价值思想可以理解为教育基本理论层面的研究，需要建立在教育与人和社会的关系分析、教育本质的内在规定性、影响人发展的因素等理论基础上，才有价值合理性判断；还可以理解为教育研究方法论层面的研究，既要在方法转化意义上，从哲学理论的演绎推论转向理论与实践双向建构中的教育价值思想创生，同时也要建立价值视角，将教育价值本身视为教育研究方法论的核心内容，将教育研究对象视为价值性存在，构建教育理论与实践的价值思维和分析框架，使之具有方法论价值。这是叶澜教育价值思想研究之“透”。

叶澜教育价值思想核心在于实现“人的生命价值”“师生发展的生命自觉”等，是基于现实的价值理想，是“从社会现实中来”，又回到“教育实践中去”的，真正立足于人的生命发展立场，通过深入分析当代社会现实的时代精神及其对人的发展需求，转化为“新基础教育”价值理想和学校变革的培养新人目标、育人价值的新内涵，转化为教育生命价值取向和教育信条，转化为教育理念和核心概念，转化为学校日常教育实践变革，转化为师生的主动、健康发展，呈现了教育价值理论建构向人的真实发展的实践转化过程及其内在机制，奠定了教育价值理想的现实基础。这是叶澜教育价值思想研究之“化”。

在人的生命价值意义上，叶澜教育价值思想体现了以人为本的人类社会发展趋势，以人民利益为中心的社会发展新理念、新阶段、新格局，同时也深刻揭示了教育现代化发展的根本在于人的现代化，促进人的生命发展，进而昭示了教育理论与实践研究的深化方向。这是叶澜教育价值思想研究之“长”。

在叶澜教育价值思想研究过程中，我努力做到触类旁通、融会贯通，将化入教育研究和实践中的价值思维和分析思路辨析、概括出来，同时内化为学派的教育价值研究的分析框架与内在逻辑，真正在学派建设和个人成长意义上进行教育价值专题研究。由此，找到一种学术自信，期待自己能够在丰厚的叶澜教育思想根基之上长出“生命·实践”教育学价值论。

在本书写作过程中，叶澜老师“放心不下”，对我这个学生的“老毛病”知根知底，耳提面命时、微信群中不断进行提醒、指导、鼓励，并费心修改文稿。广西师范大学王枬教授、华东师范大学李政涛教授作为丛书主编，精心策划、整体安排，负责丛书立意、思路、框架等，对各部书稿进行修改完善，付出大量时间和精力。我们这些学派二代、同门之间齐心协力、共同研讨，多次召开线下、线上研讨会，还有不间断的微信群研讨，其目的就是希望真正将学派思想研究推向深入。

张向众

2021年5月6日